大学生职业素质发展研究

亢小萌 ◎ 著

吉林出版集团股份有限公司

图书在版编目（CIP）数据

大学生职业素质发展研究 / 亢小萌著. — 长春：吉林出版集团股份有限公司，2022.9
ISBN 978-7-5731-2332-9

Ⅰ. ①大… Ⅱ. ①亢… Ⅲ. ①大学生－职业选择－研究 Ⅳ. ①G647.38

中国版本图书馆 CIP 数据核字 (2022) 第 179389 号

大学生职业素质发展研究

著　者	亢小萌
责任编辑	陈瑞瑞
封面设计	林　吉
开　本	787mm×1092mm　　1/16
字　数	160 千
印　张	11.75
版　次	2022 年 9 月第 1 版
印　次	2022 年 9 月第 1 次印刷
出版发行	吉林出版集团股份有限公司
电　话	总编办：010-63109269
	发行部：010-63109269
印　刷	廊坊市广阳区九洲印刷厂

ISBN 978-7-5731-2332-9　　　　　　　　　　　定价：68.00 元

版权所有　侵权必究

前言

21世纪,迅速发展的中国已在世界上有了举足轻重的地位,与此相适应,我国的高等教育也正在以前所未有的速度在发展。高等职业教育是高等教育发展中的主力军,这些年在模式和发展速度上都是有目共睹的,伴随着高职高专学生人数的激增,大学生中出现的许多问题也引起了社会的高度重视,其中最引人注目的就是学生的素质问题。

《中共中央国务院关于深化教育改革全面推进素质教育的决定》中指出:"实施素质教育应贯穿于幼儿教育、中小学教育、职业教育、成人教育、高等教育等各级各类教育中。"不同层次和类别的教育在素质培养方面的具体目标各不相同,素质教育内容也有所不同。《国家中长期教育改革和发展规划纲要(2010—2020年)》和全国教育工作会议中,对职业教育改革创新发展提出了全面推进素质教育、着力提高学生服务国家人民的社会责任感、勇于探索的创新精神和善于解决问题的实践能力的要求。高等职业教育属于定向的专门教育阶段,主要培养高层次的专业技术应用型人才,其素质教育有着自身的构成和特点。根据高等职业技术教育的特点,探讨和研究高职大学生素质教育的构成,对加强和改进大学生素质教育,提高教育质量有着重大而深远的战略意义。

本书由于编写时间仓促,笔者的水平有限,有疏漏、错误在所难免。欢迎专家学者和广大师生批评指导,以便再出版时进一步修正。

目 录

第一章 大学生身心健康篇 ... 1
第一节 自信的内涵及发展 ... 1
第二节 要有积极上进的心态 ... 13
第三节 参与社会竞争 ... 21
第四节 学会自我调节和控制 ... 28
第五节 做事要有恒心 ... 37
第六节 勇于承担责任 ... 49

第二章 大学生处世篇 ... 73
第一节 言谈举止要有礼貌 ... 73
第二节 做事有原则 ... 83

第三章 大学生成才篇 ... 94
第一节 学会有效沟通 ... 94
第二节 遇到问题要迎难而上 ... 110
第三节 要敢于创新 ... 124
第四节 在职场中不断磨炼自己 ... 131

第四章 大学生品格篇 ... 141
第一节 要敬业务实 ... 141
第二节 做人做事要以诚信为本 ... 149
第三节 牢记吃苦耐劳的精神 ... 163
第四节 注重团队协作 ... 170

参考文献 ... 181

第一章　大学生身心健康篇

第一节　自信的内涵及发展

一、认知自信

自信是一个大家非常熟悉的词语,人们也经常互相鼓励要自信,且大都知道自信的重要性,也希望自己充满自信。那么,何为自信?

（一）自信的内涵

1. 自信的基本含义

从字义上来看,"自"即"自己、自身","信"即"信从、信任";而"自信"一词,在《现代汉语词典》的解释为"相信自己"。

早在春秋时期,我国古代著名思想家孔子就有"吾心信其成,则无坚不摧;吾心信其不成,则反掌折枝之易亦不能"的论述,指出了自信的重要性。《墨子·亲士》中有"虽杂庸民,终无怨心,彼有自信者也"的记载,《旧唐书·卢承庆传》中亦有"联今信卿,卿何不自信也"的出处,足见"自信"一词的渊源与由来。英语中的"confidence"一词源于拉丁文的"confidential",是指"信赖、相信""感到有把握的状态","self-confidence"则是"个体信赖自己或处境的一种情绪或自觉"。通常情况下,人们对自信的理解也是"相信自己",既包含个体整体上全面地"相信自己",也包含个体就具体的学业、人际、意志、品德、身体、性格、特长等方面对自己"悦纳""认可"从而"相信自己"。

关于自信,国内外不同研究者因对自信的理解不同,对其所下的定义也不尽相同。比如,最早给自信下定义的是人本主义心理学家马斯洛(Maslow,1943),在其需要层次理论中,认为"自信是自尊需要获得满足时产生的一种情感体验",并指出尊重在缺乏满足时就会导致沮丧和自卑感。库珀史密斯(Coopersmith)认为,"自信表达了一种对自己赞许或不赞许的态度,显现了对自己能力、身份、成就及价值的信心"。施罗格(Shrauger)认为,"自信是一个人对自己的能力或技能的感受,是对自己有效应付各种环境的主观评价"。黄希庭认为,"自信是过去获得很多成功经验的结晶"。车文博认为,"自信是个体相信自己的能力和精力的一种自我意向"。燕国材指出,"自信就是相信自己,相信自己所追求的目标是正确的,也相信自己有力量与能力去实现所追求的那个正确目标"。车丽萍认为,"自信是对自身能力、价值等做出正向认知与评价的一种相对稳定的人格特征"。由于国内外学者对自信的不同侧面予以不同关注与强调,从而反映了自信的内涵丰富和表现多样。

由此,我们倾向认为,自信,即相信自己,是一种对自我能够完成任务、解决问题的信念,也是一个人对自己能力、价值做出客观、正确认知与评价的一种稳定性格特征。自信是自我意识的重要组成部分,也是一种具有比较优势的体验。自信既表明了对自己的客观认识,也包含了对自己的主观评价,具有正向积极的"我能……""我是……""我有……""我敢……"等几种态度。自信心通常是指对自己的能力和力量所持的一种肯定态度,也是人们成长与成才中不可缺少的一种重要的心理品质。

因此,一般而言,自信的人看得起自己,相信自己,也勇于迎接挑战,走向成功。

2. 自信的特征

如前所述,自信是一个多维度、多层次的系统,我们可以从不同侧面对其加以分析和描述。如果将自信作为一个系统,诚然,自信也具有独特性、稳定性、社会性等三大特征,并与其他人格系统存在密切关系,其形成和发展既受个体自身内部因素的影响,也受个体外部环境因素的制约。具体来说,自信具有不同程度的差异性、稳定的相对性、内涵的社会性、过程的动力性等特点。

(1) 自信程度的差异性

每个人的自信程度不一,世上没有绝对自信的人,也没有完全缺乏自信的人,只是个体间的自信存在差异,通常表现为程度或水平上的差别。

(2) 自信稳定性的波动

自信一般具有稳定性,但这种稳定性是相对的,而不是绝对的,即自信的稳定性也是会有波动、变化的。自信的稳定性是指个体的自信是否随时间与情境而产生波动的量值。自信的变化依存于许多因素(如后天的教育训练),且与情境相互作用,构成波动的具体模式。不同个体的水平与不同稳定性相结合,形成个体的不同类型,如稳定的高自信者、不稳定的高自信者、稳定的低自信者与不稳定的低自信者。

(3) 自信内涵的社会文化性

一个人自信的产生、形成及其发展都是一定社会制度的产物,其内涵体现了一个人所处的社会文化特征。不同的社会文化、政治经济制度、风俗习惯、传统伦理道德及价值观体系、民族精神等都可能不同程度地影响着个人自信的水平、来源及其功能发挥,并使自信内涵带有浓厚的社会文化色彩。如西方文化鼓励自我表达,褒扬直抒己见,敢于表现而形成一种比较"张扬"的自信文化;而在东方,许多人因从小受"自谦"等传统文化的熏陶,受"不好表现"等价值观的影响,加之"枪打出头鸟"等警示教育,致使个体承受文化价值体系的种种压力,形成一种"内隐"的、"不张扬"的自信。

(4) 自信过程的动力性

自信对一个人内心心理活动及外显行为表现、对其本人与他人的相互作用及其对生活的适应都具有动力性影响。自信对人的人生发展、生活过程、生存价值等都有深刻影响。高度自信往往能使人缓解焦虑、摆脱压力、减少抑郁,提高生存适应能力,促进心理健康;高度自信能增加人们实现目标的期望、使人正视挫折、失败和困难,坚持不懈。且稳定的高度自信的人,一般具有高度的安全感,即使面临危机和险境也能镇定自若、泰然处之。自信过程的动力性表现为激发、维持、协调等作用。

(二)自信的层次与类型

如果从不同的维度、层次去理解,可将自信划分为不同的层次和类型。

1. 自信的层次

若将自信视为一种心态,则其通常表现为一种自我肯定、自我鼓励、自我强化等积极情绪,也是坚信自己一定能成功的一种情绪素养,主要包含三个层次,即对自己的能力信任、非能力信任和潜在能力的信任。

(1)能力自信主要体现在自己能做的事上,就相信自己能做好,勇于将自己的能力展现出来,敢于面对困难与挑战,拿得起、放得下,不惧人言。

(2)非能力自信通常表现为自己不能做的事,就是不能做,理性选择,放得下,且能坦然处之。

(3)潜能力自信,即潜在能力自信,往往是指每个人都蕴藏着巨大的潜能,只是可能未被你所认识。生活或工作中,有些事情你平时可能没有能力做,但当遇到重要或突发情况需要你而你必须做时,比如你在背水一战的关键时刻,你必须相信你自己能做到,这就是潜能力自信的表现机会。潜能力自信是在一定意义上的盲目自信,相信能做好自己必须做的事情。

2. 自信的类型

自信从内容对象上可区分为人际自信、学业自信、身体自信等不同维度,从行为概括或抽象程度上可区分为整体自信、领域自信等不同的层次。从维度和层次角度描述自信时,自信可分为整体上的自信、比较自信、自卑、自负或自大等,或在人际领域是否自信、在学业领域是否自信等类型。

自信与自我认知评价、能力水平和理解、感受关系密切。随着一个人生活世界的变化和所受教育的不同,对自我概念的理解和建构也便不一样,从而自信的来源和表现、性质和意义也就有差异。据此,我们可以把自信分为两类:一是因是自信;二是因有自信。因是自信是指个体经过独立思考和实践,使知识、经验、技能等与自我天性相融合,并把人类先进文化内化为自身素质,在自我完善的过程中而形成的自信。这类自信主要产生于个人独特的能力、人格、品质、思想、精神等内在方面,并信仰真理、追求自我超越,其主要是基于自己本身所是什么和对自我的理性认同,即我以"我是什么"而自豪。因有自信是指个体把教育传授的知识、技能和社会观念纳入自我概念,并认为自己能够拥有社会认同的能力和占有大众追求的东西而实现的自信。这类自信更多受自己拥有的财富、权力、声望、身份、头衔等外在方面的影响，并热衷功利、追求比较，其主要是基于自己所拥有和对自我的主观判断，即我以"我拥有什么"而骄傲。

（三）自信的影响因素

影响自信发展的因素有很多，一般可归结为个体自身因素和个体外部因素两大类。前者主要包括个体生理状况、自我认知与评价、成败经验与归因等，后者则包括他人的替代经验、他人的态度与期望及教育训练。

1. 个体自身因素方面，如生理状况，个体本身的生物遗传可以是自信的生理基础。某些身体缺陷或生理疾病通常会影响或阻碍自信的发展，而生理健康、身体状况良好者更倾向于心理健康和拥有自信。自我认知与评价，客观、正确的自我认知与评价是至关重要的。一个人对自己的品德、智慧、能力、价值等评价适当，就会增强自信；反之，则会导致因对自己评价过高而形成自负和因对自己评价过低而产生自卑的两个极端，由此从根本上削弱自信。此外，成败经验与归因，个体活动的结果（成与败）可能直接影响自信的建立和发展。一般来说，成功的经验能提高和增强自信，而失败的结果，如果认识不当，会使自信削弱或丧失。

2. 个体外在因素方面，如他人的替代性经验，个人能够通过观察他人行为获得关于自我可能性的知识；再如他人的态度与期望，一般来说，他人对个体期望大，信任程度高，则会加强自信；反之，他人对个体期望小，信任程度低，则会使自信削弱。此外，后期的教育训练对自信在形成和发展中所起的重要作用更不可忽视。世界上，既难以找到天生就自信的人，当然，也难以找到天生就自卑的人。

（四）自信的力量

成功学的创始人拿破仑·希尔说："自信，是人类运用和驾驭宇宙无穷大智的唯一管道，是所有'奇迹'的根基，是所有科学法则无法分析的玄妙神迹的发源地。"犹如某商品的广告语所述——"你的能量，超乎你的想象"，自信有着一种难以言语的力量。如果你有自信，它会在无形之中释放出能量，推动你走向成功；如果你自卑或恐惧，它也会在无形之中释放出能量，导致你走向失败。

1. 自信可能改变一个人的命运

毛遂自荐的故事，大家几乎耳熟能详，倘若不是有自信，身为平原君的门客毛遂怎么敢向平原君赵胜主动自荐随同前往楚国去求救，终因展示自己的才华而取得成功，且被后人铭记呢。爱因斯坦发表《相对论》之后，则有人炮制了一本《百人驳相对论》，可爱因斯坦对此不屑一顾，他说："假如我的理论是错的，一个反驳就足够了，一百个零加起来还是零。"

另外，据报道，1915年，美孚石油公司投资300万美元，在我国西部打下了七口井却毫无所获。于是美国斯坦福大学的布莱克·威尔教授断言："中国绝不能产生大量的石油。"而年轻的地质学家李四光偏偏不信这个邪,他说:"美国的失败并不能证明中国无油可采。"在这种强烈自信心的支配下,李四光开始了30年的找油生涯,他提出了地质沉降理论,并在东北平原找到了石油,还预言西北也有石油。自信心给了李四光力量,正是这种力量使他推翻了美国权威的言论,为国家找到了石油。

那么缺乏自信又会怎么样呢?

2. 自信可以影响一个人的能力

自信是一种内修于心、外修于形的能力,自信使人的内心更加强大。

(1)自信有助于人克服紧张心理,发挥正常的能力水平。

(2)自信能激发人的潜能。

美籍华人物理学家钱致榕来华时谈起他中学时代的一段经历。那时很多学生考试作弊,不求上进。一位责任心很强的老师就从300个学生中挑选出60人组成了荣誉班,钱致榕也在其中。当时老师明确宣布,是因为他们有发展前途才被挑选出来的。对此,这些人很高兴,踏实学习,后来大多成了才。后来,钱教授遇到那位老师时,才知道这60位学生是随意抽签决定的。这件事说明了,由于学生被告知他们是很有发展前途的才被选了出来,这就使这些学生产生了强烈的自信心,因而自尊、自爱、自强而终于成才。

二、建立自信

自信的力量通常都是值得人们去相信的。古今中外,有很多自信铸造的成功事例,值得我们去深思、去揣摩。然而,一个人又何来自信呢?

(一)自信的来源

一个人的自信到底来源于什么?又依靠什么而存在?关于这个问题,正如自信的定义,国内外不同研究者由于对自信的研究、理解的视角与侧重点不同,因而对自信的来源论述也有明显差异。

例如,有学者从本能论的角度探讨自信,如 Smith(1990)就认为自信是人类应付冲突的天赋能力,是人类的天性。个体刚出生时是自信的,能无所顾忌,能坚定地说"不",拒绝别人,只是这种天性在社会行为过程中遭到扭曲,后来受到他人和周围环境的控制和干扰而发生改变。

诚然,"自信不是生而俱有的",这只是极少数人的独特观点,并非大家的共识;而认为自信是在社会实践中逐步形成的,且与后期的教育培养、实践经历密切相关,已几乎成了大家的共识。其实,人的自信来源是多方面的,既来源于个体自身的因素方面(包含生物遗传,如天性),也有来源于个人外在因素的方面。总体而言,主要有如下几方面:

1. 自信来源于自我认知

任何人行走在这个世界的时候,人生经历、家庭背景、社会环境都不可能是一模一样的。一个人成长的过程,通常就是自我认知、探索社会、与时俱进、自我发展的实践过程。

在自我和社会之间，你光找到社会通道还不行，还要找到一把打开人生的钥匙，只有二者合二为一，才是"知己知彼，百战不殆"。例如，你知道自己面对数字很头痛，但喜欢文字；你知道自己体格一般，但大脑好使；你知道自己不擅跑步，但打篮球有优势；你知道自己不擅长销售，但擅长生产或管理；你知道自己计算机操作很差，但英语很好；你知道自己不擅长语言交际，但文章写得很温暖……面对形形色色的社会，各种各样的成功途径，各种各样的人生挫折，你不能一味地绕过去，而是找准一个机会，找准一条路，穿过去，到达成功的彼岸。面对形形色色的人生挑战就是如此，当我们连自己都不了解自己的时候，我们是难以有自信的，即使有也是暂时的。

当然，自信也来源于自知中的平等人格观念。"法律面前人人平等"，这是我们倡导的法制观念；每个人都是生而平等的，这是全人类的人权观念。每个人都有独立的人格，每个人都具有不可替代的自我价值。人的自信应该建立在这个基础上，即使我是一个乞丐，也可以坦然面对一个亿万富翁。作为人，我们在人格上是平等的，一个人不会也不应该在他人面前矮一截，坦然面对人的共性和人与人之间的差异。平等人格观念是自信的核心来源，也是自信真正坚实的精神基础。

2. 自信来源于成功暗示与体验

一般而言，对一个人的正常行为、良好表现、点滴进步或微小成功，他人给予其适时的与适当的赞美、鼓励将有助于其自信心的建立和增强，小孩尤其明显；然而，如果让一个人能赢得成功的体验，则对其自信的建立和发展将产生重要影响，成功的人往往会因为体验到成功的快乐而更加自信。

3. 自信来源于实力

自信是建立在自身实力基础上的，没有真正实力是难以自信的，至少是难以保持自信的；而实力，我们必须通过自身的努力，一点点地去学习、实践和累积，这一点我们不能投机取巧。

（二）自信建立的途径

众所周知，人们出生时，并没有天生是自信的或自卑的或自负的之分，但随着其后的日渐成长，则就开始分化，有的人相对来讲比较自信，而有的人比较自卑，也有的人比较自负；有的人以前很自信或自负，但因经历一些事情后而又变得有点自卑了，也有人以前较自卑但后来又变得很自信了。这说明一个人的成长环境和实践经历会影响人的性格形成与变化。

一个人的自信可从小培养、建立，也可在某一阶段或时期重新建立，如遇在前期失去了自信。既然人的自信心并不是天生的，但但凡职场成功人士，均有自信心强的特质。如果不考虑无法改变的外部客观因素外，就个人因素方面而言，那么，大学生应如何才能建立职场自信心？

简而言之，自信建立在自知、知人、知事和自身实力的基础上。

1. 客观正确地认知与肯定自我

建立自信，首先要从客观地认识自己开始，即以实事求是的态度，充分了解自己的知识、能力、素质和心理特点等，不仅要认知自己的长处，也要如实地看待自己的短处；其次要积极认知自我，建立自信，就是要正确地评价自己，真实地肯定自己，做到有自知之明，认识并发挥自己的长处和优势，正确的进行为人处世活动；最后要积极认知自我，建立自信，就要正视自己的缺点，用心欣赏自己，不害怕承认自己的不足，不靠伪装来掩饰弱点，而是不断地修正、弥补不足。

诚然，认知自我的方法有很多，可以采用橱窗分析法、SWOT分析法、实验法（测试法）。

2. 客观积极地尊重与认知他人

建立自信，一般不是靠贬低他人、否定他人而来，恰恰相反，通常可从尊重他人与认知他人来助力。懂得尊重别人是做人最起码的要求；真正做到尊重别人，则是一种境界、一种美德，也是一种自信。孟子有云："爱人者，人恒爱之；敬人者，人恒敬之。"此话强调了尊重他人的重要性，一个人在与别人交往中，如果能很好地认知他人、理解他人、尊重他人，那么他一定会得到别人百倍的认知、理解和尊重。

优秀的人对谁都会尊重。尊重领导是一种天职，尊重同事是一种本分，尊重下属是一种美德，尊重客户是一种常识，尊重对手是一种大度，尊重所有人是一种教养，可以说尊重的魅力无限大。因为任何人都不可能尽善尽美，我们没有理由以高山仰止的目光去审视别人，也没有资格用不屑一顾的神情去伤害别人的自尊，假如自己某些方面不如别人，我们也不必以自卑或忌妒去代替应有的自尊。

如果真正要做到尊重他人，那么客观地认知他人是必须的，也是重要的。正如古语云，"知己知彼，方能百战不殆"。其实，认知他人的内容是包罗万象、方方面面的，但可根据实际情况及需要酌情考虑，认知其个人、家庭或团队的基本信息，如个人生活、学习、工作背景、兴趣、爱好、能力、素质和心理特点，有鲜明的优点与缺点等。当然，认知他人的方式方法也有许多，往往根据实际需要而酌情选用，如观察法、交谈法、查询法、实验法（测试法）等。

3. 客观务实地认知与处理事物

客观务实地认知与处理事物，尊重自然，相信科学，赢得成功体验，也有助于建立自信。不认知事物、不尊重自然、不相信科学而贸然行事，包括不知事物的性质、功能等特性，不知事情的形成背景、发生经过、发展规律、可能性及不确定性和结果等，那几乎等同是靠天吃饭，凭感觉办事，诚然，那不是自信，那是无知的表现之一。

另外，坦然地面对生活中的痛苦和快乐而不失自信。拥有自信力的人往往心胸坦荡，在任何情况下都能坚持自己的原则，做到表里如一、一视同仁；承认自己不是最好的，与他人在观点上存在差异时能虚心接受批评，谦逊好学，不耻下问；能坦然接受他人的赞扬，也能正确面对生活中的顺境和逆境。

4. 利用正面的语言和积极心理暗示

别人能行,相信自己也能行,特别是遇到困难时,通过积极正面的语言和进行自我心理暗示,鼓舞自己的斗志,增加心理力量,也有助于建立起自信。利用积极的自我暗示和积极正面的语言来激励自我的方式方法多种多样,在此重点介绍几种。

(1)在缺乏自信时,利用"我是独一无二的""天生我才必有用"等信念和积极心理暗示,肯定自我,建立和发展自信。你和我可能不是某个国家、某个单位的重要人物,但我们也是与众不同的。如果你能够克服贫穷与疾病,下一步就是告诉自己,在这个社会里,最重要的是"名牌",就是挂在你自身上的那一块牌子——你的与众不同,并积极进行自我心理暗示,树立"天生我才必有用"的信念,建立自信,发展自信。当然,培养"你很重要"的态度也是非常有效的。

(2)面对困难与挫折等不利环境而缺乏自信时,利用"我能行""天无绝人之路"等积极信念和心理暗示,激励自我,减轻不安,建立和发展自信。

一般而言,因为某种原因而遭遇失败,人就可能会变得心灰意冷,这是人之常情。同样地,困难与挫折感极容易引起人的感情反应和各种退行现象。所谓退行现象就是指一个人的行为反应跟年龄相反,退化到小孩子的模样。如果要想使自己免于陷入退行现象里,可以试试这样一种诀窍,那就是碰到困难或失败的时候,不妨多用用自我积极心理暗示:"我能行""天生我才必有用""天无绝人之路""此处不留人,自有留人处""天生我才必有用""天无绝人之路""A 处谈不成,可以找 B 谈"。当然,可以商谈的对象不只限于 B,还有 C、D、E 等,只要一想到可以商谈的对象比比皆是,那就会心安理得,而没有悲观的必要。

(3)当人缺乏自信心或在做某件事胆怯时,利用积极正面的语言来激励自己,如"我是最棒的!""我肯定可以的!""我是一个自信的人!"等正面的心理暗示,与自我认可能够慢慢坚定我们的信念,因为坚定的信念是自信心建立和提升的基石;少用丧失斗志的言语,例如"反正我认为不行,毕竟是不行的""总之,我是无能为力了""我毕竟比不上他"等,因为哀莫大于心死嘛。拿破仑·希尔认为,凡事不能先行畏怯,如果心里失去信心,无异于拆除了主观的心理界限,倘若斗志与意欲都丧失,那就无可救药了。

此外,面对紧张、怯场等恐惧情绪而缺乏自信时,不妨道出真情,即能平静下来,从而建立自信。例如,有一个位居美国第五名的推销员,当他还不熟悉这行工作时,有一次,他竟要独自会见美国的汽车大王。毫无疑问,他因对本次会见缺乏自信而真是紧张得很。经过自我积极的心理暗示,坚持到了会见,在情不自禁之下,他只好老实地说出来了:"很惭愧,我刚看见你时,我害怕得连话也说不出来。"由于能正视自己的这一情状,面对现场,真实而坦然地表达,无须掩饰紧张心理,反而有利于建立自信。

(4)如遇独自面对、孤军奋战时,把"我"想成"我们"。冈纳·缪尔达尔(Gurmar Myrdal),1974 年诺贝尔经济学奖获得者,提出了著名的"扩散效应"理论。在心理学中,也有关于"扩散效应"的应用,如情绪是可以传染、扩散的。显然,好比"我"是"一分之一"

的数字,而"我们"中的"我"则"二分之一",或"无数分之一"。如果将"我们"代替"我"时,数字当然也不同。总之,利用积极的心理暗示,把"我"想成"我们",从而把"我"这个"一"的分子比重,看成无限轻,发挥心理的扩散效应,建立自信。例如,一想到"我的头脑很差劲"心里难免会有自卑感,但若改为"我们的头脑都很差劲"时,那么头脑差劲这种自卑感的压力就会减轻下来,在这种情况下,无疑把自己的自卑感,扩散到"同伴"之间,这就使自己苦恼的孤独感,吹到九霄云外了。

有一个笑话是这样说的:厕所前面排着一长队。某君急促地说:"我快憋不住了,能不能让我先进?"前面的人紧握着拳头,从牙缝儿挤出一句话:"你至少还能说话!"这种排队,发乎生理,止于理智,群体都"内急"的时刻,人群也可形成一种天然秩序,虽然你内急,但不是你一个人在"战斗"。

5. 努力学习和积极实践,不断提升自身的综合素质和职业能力

自信是建立在能力之上的,人之所以不自信是因为缺乏某项能力。对人际关系不自信的人,除了心态外,往往是缺乏人际沟通能力。对工作任务不自信的人,可能是缺乏完成该任务的能力。对恋爱不自信的人,也许是不知道如何处理与恋人的关系。因此,实实在在地提升自己在不自信领域的能力,是建立自信,并不断提升自信的重要基础。

关于如何建立个人能力来提升自信是一个非常大的话题,当然,包括努力学习和积极实践,夯实自身基本素质,随时了解你所在的行业的最新资讯,了解你所在的单位,以及内部和外部的环境,提前对自己即将要进行的工作进行了解,做好准备工作,并在脑子里做好演习;不断地提升自己的职业技能,积累职业经验等。

诚然,在某种意义上,一个人如能客观正确地认知自我,客观积极地尊重与认知他人,利用正面语言和积极的自我心理暗示,并努力提升自身的知识、能力、素养,而且认真准备,勇于表达,敢于付诸行动,完全是可以建立自信,甚至发展自信的。

（三）建立自信的方法

由于自信的来源很广,自信建立的途径也多样,当然,由此建立自信的方法也有多种。这里主要介绍几种比较常用的方法。

1. 自我肯定和积极的自我心理暗示激发自信

在某种意义上,提升自信最简单、最直接的方法就是给予自己正面积极的肯定和自我暗示。如果你极度自卑,可以尝试无条件的肯定自己,暂时先别考虑或担心自己是否会变得自大,肯定自己的决定,肯定自己的行为,肯定自己的想法,并辅以正面的语言和积极的自我暗示。

2. 注意仪表,保持良好的精神风貌,树立好自身良好的形象

个人形象的提升会提升他人对你的印象,更容易受到他人认可,可能直接助力你建立自信,或间接提升个人自信。千万别事事、时时都认为内在美的重要性高于外在美。其实,大多数人都是外貌协会的,且没人有义务会透过你邋遢的外表去了解你的内在美。

人们通常都会通过一个人衣着形象来评判他的第一印象。而且有研究表明,长得漂亮或帅气的人在做事情的时候更容易获得帮助与同情,且他们的自我认可度与自信心都相对较高。虽然心里不服,但长得帅或美,是自信建立的一种天然优势。

3. 练习正视别人

一个人的眼神可以透露出许多有关他的信息。当别人不正视你的时候,你会问自己:"他怎么了?他是怕我什么吗?他还是心里有鬼?"不敢正视别人通常意味着:"感到自卑、不如别人,或我做了或想到什么我不希望你知道的事;我怕一接触你的眼神,你就会看穿我。"正视会告诉对方:"我很诚实、光明正大,我的话是真的,你完全可以信任我。"你要让你的眼睛为你工作,这不但使你增加自信,也能为你赢得信任。

4. 多练习当众发言,敢于公开表达

拿破仑·希尔曾指出,"很多思路敏锐、天资高的人,在参与讨论时无法发挥他们的长处"。这并非他们不想,而是因为他们缺少信心。他们总是认为:"我的话无足轻重,别人不会采纳的,如果说出来,别人也会觉得太愚蠢,我最好什么也不说。而且其他人可能比我懂得多,我并不想让他们知道我是这么无知。"还有的人,心里总是说:下一个就是我,我要发言。可是当前者发言完毕时,他又不敢马上站出来,于是告诉自己"下一次吧",白白地将机会让给别人。积极发言需要你有自信,一旦你有了机会,就要不惜代价抓住它。该说就说,不用考虑你在说什么,只要你敢公开表达,自信的建立又有了新的基础。这样一次又一次,你的自信会不断增长。这是信心的"维它命"。

5. 改变肢体动作

培养、增强一个人自信的方式也可以通过改变一些肢体的动作来增强自信。不妨你可以观察一下身边那些你认为自信度很高的朋友,模仿他们的行为与动作试试看有没有效果。另外,观察人的走路是一种乐事,它比看电影要省钱得多,却有着比电影还大的启发性。许多心理学家认为:懒散的姿势、缓慢的步伐都是跟不愉快的感受联系在一起的。但是借助加快步速,可以改变这种心理状态。研究显示,不妨你也可试着仔细地观察、比较,那些受到打击又没有自信的人走路常易显拖拉神态;而胸有成竹的人,走在大街上也是昂首阔步,它告诉人们:"我是一个成功者。"抬头挺胸走快一点,你就会感到自信心在增长。

6. 学会赞扬自己

自信是保持愉快情绪的重要条件,自信来自对自我的正确认识和评价,感觉到为别人所赞赏而具有责任感。学会赞扬自己,悦纳自己,不自卑,不自怜,不自责。适当地赞美自己也有助于增强自信,增添快乐。如国外流行的"PR法"(英文 pride 一词的缩写),就是强调每天用一分钟大声讲述自己的优点,对着镜子表扬自己,以增强自信。

7. 学会善待他人,融洽人际关系

很多时候我们的不自信在于只局限于自己狭小领域,过多的关注自我。如果选择关注他人,你可以从中试图找到与他人关联的方式。如果你毫不吝啬赞美他人,在发现他人长处的同时也能帮助自己找到优点。首先,要尊重他人,善待他人。其次,在与他人交谈时,适当、真诚地赞美别人的优点,会使别人感到高兴,别人也会投桃报李,夸赞你的闪光点,使你有如沐春风之感,信心大增。最后,在生活上、学习和工作上主动帮助他人。这样,不仅赢得了别人对自己的好感、赞扬和帮助,也使自己增强了社会责任感;同时,自信心不仅得到了调动,而且可以得到社会性的升华。

8. 积极锻炼身体

身体健康是建立和发展自信的重要基础。通过一个人的外表,能推断出健康的身体对自信影响甚大。如果你身材走样,你会感觉不安全,且精力不足。通过体育锻炼,能塑造体型,让自己充满精力,积极地做好事情。科学地锻炼身体不仅让你感觉更好,还能在未来的日子创造积极的动力。

一个人如果行动充满了活力,他的精神和情感也会充满了活力,从而更自信。很多推销员、教师、商界优秀人物、专业人士以及其他很多人,每天一早起来就做些体能运动,像做操、慢跑或骑自行车等,这不但可以增强他们的健康,而且可以提高他们一天活动的精力和自信。

9. 珍存感恩的心

当你过分注意你想要得到的东西时,脑子里就会有很多理由你为什么需要它。这样会导致你细想自己的弱点。避免这点最好的方法便是一直持有一颗感恩的心。一个懂得感恩的人,必是一个善于发现生命中美好事物的人,他们善于通过恰当的视角来对待每一件事情。每天花一些时间在脑子里列出你所需要感恩的所有事情。回想自己过去的成功,独有的技能,来自各方面的爱,还有积极的动力。你可能会为自己拥有这么多适合自己的事物而感到震惊,更会有动力朝成功迈向下一步。

三、发展自信

自信犹如混凝土建筑中的钢筋,是人们自身行事的脊梁。这是一个正在不断变化的世界,未来的社会既是充满着机遇和发展的社会,也是机遇和发展稍纵即逝的社会,只有充分自信的大学生,才能正确把握自我,及时抓住机遇,使自己的才智得到充分发挥。那么,大学生应该如何培养与发展自信呢?

1. 改变认知,丰富知识和人生体验

自信不是生而具有的,只有依靠自己的智慧、能力与意志并在具体实践活动中不断加强自我锻炼、修养才能形成和提升。首先,学会减少不自信因素。认识到社会上流行的标准并不一定正确合理,恰当回应社会、他人对自己的期待,走自己的路,让别人去说;不去企求超出自己能力的目标,多做自己力所能及的事;不能过分放大自己的缺点和不足,不可忽视自己的优点和特长。其次,积极寻求发展自信的因素。所谓艺高人胆大,有意识地培养自己的一技之长并自然大方地加以展现,以增强自己的信心;勤奋进取,提升自己的文化涵养,提高精神境界,富有诗书气和才华;积极帮助别人,与人友好合作,获得他人的认可与支持以壮大自己的力量。最后,学会变通和平衡。觉得自己能力不济时,主动寻求外援,快乐大方地接受他人的帮助,取人长补己短以提高自我能力;内在资源不足时,积极争取和利用外在的东西进行自我激励、振奋精神;当外在的东西难以获得时,要自觉运用内在的精神力量加以平衡,以增强应对生活的勇气与信心。这样,就会不断获得和增强自信。

2. 改变心境,从喜欢自己开始

心境是指让人的整个心理活动都染上某种色彩的、微弱而又较为持久的情绪状态。情绪分为积极情绪和消极情绪。如果我们能始终处于积极情绪状态之中,以乐观积极的心态面对人生,愉快地接受挑战和应对面临的困境,就已成功了一半。这就要求我们正确认识自己。认识到自身的潜力,不低估自己或高估自己,对自己的能力素质、价值及潜力予以充分认识和挖掘。学会与自己友好相处,悦纳自己,才能拥有健全的人格和健康的心理,才能有进一步发展的机会和可能。自信从喜欢自己开始。你喜欢自己,别人才会喜欢你。做到喜欢自己要利用积极的心理暗示,通过强化潜意识来形成个体积极的自我概念。如凡事都用"我能行""我一定行"来鼓励自己,为自己的每一点成绩和进步而得意和骄傲。相信自己是最棒的,只要你坚信这一点,你就能克服自卑、弃旧图新,重塑崭新的自我概念。提升自我效能——对自己从事某项工作所具备的能力和可能做到的程度的一种主观评估。喜欢自己就会保持有良好的情绪状态,就有积极的心态和良好的心境,就拥有自信和力量,最终一定会走上成功之路。

3. 改变陌生,在实践中锻炼能力

正如俗话所说,"艺高人胆大"。当我们把陌生变为熟悉时,我们就不会恐惧。自信来自能力,能力产生于行动,来自实践。如果有腼腆和羞怯心理,主要是在与人交往的公开场合中表现出来,而克服腼腆、羞怯心理也必须将自己置身于这种环境之中,通过实践去认识自己的力量,去证明自己的力量,从而坚定自己的交际勇气和自信心。所以,积极参加各种活动,在活动中得到锻炼、提升能力,有利于自信心的培养。

4. 改变不利的交往倾向和态度,以平等、宽容、互助为原则

人际交往是影响大学生自信心的主要源泉,并深刻影响到大学生的学业、身体等许多其他层面。良好的人际关系是每个人都向往的,但并非人人都能如愿。这其中有交际客体的原因,但大部分责任可能还在交际主体身上,如缺少宽容等。因而,作为对自信心的培养,我们首要改变这种对自身不利的社会交往倾向和态度,注意建立与维系和谐的人际关系。为此,我们应在交往中给自己正确定位、正确认识自己,做到既接受自己又正确认识他人,悦纳他人。关心帮助他人,夸赞他人会得到友好的回馈。他人的关心会让你感觉温暖,他人的夸赞会让你信心大增。需要指出的是,自我完善是持续一生的历程,大学阶段在这一历程中是储备知识,用知识充实与完善自己的重要时期。这一时期学业是大学生最关注的自信层面,也是其自信确立的最主要源泉,学业自信是大学生树立真正牢固自信的基础和根本。为此,大学生应从专业、外语、动手操作、创造等多方面提高和发展自己,做到乐学勤奋、主动进取,不断拓宽与完善自己的知识结构。此外,健康是

获得成功与自信的首要条件,身体健康是我们的最大财富。作为21世纪的大学生,我们一定要加强锻炼、合理休息、均衡饮食,以健康的体魄去获得和发展自己坚实的自信。

自信的形成与提升途径和表现方式很复杂,受多种因素影响,不同的人对此有不同的理解和选择,同一个人在不同情况下也有不同的理解和选择。自信既有积极的意义,也有消极的作用。因此,人们应形成对自信的自觉,认识到自信的内涵是丰富的,获得和表达自信的方式也是多样的;意识到自信不是某些人的专利,自信的获得也不是那么困难,只要愿意转变观念和付诸行动,随时随地都可以增强信心并提升自信的品质和境界。一个人拥有恰当的自信,就可以更好地增强内在素质,取得积极成功,使自己更好地免受金钱、权力和欲望等支配控制,从而成为真正的自我,成为更好的自我。

第二节 要有积极上进的心态

一、积极进取

没有进取心的人永远不会成功。

（一）进取心的内涵

1. 进取心的基本含义

"进取心",是我们在社会文化和日常生活中一个使用广泛,又十分重要的本土化概念。《辞海》中对"进取"一词的定义为"犹言上进,努力向上"。《当代汉语词典》的解释为"努力上进,立志有所作为"。《新华汉语词典》中的定义是"努力向前,争取进步"。

进取心是个体积极主动完成自己或他人指定的目标任务,坚韧不拔、追求成功的人格特质,具有目标性、自觉性、坚韧性和自我实现的特点。

大学生进取心的各维度的具体含义如下:

目标性:目标性指个体把具体任务作为行为目标,并考虑自己的能力是否与此任务难度相匹配。

自觉性:自觉性指个体能够自觉地执行制定的计划,主要涉及在执行计划中能否自我提醒、不随意更改计划等方面。

坚韧性:坚韧性指个体能坚持完成任务,主要涉及能克服困难、坚持完成计划等方面。

自我实现愿望:自我实现愿望指个体希望自己成为他人所希望的那种人,并愿意为之努力奋斗。

人类如果没有进取心,社会就会永远停留在一个水平上,正如鲁迅先生所说:"不满是向上的车轮。"社会之所以能够不断发展进步,一个重要推动力量,就是我们拥有这只"向上的车轮"。

具有进取心的人,渴望有所建树,争取更大更好的发展;会为自己设定较高的工作目标,勇于迎接挑战,要求自己工作成绩出色。

2. 进取心的个人特质

(1)好胜心。有强烈的好胜心,不甘落后,勇于向未知领域挑战,以成功的事实去证明自己的能力和才华。

(2)主动学习。有旺盛的求知欲和强烈的好奇心,从而能不断接受新事物的出现,及时学习,更新自己的知识,提高自己的个人能力。

(3)自我发展。根据组织的目标,制定个人的发展目标,并为之努力奋斗。

3. 进取心理的几个基本特征

(1)情感性。进取心理冲动具有浓厚的情感色彩,通常情况下受青少年学生当时的心情心境、兴趣爱好、新奇愉悦等感情好恶、需求欲望等情绪支配。环境的绿化、美化、净化、优化,教育者的言谈举止,对学生的关心爱护、友好帮助、信任尊重以及对学生情感的适应协调,师生课内外活动交流的和谐融洽,都为学生进取心的孕育萌发营造情感氛围,并开启情感的阀门。

(2)时境性。进取心理冲动受时间、地点、空间等环境背景条件制约。

(3)闪现性,即突发性。进取心理冲动易生易失,一般是由强到弱地快速递减消失。因此,抓好进取心理冲动的复现诱导,"留住冲动""延续冲动"是教育者永恒的职业课题。

(4)多端性。进取心理冲动具有多角度、多渠道、多范围、多形式、多层次的诱发开端。

(5)迁移性。它具有心理顺势和心理惯性,自然冲动可以向自觉冲动迁移;无效冲动可以向有效冲动迁移;瞬时冲动可以向持续冲动迁移。

(6)感染性。同一层面的青少年学生群体的进取心理冲动氛围具有潜移默化的感染作用。良好的学风、教风、班风,良好的家庭、社会风貌、优美的育人环境、群体的榜样示范,都能相互感染、相互渗透而产生"你追我赶"的"共振效应"。

以上特征既相互独立,又相互包容;既相互区别,又相互联系。认识、把握这些基本特征,对提高教育工作者抓好学生进取心理冲动诱发引导的自觉性和能动性,是十分必要的。

4. 进取心的教育价值

俗话说"困难像弹簧,你强它就弱,你弱它就强",困难就像牢固冰冷的坚冰,有进取心的人可以用热情融化它,没有进取心的人早晚会被冻僵,所以保持进取心是我们战胜困难的武器。

当一个人习惯了平庸甘于落后的时候,也是说明他已经丧失了进取心,没有进取心的人,往往抱着得过且过的心态,难以集中精力,更不会去挖掘自身的潜力,进取心决定了一个人未来发展趋势,决定了他今后过怎样的生活。

有进取心的人就会有坚定的信念，不断进取的精神，也会有无限学习的动力和生活的活力，会认真对待身边的每一件事情，全身心地投入，不怕困难坚强地往前走，会相信自己的前途是辉煌的、精彩的。其教育价值具体体现在：

（1）净化作用。进取心在学生心里深处能够驱逐消极情绪和颓废思想，抵御拜金主义、封建腐朽思想，战胜心灵深处的利己主义、懦夫懒汉思想等不健康心理因素，从而起到自我净化作用。

（2）强化作用。进取心对青年学生积极向上、奋发进取的心理品质起着自我鼓励、自我肯定、自我赞赏和自我强化作用，使他们身上具备的进步思想意识和良好行为习惯得到巩固、加强。

（3）催化作用。进取心可以促进学生不断进行总结回顾、反省自新，进行自我教育和自我扬弃。促进其不断地深化自我认识和自我评价，确定新的目标，向更加高远的标准看齐，随时调整、规范、约束自己的思想和行为，从而积极、主动地追求进步。

（4）升华作用。随着进取心冲动的不断萌发、凝聚、扩展、生长，必将促使学生不断地向着高远的理想境界，坚定的意志信念和高尚的道德情操升华，向着追求进步、严格要求自己的思想品质和精神风貌过渡，从而逐步发展成为较为稳定的、正确的人生观和价值观。

5. 进取心的培养

培养学生强烈的竞争力。当今的社会充满竞争，更需要竞争，有这样一则报道。1996年年世界爱鸟日这一天，芬兰维多利亚国家公园应广大市民的要求，放飞了一只在笼子里关了4年的秃鹰。事过三日，当那些爱鸟者们还在为自己的善举津津乐道时，一位游客在距公园不远处的一片小树林里发现了这只秃鹰的尸体。解剖发现，秃鹰死于饥饿。秃鹰本来是一种十分凶悍的鸟，甚至可与美洲豹争食。然而它由于在笼子里关得太久，远离天敌，结果失去了生存能力。这则报道告诉我们一个道理：生活中出现一个对手、一些压力或一些磨难，绝对不是坏事。列宁曾说过这样一句话："竞争可以在相当广阔的范围内培植进取心、毅力和大胆首创精神。"

进取心必须与时代相适应。变革时期社会呈现的多元化特征使得进取心的培养必须与社会的前进方向一致，与先进的文化意识吻合。因而在这一时期培养进取心应注意以下几个方面：

（1）树立科学的世界观、人生观和价值观。世界观决定着进取心的强弱和持久性。虔诚的"宿命论"者必然会"听天由命"而放弃理想和追求，因为他相信"人不能和命争"，"进取心越强痛苦越深"。人生观与价值观不仅影响着进取心的强弱，还决定了进取心的性质。以享乐为人生目的者难于进行勇敢的探索，也不愿意进行艰苦的奋斗，且容易把享乐建立在占有他人的劳动之上。而视人生为赎罪过程者，则逆来顺受、苟且活命，既无理想也无壮志。把个人价值置于国家和社会之上者，其进取心往往与国家社会的利益相悖，进而难于实现自身理想甚至最终毁灭了自己。所以必须帮助青年人学会科学地认识和遵循物质世界的运动规律，寻找个人与社会的最佳结合点来实现生命的价值，其进取心才能具有现实意义。

（2）转变传统思想。转型期人们的生产方式、社会关系、价值观念乃至文明形态都发生着日益深刻的变化，进取心就必须跟上这种变化中的新潮流，摒弃陈旧的思想观念，才能具有时代性。具体做到：一变"清心寡欲"为大胆追求。我们曾是个奉行"清心寡欲"的民族，但建设富强、民主、文明的社会主义现代化国家则要求人们有更多的物质与精神的需要和追求，才能促进生产的扩大、提高以实现经济的增长和国家的富强。二变"墨守陈规"为开拓独创。墨守陈规、追求同一、讲究中庸既是我们民族传统心理的劣根性之一，又是压抑进取心的沉重枷锁。世界历史证明，"创新是一个民族的灵魂"，也是现代人格的灵魂。我们要具有世界先进民族的进取之心，必须打破循规蹈矩的枷锁，崇尚创造，敢于"标新立异"，争当领头雁。三变"老成持重"为虎气生生。中国是个偏爱"成熟"的国度。办事讲稳妥，说话求逢源，处理问题要皆大欢喜，"老成持重"也就倍受推崇。而为了"持重"就不能不"三思而后行"，怕"越轨"，怕失败，给开拓进取之心扎上紧箍咒。培养现代青年大学生的进取之心就必须解除这个紧箍咒，还他们生生虎气，让他们敢字当头。四变"谦谦君子"为自我表现。我们的祖宗曾视"含而不露"为美德，把"枪打出头鸟"作为至理名言。然而市场经济需要的是"自我表现"精神，在创新创业大潮中，在竞争洪流中一味谦让，既会失去机会，又会使自己"甘拜下风"，甚至还要面临淘汰的局面。人们只有抓住机遇敢于表现，才能证明自己，并使自己有机会服务于社会。五变"盲目迎从"为独立思辩。我国由于专制社会的时间过长，给民族心理上留下了盲目迎合上级和盲目从众的既愚昧又虚弱的特征。盲目迎从无疑是进取心的大敌。取而代之的是要培养新一代的独立思辩能力，让他们以独立的思考去支配自己的行为，才能发现新问题，解决新问题，以达到进取。所谓进取就是要超越现实以达到推陈出新。进取心就是要摆脱陈旧观念的束缚向着新思想迈进。

（3）保持良好的心态。进取的道路并非一帆风顺，总要有泥泞、有艰险。因此进取心要长期稳定下去，离不开良好心态的支持。保持良好的心态首先不要怨天尤人。怨天尤人是自尊心和怯懦性的奇特混合。自尊心使人们为放弃自我努力找托词，怯懦性又使人们为逃避责任找借口。把怨天尤人作为盾牌来抵御错误和失败，只能使进取之心消散。其次要消除不良情绪。不良情绪是瓦解斗志的溶剂，大喜大悲、消沉、压抑、急躁冒进都将对进取心不利。所以不必把一时的得失看得过重，也不必对他人的评价过分敏感。要学会转移情绪。再次要善于反省和校正。人必须不断地检视自己，才知道自己究竟能干什么，又为什么干不成，从而获得人生最宝贵的财富——经验。同时也要根据事物的发展变化不断调校自己已确定的进取目标，才能到达胜利的彼岸。最后还要学会宽容。宽容自己，不因一时的过错而自暴自弃；宽容他人，不因他人的无意干扰而怒发冲冠，本末倒置；宽容周围许多事物，用自己的进取心安然度过各种危机。

（4）培养时代精神。进取心必须与时代特征相符，进取者就必须拥有时代精神。具体地说是要有竞争精神,愿意也善于和别人比高低;有参与精神,积极寻求实现自己的途径;有合作精神,学会"助人"和"求助";有公平和效率意识,懂得人己互惠,追求合理的人生价值。

(5)增强自我意识。正确而强烈的自我意识,是产生进取心的基础。进取心的程度、性质、方向皆取决于个体对自身的认识、评价、控制以及对自己与社会、他人、集体的关系的认识。因此在进取心的培养中必须增强自我意识的培养,使个体具有强烈的自我表现欲和良好的自我实现能力。

(6)提高文化知识水平。知识是人类实践经验的总结。人们掌握的知识经验越多,认识问题、解决问题的能力越强,进取心也就容易产生并能得到准确的定位,使其与客观现实更加吻合,更容易实现。知识会使进取心在遇到危机、面临困境时得到科学的校正。提高文化知识水平的实质是为进取心做好智力准备。

(7)扩大社会实践面。实践是获得真知的源泉。在实践中产生的进取心才会既符合个人实际条件又符合社会实际状况。只有接受实践的检验,在实践中体验成功的喜悦或接受失败的考验,进取心才能得到强化和校正,也只有在实践中进取心才能得以实现。总之,时代呼唤进取心,进取心的培养又必须把握住时代的特征从多方面进行塑造,同时也要从心理意识上为进取心的产生和持续做好铺垫。

二、学生进取心理冲动的诱发引导原则

1. 进取心理冲动的诱发引导原则

(1)鼓励性原则。教师对学生采取肯定、赞赏、支持的做法,使学生得到鼓励,诱发上进冲动,促其优良品质得到巩固发扬。具体来讲:一是对学生要一分为二,用肯定、鼓励代替批评、惩罚;二是及时对学生的优点哪怕是微小的进步表示认可;三是注意发现学生的"闪光点",引导学生发现、发展、发挥自己的潜能、优势和特长。

(2)针对性原则。熟悉每一个学生,了解其特长优势、兴趣需求等,及时准确地发现、诱导进取心理冲动。

(3)渐进性原则。学生进取心理冲动的诱发引导是由量的积累到质的变化的连续不断的渐进过程。

(4)顺势性原则。把握学生进取心理冲动的心理惯性,"趁热打铁",顺势引导,使其向着奋发向上、不断进步的精神风貌迅速过渡,最终形成比较稳固的追求上进、敢于拼搏的优良品质。

(5)情趣性原则。开展丰富多彩、生动活泼的教育活动,最大限度地唤起学生的上进热情和参与兴趣。

(6)点滴性原则。"勿以善小而不为,勿以恶小而为之。"学生进取心理冲动的诱发引导必须坚持从我做起,从一件件小事做起,从现在做起。此外还有超前性原则、开放性原则等。

2. 学生进取心理冲动诱发引导策略

（1）立志扶志，引导学生选准人生的参照物。志是人之本，无志不成器。学生正处在人生的十字路口，教育引导他们树立远大理想，立下宏大志向，确定终身奋斗目标，是教师最首要的任务。一是要引导学生树立正确的人生观和价值观；二是要引导他们选准人生的参照物；三是鼓励支持他们坚定理想志向，为理想志向的实现而奋发努力；四是当他们困惑、迷茫、摇摆时给他们力量，使其坚定理想信念，并转化为进取心。

（2）育心、交心，让学生的心劲鼓起来。育心，即培育、训练、提高学生的心理素质。心理素质是人的各项素质的基础，是学生健康成长、不断进步的动力支点。交心，即交流思想，开展谈心活动。交心的主要方法有：拉家常法、商讨法、挖掘潜能优势法、推心置腹法、体谅宽慰法、心理补偿法、期待鼓励法等。

（3）发掘潜能，让学生正确认识自信，增强自信心。自信心是进取心的重要源泉。必须培养高职生具有情绪稳定、作风踏实、自尊自强、充满自信、勇于独立思考、敢于质疑求新、不怕失败挫折、有远大理想抱负、有创造欲望和信念等心理品格。帮助他们发现自身的智慧潜能，排除阻碍智力开发的心理障碍与不良习惯。

（4）置境激情，给学生表现的机会，让他们"获胜"。创设生动、活泼、和谐的教育环境，激发学生的主动性、能动性、创造性，给他们参与、表现和获取成功的机会，使他们保持积极向上、不断进取的精神状态。

（5）群体共振，构建群体激励机制，营造追求进步的环境氛围。学生一般具有从众的心理特征，要做好进取心理冲动的诱发、引导，必须构建群体激励机制，营造追求上进的环境氛围。一是要优化教育资源，形成教育合力；二是要健全、完善各种规章制度和激励机制，规范师生员工的言行，激励其进取精神，做到依法治校；三是要抓好校园文化建设；四是树立先进典型，发挥榜样的"近体渗透、群体共振"效应；五是学校领导、教师都应严格要求自己，做到以情感人，以身作则。

（6）信任放手，培养自我教育的习惯，指导学生掌握自我激励的方法。从某种意义上来讲，一切教育活动的最终目标都是为了提高教育对象的自我教育能力，培养教育对象自我教育的习惯。学生自我激励的基础是自我认识和评价，核心是自我肯定和自我鼓励，因此教师应指导学生掌握一些自我激励的方法，如坚持及时地进行总结、回顾、反思，有针对性地参加社会调查和社会实践活动等。

失去了进取心的人，追求的就是"做一天和尚，撞一天钟"的得过且过的日子。他安于现状，不思进取。就像一头牛不想喝水，你无法按下它的头。一个不想进步的人，即使拿鞭子抽他，他也不可能有出色的表现。一个没有进取心的人，我们怎么能奢望他付出更多的努力去培养其他的良好习惯呢？又怎么会奢望他能够成功呢？

三、明确现状及自身责任

高职生是将来生产第一线的中坚力量，他们就业力的成长不仅有利于他们自身的成长和就业,对国家的繁荣和社会的进步也有着重要意义。但是纵观当今大学校园,许多学生的表现却难以令人满意,如何改变这些现状,提升他们的进取心和就业力已经是亟待解决的问题。

1. 高职学生进取心现状

(1)睡觉一族

在大学校园中,有些学生往往每天睡觉很晚,早上利用上课的时间在宿舍里睡觉,即便是到教室里的学生也是趴在桌子上埋头大睡,每天睡觉占据了自己大部分的时间。

每个人的时间是有限的,如果你花费了太多的时间在睡觉上,那么用在学习知识和提高能力上的时间就会相对减少,极大地影响了知识的积累和能力的提升,也不利于自己将来的就业和未来事业的发展。

(2)手机一族

手机已经成为现代人生活中不可缺少的一部分,除了满足人们通信交流的需求之外,手机游戏、网络小说、在线视频已经成为手机的重要功能。有许多同学因此把手机作为自己生活中重要的组成部分,甚至达到了"手不离机、机不离手"的程度。在课堂上玩手机,不仅浪费了自己的时间,耽误了自己的学习,也消磨了自己的意志。当学生把时间都花费在手机上的时候,用在提升自己和与他人交往的时间就会相对减少,造成了许多学生缺乏与人交往的经验,沟通能力和协调能力极度欠缺,增加了他们适应社会、实现自我价值的难度。

(3)旷课一族

现在许多高职学生对上课有强烈的排斥性,缺乏学习新知识、接受新思维的欲望,一听说上课就头疼,旷课便成了他们的家常便饭。这些学生不仅影响了自己的学业,也违犯了学校的纪律,不仅在考试中"大红灯笼高高挂",学校的处分也是一个接一个的签收,不要说将来找一个好工作,就连顺利毕业也变得很困难。而这些学生仍然没有意识到问题的严重性,对学校的处分没有什么感觉,连最基本的悔过之心都欠缺。或者即使知道怎么做是对的,也仅仅将这种想法存在于思想阶段,没有付诸实施的决心和勇气。

2. 高职生进取心缺失原因分析

(1)社会原因。当今社会,高职毕业生面临严峻的就业形势,特别是近几年高校扩招造成高校毕业生严重激增,高职生的就业也面临着严峻的压力,不仅面临着同级毕业生的冲击,也面临着往届毕业生的冲击,同时农民工群体的急速发展也给高职生的就业形成了严峻的挑战,这就造成了许多高职生不可避免地产生了悲观和自暴自弃的心理。

同时一些负面的思维也在冲击着高职生的思想,一些残酷的现实也在改变着高职生的思维,造成了一些学生价值观、荣辱观的缺失,缺乏改变现状、完善自我的勇气,或者在遭遇到现实的挫折之后,往往丧失了继续尝试的勇气。

(2)家庭原因。当今的高职生都是正宗的"90后",他们的成长环境更加优越,在成长的过程中又没有受到一定的挫折和打击,什么事情都是别人安排好的,"衣来伸手,饭来张口"的情况是普遍现象。这就造成了许多人习惯了依赖别人"喂养"的日子,没有自己主动"觅食"的想法。表现在学校里就是缺乏足够的自律和主动学习的能力。同时由于受计划生育的影响,很多都是独生子女,都是父母的掌上明珠,在成长的过程中也是笑脸相迎、悉心呵护,习惯了以自我为中心的思维,没有与他人分享的思维和严格的纪律观念,对学校的管理和老师的教育就有一种逆反心理、叛逆心理,严重影响了教育的质量和效果。

(3)个人原因。现在的高职生底子比较差,在高考的时候就因为成绩不理想,没有考取自己理想的大学,在踏入高职院校之后,他们的思想产生了一系列的变化,享乐主义开始抬头,再加上有了一定的自由支配的费用,有了更加自由的时间,这些年轻人自律能力差的问题就暴露出来了。

另外,有些学生的思想里缺乏必要的荣辱观。这些学生在高中的时候就不是爱学习的学生,对家长老师的批评教育已经习以为常,当作家常便饭,在他们的心里已经不能发挥一点作用,老师鼓励的眼神,不能给他们一点点动力,老师批评的话语,也不能让他们意识到自己的错误。

3. 高职院校如何激发学生的进取心

(1)顺应社会潮流。在树立社会主义新风尚的大背景下,高职院校应该在学生中开展以树立社会主义荣辱观为主题的活动,号召学生重新审视自己并建立新的的世界观、人生观和价值观,掀起一股思想改造的风气。特别是针对学生荣辱意识淡漠的情况,加强对学生的荣辱观教育,让他们真正在思想中建立起荣辱意识,以便对自己的行为进行合理的规划。

同时,不能忽视家庭教育对学生成长的影响。作为父母,应该以身作则,用自己的实际行动和言传身教告诉自己的孩子,在面对复杂多变的事情的时候,如何迎难而上,不逃避、不放弃,用自己强烈的进取心去争取最大的成功。

(2)借助学校平台。大学是青年学生踏入社会的最后一站,在大学里,青年学生不仅可以学到一些专业的知识,更是自己世界观、人生观、价值观形成的重要时期。如果在大学里没有学到足够的知识,将来踏入社会之后,必然不能很好地融入社会。所以,对于学校来说,要利用一些平台和机会加强对学生的进取心进行教育,使每个学生都能有强烈的上进心和求知欲。比如,利用就业指导课这个平台,向学生讲述当前面临的严峻形势,给学生一定的紧迫感;同时学校也可以邀请一些事业有成的校友来学校现身说法,向在校学生讲述自己在毕业后的一些经历、经验和教训,让他们在以后的大学生活中加以完善和补充,增强自己的社会适应能力和开拓创新的本领。

(3)依靠自己力量。唯物辩证法认为,内因是事物变化发展的根本原因,决定着事物变化发展的方向,外因是事物变化发展的条件。所以要想获得强烈的进取心,最根本的是要靠自己的努力。如果一个人不想站起来,别人是怎么扶也扶不起来的。高职学生在面对日益严峻的就业压力时,要发扬屡败屡战的精神,不断完善自己的知识结构,锻炼自己的综合能力,为将来踏入社会实现自己的人生价值储备能量。

另外,对于高职学生来说,要想取得最终的成功,必须从幻想中解脱出来,严格要求自己,勇于承担责任,利用大学优越的学习环境和学习资源,不断提升自己的核心就业力。

第三节　参与社会竞争

一、认知个人竞争力

1. 竞争

竞争是个体或群体间力图胜过或压倒对方的心理需要和行为活动。即每个参与者不惜牺牲他人利益,最大限度地获得个人利益的行为,目的在于追求富有吸引力的目标,竞争是个人或群体的各方力求胜过对方的对抗性行为,因此,其积极作用是能使人振奋精神,奋发进取,促进社会进步,提高劳动生产率。其消极作用是挫伤双方积极性,使有限的资源难以发挥最佳效益,造成个体间或群体间的不团结,不利于人际关系的建立与发展。因为一方成功,意味着另一方就要失败,可以说,个人或群体的竞争机会越多,则成功和失败的机会也越多。

在社会生活中,竞争往往通过竞赛的形式表现出来,如球赛、卫生评比、数学竞赛等。其实,许多社会现象实质上也是另一种形式的竞争。政治、经济、军事、教育、文化和卫生等现象,无一例外。在目前社会政治、经济体制的改革中,随着"改革开放"的深入发展,在走向"市场"的道路上,竞争是一种极为重要的发展机制。

2. 个人竞争力

个人竞争力,是个人的社会适应和社会生存能力,以及个人的创造能力和发展能力,是个人能否在社会中安身立命的根本。就个人而言,通俗地说,就是这个人有什么发展的资本,如工作能力,以及包括个人工作能力在内的,各种综合要素组合形成的特定个体的特别概念被社会所认同的情况等等。个人竞争力的各种构成要素,一般仅仅限于通过个人的努力以及个人的自我修养而形成的竞争能力,而不包括非个人因素而形成或具备的竞争力,如完全是由他人的原因而获得的机会,完全是由他人给自己所创造的条件,或是上一代留下来的财产,等等。

个人竞争力的差异来源于个人的素质、能力的差异性,同时也受市场、文化和体制等多方因素的影响。在优胜劣汰的竞争法则下,竞争力弱的员工最终将被逐出市场的竞技场,丧失生存的空间。决定个人竞争力的因素可分为三大类:素质、能力和环境。个人竞争力是一个既包括素质,也包括能力,还包括环境的综合体,三者缺一不可。素质的高低影响着能力的强弱;没有能力,个人素质就不可能有效地转化为竞争力;一旦离开赖以生存的环境,再高的素质,再强的能力也都毫无用武之地。个人竞争力是素质、能力、环境三大因素相互作用的结果。

个人竞争力是有层次的,大致来说,可分为三个层次:

(1)基础层。这是构成个人竞争力的基础,是参与竞争的根本条件。在市场体制下,虽然不同的工作对人的要求各不相同,但是有一些却是最基本的,是从事任何工作都必须的,比如基本的知识和技能、责任心、吃苦精神、表达能力、勤奋度、承受力等等。每个人只有拥有这些基础竞争力,才具备竞争的资格。

(2)中间层。中间层是个人获取竞争优势的来源,如果具备这方面的力量,将会获得较大的竞争优势。中间层主要包括三个方面:预测力、诊断力、道德感。

(3)高层。高层的竞争力能够降低竞争的激励程度。拥有高层的竞争力,将获得绝对的竞争优势,而这其中又以个人信用,移情力(认识他人,与他人结成伙伴关系的能力,在必要时不计后果地采取行动,向处于危难中的人伸出援手。正因为如此,移情力是维护社会联系和团结人类的重要力量)和创造力更为重要。

在上述个人竞争力的层次中,基础层是止阻力,中间层是提升力,而高层则是超越力,提升一个人的竞争力,应该从低到高,逐步培养。

3. 个人核心竞争力

个人的核心竞争力,即个人相较于竞争对手而言所具备的竞争优势与核心能力的差异。个人的核心竞争力主要包括以下内容:

一是学习能力:学习能力主要是指一个人离开学校走进社会以后的继续学习能力,包括如何安排学习时间、采用什么学习方法、选择什么学习内容等,尤其是所学知识应用于实际的能力。

二是实践能力:实践能力就是动手能力、操作能力、干事能力、已确定任务的完成能力、已规划目标的实现能力,也就是俗话说的真功夫、真本事。

三是创新能力:创新能力就是发现新问题,提出新问题,研究新问题,解决新问题的能力。

四是目标动力:目标动力就是一个人所选择的正确的理想信念,具体明确的奋斗目标。这是学习能力、实践能力、创新能力的动力源。

二、个人竞争力的培养

(一)个人竞争意识的培养

我们正处在一个充满竞争与挑战的时代。世界各国经济、科技和综合国力的竞争,实质上是人才质量、人才素质的竞争。面对当前的严峻挑战,大学生作为我国高素质人才的重要部分,其竞争意识的培养和提升就显得尤为重要。丁肇中教授曾说过:"竞争可以使人更快、更好的成长。"竞争是动力,它可作为推动个人进步的有力手段。另外,良好的竞争意识,可以最大限度地发挥个人的主观能动性,催人奋进,不甘落后,提高学习效

率和学习成绩,避免惰性产生。培养个人竞争意识,可以从以下几个方面着手:

1. 善于抓住竞争机遇。要培养竞争意识,要通过主动参与各种竞赛活动,培养积极参与竞争、敢于挑战自我的意识。在竞争的过程中认识竞争,学会竞争,勇敢面对竞争,并在活动中相互学习、互动发展,同时获得良好的心理锻炼机会。

2. 选择合适的竞争参照。每个人的学习水平、思想水平以及能力水平都有差异,在竞争过程中,要在同一起跑线上启程,并取得同样的效果是不现实的。那么,选择适合自己的竞争参照,就显得尤为重要了。这包括两方面的内容:

(1)在竞争前选择好合适的对手。所谓"合适的对手",是指竞争对手比自己的水平高,但差距不大。与合适的竞争对手竞争,成功的几率会倍增,避免了不必要的失败与挫折发生,学生的自信心会在不断的进步与成功中得以加强,这给竞争增添了许多积极因素。

(2)竞争可以选择某一方面相比较。不同的人有不同的优势,为了在竞争中尽情展现自身的优势,彰显自我风范,强化竞争意识。我们在竞赛中与竞争对手比较某一方面的优势,这对竞争意识的培养能起到积极的助推作用。

3. 培养不怕失败的心理品质。尽管竞争是公平公正公开的,但竞争的残酷性依然存在。优胜劣汰,这是竞争必然带来的结果。成功与失败,永远与竞争相伴随。竞争活动,不仅仅在于使竞争意识深入学生的心灵,也不仅仅在于培养竞争能力,还在于使参与者得到各种心理体验与心理调整,特别是在经历了失败的阵痛之后,心理承受力的锻炼与心理平衡的再调整,对参与者至关重要。一个志在必得、永不服输的竞争者,就必须具备不怕失败、屡败屡战的顽强战斗精神,这种敢打敢拼、永不言败的心理品质的培养,较之竞争能力的培养有着更为重大、深远的意义。

4. 树立正确的竞争观念。看一个人是不是合格的人才,不仅要看他的知识和能力水平,还要看他的情商高低,即看他是否有高尚的情操、崇高的理想,是否胸怀坦荡、光明磊落。一个知识渊博,但道德沦丧的人,是无论如何也不值得任用的。因此,在竞争意识的培养过程中,要树立正确的竞争观念。

(1)理性地对待竞争。一是要消除竞争中的忌妒心理。竞争不是相互残杀,竞争是一种超越。要凭借自身的实力和努力,在相互尊重、相互信任、相互帮助的基础上进行竞争。别人进步了,成功了,要为之高兴;自己失利了,受挫了,要正确地面对。忌妒他人,甚至采取卑劣的手段戕害他人,是心理不健康的表现,应该予以彻底地消除。

(2)采取正确的手段竞争。竞争要凭借自己实实在在的苦干赢得成功,不能靠投机取巧谋取私利。就是说,竞争的手段要正当,要光明,要符合道德规范和法律法规。

(3)合作的基础上竞争。竞争具有残酷性,但竞争并不是冷酷无情,不是孤军奋战,竞争需要合作。在竞争的同时,强化合作意识。许多集体项目的比赛都需要大家的真诚合作,没有合作,取得成功的机会就不大。即使一些个人之间的竞争,也需要人与人之间的相互帮助与合作。譬如,个人学习成绩竞赛,它不仅仅是局限在考场上的应试,在平时的学习中,同学之间也应相互帮助、取长补短,这就是合作。

5. 全面提升自身综合素质。这些综合素质包括专业知识、道德文化素质、语言沟通能力、环境适应能力、组织领导能力、开拓进取的勇气和团队合作的精神等。当然,培养这些综合素质对在校大学生来说任重道远,需要坚持不懈的努力。

6. 在竞争中保持健康的心态。第一,既要始终保持不甘落后的进取精神,又要实事求是地对待自己,根据自己的实际情况,把近期目标和长远目标结合起来。脚踏实地,努力使理想成为现实。第二,注意在竞争中冷静思考,审时度势,扬长避短,发挥自己的长处,挖掘自己的潜能,减少挫折,增加成功的机会。第三,有豁达的人生态度,既不好高骛远,又不妄自菲薄;既要有远大的目标和拼搏精神,又要有面对失败的勇气。

(二) 个人竞争力分析的方法

著名的管理大师彼得·德鲁克(Peter Druker)曾说过:"未来的历史学家会说,这个世纪最重要的不是技术或网络的革新,而是人类生存状况的重大改变,在这个世纪里,人们将拥有更多的选择,他们必须积极的管理自己。"大学生自我管理应做到自我认识、自我规划、自我协调和自我控制等。大学生踏出校门走向社会就是其职业人生的开始,理性分析自身的竞争优势与不足之处,对自己有一个清醒的认识——懂得经营,方能受益,才能做好职业生涯规划。那么如何进行个人竞争力分析呢?我们可以利用SWOT分析工具进行个人竞争力分析:

SWOT分析法又称态势分析法,用来分析个人Strengths(优势)、Weaknesses(劣势)、Opportunities(机会)、Threats(挑战),然后加以综合评估与分析,制定未来职业发展战略。下例是沈阳理工大学工商管理专业某学生利用SWOT分析法进行个人竞争力分析:

S

(1)专业背景好,专业基础扎实;

(2)有多次校外实习经历;

(3)喜欢思考问题,有较强的分析能力;

(4)做事认真、踏实、有责任心;

(5)心思细腻,考虑问题比较细致;

(6)逻辑性和条理性较好,有较强的文字功底;

(7)生活态度比较积极,善于发现事物和环境积极面;

(8)待人真诚,乐于与人交往、沟通。

W

(1)工作、学习有些保守,冒险精神不够,创新能力有待提高;

(2)竞争意识不强,对环境资源的利用不够;

(3)主动口头表达有时过于细节化,不够简洁;

(4)组织管理人员的能力和经验欠缺。

O

（1）入世以后，中国面临的国际化趋势给个人提供了更多的机会；

（2）国家对教育行业越来越重视，重点发展扶持专业的管理人才；

（3）学校给提供很好的学习、生活环境，为增强学生的实践能力和创新精神，学校经管学院开设了相关课程；

（4）学校增加了双学位学生招生量，更多学生除了本专业之外，可以多学其他专业知识；

（5）工商管理专业应用范围广，提供较好的发展空间。

T

（1）国际化进程对个人素质要求更高；

（2）全球经济下行，不少企业裁员控制成本，毕业生就业压力增大；

（3）随着二胎政策的全面放开，女性就业处于困境；

（4）随着我国高等教育从"精英教育"时代走向"大众化教育"时代，导致大学毕业生人数倍增，据统计，2000年全国高校毕业生人数是106万，2007年则达到495万，7年间翻了两番多，2016年全国有765万大学生毕业。

三、构建个人竞争力的优势

"有德有才破格重用，有德无才培养使用，有才无德限制录用，无德无才坚决不用。"这是企业家牛根生先生的著名观点。

要想在今后发展中有立足之地，需在已有知识的基础上提升自己，根据自身的特点，结合社会发展，构建个人竞争力，主要有"四力和一素质"：即学习能力、专业应用能力、专业创新能力、发展能力、较高的职业素质。

1. 学习能力

大学生毕业后学习和工作过程中，在已有知识和技能的基础上，不断获取新知识并运用这些知识所表现出来的智力和非智力因素的能力。学习能力包括：获取新知识的能力；发现、分析和解决问题的能力；收集、分析和利用信息的能力。学习能力是综合素质的体现，学习能力强的人，更具有竞争力，更受用人单位的欢迎。

2. 专业应用能力

大学生所拥有的专业知识、技术和才能，是专业知识、专业技术和应用能力有机整合后形成的合力。大学生的专业应用能力包括系统的专业基础知识、计算机应用能力和专业技能。专业基础知识是就业者发现、分析、解决问题的前提和基础。只有掌握了扎实的基础知识，才有可能综合运用、分析，灵敏地找出事物之间的相关关系，得出新的结论。计算机应用是大学生的基本能力之一，包括文档处理、电子表格、电子邮件和计算机语言等，是大学生就业应具备的能力。在这些能力中，专业技能在大学毕业生就业中起关键作用，是个人竞争力中的核心竞争力。

3. 创新能力

大学生毕业后在工作中运用已有的基础知识和可以利用的资源，应用学科前沿知识，产生某种新颖、独特的社会价值或个人价值的思想、观点、方法和产品的能力。创新能力由创新意识、创新思维和创新技能三大要素构成。有了强烈的创新意识的引导，个体才可能产生强烈的创新动机，树立创新目标，充分发挥创新潜力和聪明才智，释放创新激情。创新思维是一种辩证思维，常常运用于人们的创新性活动过程之中，它也具有不同于其他思维的特征，突出表现在以下五个方面：积极的求异性、敏锐的观察力、创造性的想象、独特的知识结构、活跃的灵感。创新能力是大学生个人核心竞争力中最重要的部分，大学生创新能力的高低，直接关系用人单位的竞争力，用人单位非常重视大学生的创新能力。

4. 发展能力

一是人际交往能力。妥善处理组织内外关系的能力，包括与周围环境建立广泛联系和对外界信息的吸收、转化能力，以及正确处理上下左右关系的能力。二是协调能力。决策过程中的协调沟通能力，协调能力包括人际关系协调能力和工作协调能力两个方面。好的协调能力能化解矛盾，聚分力为合力，变消极因素为积极因素。团队合作是一种为达到既定目标所显现出来的自愿合作和协同努力的精神。人际交往与协调能力是团队合作的具体体现。个人的力量总是有限的，而团队合作可以调动团队成员的积极性，发挥集体的潜能，实现最优组合。

5. 较高的职业素质

职业素质包括勤奋、诚信、职业规划、责任感和适应能力。

勤奋是指努力干好每一件事情，不怕吃苦，踏实工作。

诚信是指社会行为主体的一种自发、自愿的行为，是自己对他人的承诺。职业规划是一个人对一生的不同发展阶段所从事的工作、职务或职业发展道路进行设计和规划。

责任感是个体能自觉地做好份内的事情，并自觉地承担过失的内心体验。高度的责任感要求大学生有崇高的理想，健全的人格；还要有勤奋学习，爱岗敬业；公正诚信、团结友善、关心集体的品质。

适应能力，包括有较高的自制力、抗挫折力和执行力。自制力是指人们能够自觉地控制自己的情绪和行动。自制力主要表现在两个方面：一方面使自己在实际工作、学习中努力克服不利于自己的恐惧、犹豫、懒惰等行为；另一方面应善于在实际行动中抑制冲动行为。执行力是选用合适的人用科学的方法去做正确的事的能力。一个大学生只有具有高度的责任感和适应能力，才能得到用人单位的认同，同时只有具有较高的职业素质才能不断地增强其抗挫折能力，使其具有更好的执行力。

四、提高个人竞争力的途径

1. 制定目标

经过一番思考,为自己制定适实可行的目标,个人的职业规划,人有了目标,才有努力奋斗的方向,才有提高自己的动力。

2. 选择环境

为自己选择一个合适的工作环境,人往高处走,不能输在起跑线上,这样就可以学到更加宝贵的经验,同样是组织一次会议,在跨国性的大公司和私企,你就能看到什么叫作差距。

3. 加强学习

人需要不断地学习,一天有 24 小时,8 小时求生存(上班赚钱),8 小时休息(养精蓄锐),剩下的 8 小时就是求发展(自我提升),如何在有限的 8 小时内安排好自己的充电计划,是提高自身竞争力的关键。21 世纪的文盲不是不识字的人,而是不学习和不愿学习的人。

4. 深入实践

充了电以后,就需要大胆地进行实践,抓紧一切机会实践,就会发现有更多的地方需要学习,这样通过不断的学习和实践,个人的竞争力自然而然地提高了,这样就会有更多、更好的机会找到你。记得耐克有一句广告词是"JUSTDOIT",现在就行动吧!

5. 端正态度

处事态度一定要积极向上,乐观,热情洋溢。人生苦短,如果能够把每天都当作生命中的最后一天,你就会希望每一天都是过得快快乐乐的。所以每天都要快乐地度过,这样一天一天串起来,就是一辈子的快乐了。

6. 提升情商

除了学习充电,掌握了最精湛的专业技术以外,EQ 也是很重要的。因此要广结善缘,多交一些积极向上的朋友。

7. 为人正直

为人要正直诚实,尊重他人,想要别人尊重你,首先应先尊重他人,要忠诚信念,坚持原则,有责任心。

8. 加强沟通

人家说:21 世纪最缺的是什么,是人才!我们说:21 世纪最大的难题是什么,是沟通!如果人人都能够做到换位思考,能够做到有效沟通,什么难题都能够迎刃而解。上下级之间如此,同事之间如此,朋友之间如此,家人之间更是如此。

9. 了解自己

要充分了解自己,进行长处管理,增强自己的自信心,相信自己真的是很不错的,不能总是以自己的短处去比别人的长处。

10. 团队合作

在当今竞争如此激烈的社会中，除了有 IQ，EQ，还要有 TQ，这就是所说的团队精神。在 21 世纪，提高个人竞争力的同时，更需要提高团队的竞争力，一个团队的成功，才得算得上真正的成功。

五、提高职场的核心竞争力

职场核心竞争力构成主要包括三个方面：一是准确的职业定位；二是综合能力与资源；三是超强的执行力。综合这三大要素打造核心竞争力，目的就是增强个人的竞争优势，让别人无法取代，成就职业生涯发展的 NO.1。一旦具备了强大的核心竞争力，当面对职场裁员风险和各种职业危机时，你就拥有了主动选择或"择良木而栖"的资本，而你的职业生涯也不会因为职业机会的改变而发生重大生存危机。

1. 准确的职业定位
2. 优秀的综合能力

一般来说，职场人士的综合能力包括语言表达能力、信息处理能力、解决问题能力、人际交往能力、组织管理能力、领导能力、公众演说能力等。其中还有资源问题，即个人所掌握的知识和信息总量，达到的学历水平，以及人脉关系。资源越丰富，能力越强，个人核心竞争力相应也将越强大。

3. 超强的执行能力

所谓："言必行，行必果。"让自己做一个时间管理的高手，看好了想好了就立即行动，不错失良机，不浪费过多考虑的时间，在最短时间投入大量的有效行动，出色完成本职工作，主动分担同事的工作，及时解决困扰老板的问题，为公司创造最大的财富。通过打造不可被取代的能力，相信你的个人核心竞争力必将不断得到提升。

核心竞争能力是职业人士生存的利器，是体现个人商业价值的重要依据。无论你在哪家企业任职，也不管该企业是否知名，作为职业达人必须知道自己未来的发展方向和职业目标，并不断积累和提升自己的综合能力，加强执行力的培养，才能成为在某个领域不可被他人替代的优秀精英。

第四节　学会自我调节和控制

一、困扰与烦恼

（一）困扰与烦恼形成

1. **烦恼起于执著**：人生的顺逆境很多，一般人遇到困境，例如失业、失恋、失意时固然令人沮丧、烦恼；处在顺境时，如果执著、害怕失去，也会被顺境所困。

2. 烦恼缘于无明：无明就是不明理，有句话说："宁与聪明人打架，不与无明人讲话。"一个人若不讲理时，好话、善言、佛法一点也派不上用场，就会有烦恼；反之，如能通情达理、明白因果道理，就能消除烦恼。

3. 烦恼由于看不开：世间上有很多烦恼都是自找的，所谓"杞人忧天"，乃至担心"世界末日"等，烦恼了半天，却什么事也没发生。也有人因为小事看不开，钻牛角尖，自然"烦恼绵绵无绝期"。因此，凡事多往正面看，能够看得开、看得透，能对一切吉凶抱着超然洒脱的态度，就不会自寻烦恼了。

4. 烦恼出于太自私：人之所以会有烦恼痛苦，皆因有"我"；"我"是烦恼的根源，"我爱""我要""我欢喜"，凡事只想到"我"的需要，就容易与人对立、冲突，因此我多则苦多，我少则苦少。所以，一个人起心动念如果能多想想如何有利于人，就会活得轻松踏实。

其实，人生路上难免有太多的无奈与烦恼，每个人都有七情六欲和喜怒哀乐，烦恼也是人之常情，是每个人都避免不了的。

（二）大学生常见的困扰与烦恼

1. 环境适应问题。在大一新生中较为常见。

2. 学习问题。学习目的问题、学习动力问题、学习方法问题、学习态度问题，以及学习成绩差等等。大学期间，学习往往不再如高中阶段那样得到绝大多数人的重视，目的不明确、动力不足、态度不好构成了学习问题的主要方面。

3. 人际关系问题。如何与周围的同学友好相处，建立和谐的人际关系，是大学生面临的一个重要课题。同高中阶段相比，大学生对人际关系问题的关注程度超过了学习，也成为大学生心理困扰的主要来源之一。人际关系问题常常表现为难以和别人愉快相处、没有知心朋友、缺乏必要的交往技巧、过分委曲求全等，以及由此而引起的孤单、苦闷、缺少支持和关爱等痛苦感受。

4. 性格与情绪问题。性格障碍是大学生中较为严重的心理障碍，其形成与成长经历有关。

5. 求职与择业问题。在跨入社会时，他们往往感到很多的困惑和担忧。如何选择自己的职业、如何规划自己的生涯、求职需要些什么样的技巧等问题，都会或多或少带来困扰和忧虑。

二、自律与自我控制

1. 自律

自律，指在没有人现场监督的情况下，通过自己要求自己，变被动为主动，自觉地遵循法度，拿它来约束自己的一言一行。自律并不是让一大堆规章制度来层层地束缚自己，而是用自律的行动创造一种秩序来为我们的学习生活争取更大的自由。

2. 自我控制

自我控制，是指个体自主调节行为，并使其与个人价值和社会期望相匹配的能力，它可以引发或制止特定的行为，如抑制冲动行为、抵制诱惑、延迟满足等。

三、情绪表达与情绪管理

1. 情绪与情绪管理定义

情绪是指个体对本身需要和客观事物之间关系的短暂而强烈的反应。它是一种主观感受、生理的反应、认知的互动，并表达出一些特定行为。情绪是人所具有的一种心理活动，它是指人对客观事物是否满足需要的态度体验。

情绪管理是指通过研究个体和群体对自身情绪和他人情绪的认识、协调、引导、互动和控制，充分挖掘和培植个体和群体的情绪智商、培养驾驭情绪的能力，从而确保个体和群体保持良好的情绪状态，并由此产生良好管理效果的一种管理手段。简单说，情绪管理是对个体和群体的情绪感知、控制、调节的过程。其包括两个方面：正面情绪和负面情绪。正面情绪是指以开心、乐观、满足、热情等为特征的情绪；负面情绪是指以难过、委屈、伤心、害怕等为特征的情绪。

2. 大学生情绪具有如下几个特点：

（1）情绪的丰富性。从自我意识的发展来看，大学生出现较多的是自我体验，自我尊重的强烈需要，易产生自卑、自负等情绪；从社交来看，大学生的交往范围日益扩大，大学生通过各种活动了解社会，学习社会的道德规范，对自己的身份、角色、志向、价值等问题有了更深入的思考。

（2）情绪的不稳定性。由于大学生的人生观、价值观还未完全定型，认知能力还有待提高，大学生的情绪活动往往强烈而不能持久，情绪活动随着认知标准的改变而改变。

（3）情绪的掩饰性。大学生随着知识水平的提高，思想内涵的丰富，在情绪反映上较隐晦。他们已具备在一定的情景下压抑控制自己愤怒、悲伤等的情绪，而将真实的情绪掩饰起来的能力，形成外在表现和内心体验不一致的特点。

（4）情绪的冲动性。有的心理学家把青年期形容为"疾风怒涛"时期。大学生的情绪往往表现得快而强烈，常因一点小事振奋不已、豪情万丈。大学生情绪的冲动性一般表现为对外部环境或他人的不满，情绪失控，语言、行动极富攻击性。

3. 情绪表达与管理

（1）自我控制。它是个人对自身的心理和行为的主动掌握，是个体自觉地选择目标，在没有外界监督的情况下，适当地控制、调节自己的行为，抑制冲动，抵制诱惑，坚持不懈地保证实现目标的一种综合能力。当某些消极情绪被激发起来后，这时就要先冷静下来，有意识对自己的情绪进行控制，先要仔细考虑采取这种行为的利与弊，然后选择一种适宜的行为方式表达自己的情绪。

(2)注意转移。当出现情绪不佳的情况时,要把注意力转移到使自己感兴趣的事情上,或暂时避开令人伤心的地方。如外出散步、看电影、听听笑话、看看幽默小说、打球、下棋、找朋友聊天、换换环境等,这些活动有助于使情绪平静下来,在活动中寻找到新的快乐。这种方法一方面中止了不良刺激源的作用,防止不良情绪的泛化、蔓延;另一方面通过参与新的活动,特别是自己感兴趣的活动而达到增进积极情绪的目的。

(3)自我安慰。这种情绪调节方法主要是当一个人追求某个事物而不能实现时,为了减少内心失望,找一个借口或理由,以缓解矛盾冲突,消除焦虑、抑郁、烦恼和失望情绪。经常用"胜败乃兵家常事""塞翁失马,焉知非福""坏事变好事"等词语来进行自我安慰,可以摆脱烦恼,缓解矛盾冲突,消除焦虑、抑郁和失望,达到自我激励、总结经验、吸取教训的目的,有助于保持情绪的安宁和稳定。

(4)适当发泄。当情绪发作时,人体内潜藏着一股能量,过分压抑只会使情绪困扰加重,积聚起来有害身心健康。大学生有焦虑、烦闷、抑郁等负面情绪时,进行适度的宣泄,使压抑的心境得到缓解和改善,有利于大学生的身心健康。

四、自我调适的原则和方法

(一)学习困扰与自我调适

1. 树立现代的学习观念

学习的观念或者说是学习的理念,就是关于学习问题的较为系统的认识和思考,如为什么学、学什么、怎么学等,我们升入大学之后在学习方面出现诸多问题都与深层次的学习理念有关,因此要解决有关学习方面的心理调适问题,要先从观念开始。在学习期间应该树立的最基本的学习观念有大潜力高目标的观念、自主学习的观念、科学学习的观念、创新型学习的观念、勤奋学习的观念、实践中学习的观念、全面学习的观念、终身学习的观念。

2. 逐步地培养职业情感

由于对未来的职业感到陌生、担心,或由于未来的职业与自己的理想相去甚远,有些学生就觉得自己是进对了大门,迈错了二门,进而对自己的专业学习不感兴趣,因而学起来很痛苦,成绩也自然不会理想。怎样面对专业要求和个人志向之间的矛盾呢?

(1)职业情感的培养不是一朝一夕的事情,只有知之深才能爱之切,在接触职业之初,对职业的陌生感、不安感都是正常的,不要在此阶段苛求自己一定要对职业有多么的热爱,允许自己有一个较长的适应期。

(2)任何一种职业都不是十全十美的,理想和现实之间总是存在差距的,所以还没有接触过职业的学生不要见异思迁,既来之则安之。

(3)随着市场经济的发展,职业的变动率加快,终身教育的时代已经到来,我们不能再指望一次教育定终身,所以大可不必为未来的职业之事而荒废了眼前的学业,先充实自己的专业基础是最为实际的安排。

3. 适当地调整学习动机

正确而良好的学习动机的培养是保证我们健康学习心态和良好学习状态的重要方面。我们不仅应该培养自身的直接学习动机，比如考试成绩良好、得到奖学金等，更重要的是要增强间接学习动机，比如实现自己未来的职业理想、良好的自我发展等。只有明确了学习目的，确立了正确的学习目标和适当的抱负水平，把外部的学习压力成功地内化为我们自身内在的学习动力，才能真正把学习变为自我学习的需要和意愿。

4. 调节自己的生物节律

研究表明，人类学习的活动也有一定的周期性，一周之内，周一的学习能力并非最高，周二、周三、周四才保持最好水平，周五、周六开始下降，周日位于最低点。在一天之内，人的精神状态和学习能力也会有较大的起伏变化：以清晨6点为起点计算，早晨能力逐渐上升，上午9点前后达到最高，随后逐渐下降，下午2~3点降至白天的最低点，晚上8点左右又出现新的最高峰，随后又开始下降。在长期生活习惯的影响下，每个人的生物规律都是不一样的，有的白天效率高，有的晚上效率高，我们应该了解和掌握自己的生物规律，在能力较低的时候安排较容易完成的工作，在能力较高的时候则安排较难的任务。

5. 及时地解除心理疲劳

疲劳是指一个人连续工作一段时间后效率下降的现象。我们的心理疲劳主要表现为体力不支、注意力不集中、思维迟钝、情绪低落、工作效率降低、错误率上升等。要尽快地解除心理上的疲劳，可用宣泄、转换、升华、良性心理暗示、合理情绪治疗和适度放松等方法。

（二）人际交往困扰与自我调适

1. 自卑心理困扰及其自我调适

(1) 产生自卑心理的原因

自卑心理是我们人际交往中常见的心理困扰。有自卑心理的同学在交往中常常缺乏自信心，处事过分小心谨慎，畏首畏尾。有自卑心理的人性格多为内向、感情脆弱、常常自惭形秽，感到这也不如人，那也不如人，总感到别人瞧不起自己，这种人在公共场合一般不是积极主动参与，而是消极被动、过于警觉、极易受挫。究其原因，主要有过度的自我否定、消极的自我心理暗示、过强的自尊、个体条件有缺陷。

(2) 自卑心理的自我调适方法

1) 正确认识自我，提高自我评价。自卑心理的形成主要来源于社交中不能正确认识自己和对待自己。要改变自卑，必须改变原有对自己的认识，善于挖掘和发展自己的优势，扬长避短，我们应该有勇气承认自己和其他同学的差异，不要事事处处以超越别人为目的，关键是要把握自己的长处，按照自己的目标去交际、去生活。

2) 调整心态，积极与他人交往。一个人的接触面越广越能促进其对自身的了解。因此,每一位同学都不应把自己局限于某个固定的小圈子中,应不断地扩展自己的交际范围,去感受他人的喜怒哀乐,去感受美好的生活。自卑的同学要看到自己在交往中的长处,增强自信,为消除自卑奠定心理基础。

2. 孤独心理困扰及其自我调适

孤独是一种感到与世隔离、无人与之进行情感或思想交流、孤单寂寞的心理状态,孤独的同学常常表现出精神萎靡不振、情绪低落,并时常产生孤雁失群式的悲哀,从而影响正常的生活、社交和学习。

我们应该尽力克服孤独的状态,常与身边的人交往,避免独处,敞开心扉与同学进行沟通和交流,积极参与各项集体活动,进行良好的自我调适。

3. 嫉妒心理困扰及其自我调适

嫉妒是在人际交往中发现自己的才能、名誉、地位和境遇等方面不如对方而产生的一种自惭、怨恨、恼怒等复杂情感。我们的嫉妒心理主要表现在对他人的成绩和长处不服气,甚至抱以嫉恨;看到别人优秀时不甘心、不服气,总希望别人比自己落后;看到别人处于劣势则感到莫大安慰。

嫉妒心理产生的原因主要是心胸狭窄,容不得别人的长处,以自我为核心的心态严重,凡事总想高人一等,自私自利、虚荣心强、好出风头等。

嫉妒心理的自我调适方法主要有:

(1)转移注意力。嫉妒往往是在闲暇时间产生的,如果我们把主要精力投入努力学习专业技能、积极参加学院各种社团活动中,使自己心理充实、心情愉快,就无暇去嫉妒别人了。另外有意识地把注意力调节到自身的优势、别人的劣势上,也能逐步克服嫉妒心理。

(2)树立目标、积极上进。有嫉妒心理的同学应树立自己的远大目标和定出近期计划,化嫉妒心理为追求上进的力量,并通过自己的积极努力,以正当的手段赶上或超过对方,即使不如别的同学,你的心理也是积极、健康、阳光灿烂的。

(3)加强学习、提高修养。嫉妒心严重的人往往是目光短浅、气量狭小,与人交往时喜欢以自我为中心,凡事愿被别人称赞却很少称赞别人,情绪不稳易受外界影响,因此平时应多加强自身修养提高心理素质。

4. 猜疑心理困扰及其心理调适

猜疑是指人际交往中对别人不信任猜测、揣度、估摸、疑惑、疑心,表现为对他人言行敏感,总以为别人看不起自己、议论自己,猜疑带有与人为敌的心理,把无中生有的事强加于人,有时甚至把别人的好心曲解为恶意。

猜疑心理是一种消极的心理反应,是大学生人际交往中常见的心理障碍,不仅会严重影响同学之间的友谊,长期下去有可能会使自己心态扭曲,产生严重的心理问题,必须努力克服。

人的一生中都会碰到个人的利益受到他人有意或无意侵害的时候。为了培养和锻炼良好的心理素质,你要勇于接受忍住和宽容的考验,即使感情无法控制时,也要紧闭自己的嘴巴,管住自己的大脑,忍一忍,就能抵御急躁和鲁莽,控制冲动的行为。

(三)情绪困扰与自我调适

1. 焦虑的困扰与自我调适

我们常见的焦虑有自我形象焦虑、学习焦虑、情感焦虑。自我形象焦虑是担心自己不够漂亮、没有吸引力、体貌过胖或矮小等,这类焦虑主要与自我认知有关,需要通过调整自我认知重新接纳自我,建立新的自我形象。还有与学习有关的焦虑,如学习焦虑、考试焦虑等,在学生情绪反映中最为强烈,需要引起重视。情感焦虑多数由于恋爱受挫而引发的自我否定,认为自己不具备爱人与被爱的能力,因而过度担心引起焦虑。

克服焦虑应遵循如下的原则:

(1)弄清楚自己焦虑的是什么,把它找出来单独研究。

(2)对于你所焦虑的事找出它的根源和理由。

(3)让焦虑和恐惧暴露在光天化日之下,消除其神秘感。

(4)向心中焦虑之事挑战,也许它只是纸老虎。

(5)对于真正焦虑的事,相信你有足够的力量去应付,战胜一切困难。

(6)内心充满信念:我并非孤立无援,这样焦虑便无立足之地。

2. 抑郁的困扰与自我调适

抑郁最明显的症状是压抑的心情,表现为仿佛掉入了一个无底洞或黑洞之中,正被淹没或窒息,其他感觉包括容易发火、感到愤怒或负罪感,抑郁常常伴随着焦虑,对所活动失去信心,渴望一个人独居。抑郁也伴随着个体思维方式的转变、这些认知改变可以是一般性的,比如注意力不集中、记忆力衰退或者很难做出决定、在思考中可能有很多的心境转变,消极地看待世界、自我和未来。

抑郁自我调适最重要的原则是将纠结于内心的能量宣泄出来,进行外向训练,宣泄的心理实质就是将积蓄的情绪通过行为进行代偿性的输出,其是一种尽快达到心理平衡的手段,常用的宣泄方法有眼泪缓解法、转移注意法、活动发泄法等。

3. 恐惧的困扰与自我调适

恐惧是指病态的恐惧,即对常人一般不害怕的事物或情景感到恐惧,或者恐惧体验过于强烈,持续时间太久,远远超出常人的反应范围。

4. 愤怒的困扰与自我调适

愤怒是由于客观事物与人的主观愿望相违背,或因愿望无法实现时,人们内心产生的两种激烈的情绪反应。我们正处于热情高涨、激情澎湃的青年时期,有时候情绪激发起来难以控制,有的同学因为一句不顺耳的话,一件不顺心的事,就激动得暴跳如雷,或出口伤人,或挥拳相向,盛怒之后却后悔不已。

对待愤怒正确的方法是用转移注意力、回避刺激、自我暗示、合理宣泄等化解它和有分寸地表达它。化解作为我们东方人古老的修炼与处世方式,并非一种消极处世态度,而是把挫折、不如意、不公正等负面事件看作真实生活的组成部分,是人生必然要无数次经历和体验的事情,所以不必大惊小怪。

5. 冷漠的困扰与自我调适

冷漠是指人对外界刺激缺乏相应的情感反应,对生活中的悲欢离合都无动于衷,具体表现为凡事漠不关心、冷淡、退让的消极情绪体验。如有的大学生对周围的人和事漠不关心,对集体和同学态度冷淡,对自己的前途命运、国家大事等漠然置之,似乎自己已看破红尘、超凡脱俗。于是,把自己游离于社会群体之外,独来独往,对各种刺激无动于衷。

冷漠与退缩一样,是一种消极情绪的内化而非外显的行为,事实上,冷漠比攻击更可怕。冷漠会带来责任感的下降、生活意义的缺失与自我价值的放弃,可以说是有百害无一利的消极情绪体验。冷漠的形成多数与人生重大生活事件有关,也与个体的生活经历有关,克服冷漠最根本的是改变认知,发现生活的意义,发现自我的价值,改变长此以往形成的对人生消极的看法。在行为上,积极投身于各种有意义的活动中,融入集体中,进行积极的自我暗示与自我提升,正确认知自我与他人、个体与社会,并不断矫正自己的非理性观念。

(四)人格心理困扰与自我调适

1. 无聊的困扰与自我调适

无聊心理的主要特点是空虚、幻想、被动,感觉不到自我存在的意义与人生的目标其核心在于没有确立合适的人生目标。空虚是因为没有目标或目标太低,人一旦失去目标的牵引,生活就没有动力,缺乏对生命意义的深刻认识,就会出现茫茫然混日子的现象,对生命意义的否定发展到极端是对生命的否定;被动是由于目标不是自己内心的渴望,未获得内心的自觉与认同,只是为学习而学习,为考试而考试,疲于应付,学习生活中缺乏主动性和创造性。克服无聊心理的根本方法是确立恰当的人生目标,并由人生目标牵引着实现自己的人生价值。

2. 不良性格意志特征的困扰与自我调适

不良性格意志特征主要表现为生活缺乏目标、随波逐流、无所事事、懒散倦怠、醉生梦死;还有的同学性格意志发展不成熟,曲解意志品质,把刚愎自用、轻率当作果断,把犹豫、彷徨当作沉着冷静,把固执己见当作顽强等。不良意志品质一经形成会带来很多性格缺陷,最后发展为人格缺陷。克服不良意志品质的办法是矫正自我认知中的非理性观念,正确理解意志品质的内涵,发展自觉性、果断性、坚韧性和自制力,树立远大的理想、坚定的信念和正确的世界观。

3. 懒散的困扰与自我调适

懒散是指一种偷懒、闲散、拖拉、疲沓、松垮的生存状态，主要表现为活力不足，什么也不想做，没有计划，随波逐流，无法将精力集中在学业上，无法从事自己喜欢的事，心情不爽、情绪不佳、犹豫不决、顾此失彼。这类大学生在大学生活中常常是踏着铃声走进教室，常为自己的懒散寻求合适的解释，做事一误再误，无休止地拖下去。

4. 虚荣的困扰与自我调适

虚荣是指过分看重荣誉、他人的赞美，自以为是，虚荣心往往与自尊心、自卑感紧紧相连，没有自尊心就没有虚荣心，也就没有自卑感，虚荣心是自尊心与自卑感的混合产物。克服过强的虚荣心要做到以下几点：首先要对虚荣心的危害性有明确的认识；其次要正确看待名利，正视自己的优势与不足，扬长避短；最后是树立健康与积极的荣誉心，正确表现自己，不卑不亢，正确对待个人得失与他人评价。

5. 自我中心的困扰与自我调适

自我中心是指大学生考虑问题、处理事情都习惯以自我为中心，将自我作为思考问题的出发点与归宿，表现为一切以自己为出发点，目中无人，甚至自私自利。遇到冲突时，认为对的是自己而错的是他人。改变自我中心的途径有以下几方面：一是正确估价自己，认识到自己的社会责任，既不妄自菲薄也不夜郎自大，既不自我贬损也不自恋；二是树立正确的人生观与价值观，将自己与他人、自我与社会、个人利益与集体利益统筹考虑，从狭隘的小天地走出来；三是学会尊重自己与尊重他人，懂得设身处地，换位思考，真诚待人。

（五）求职择业心理困扰与自我调适

择业就业本身就是大学生认识和适应社会的一个过程，在求职中遇到困难，直至经过几次挫折才最后成功是很正常的，在就业中遇到许多心理冲突、困惑，产生一些不良情绪也是正常的。关键是遇到就业问题时要学会调节自己的心态，使自己能从容、冷静地面对就业这一人生重大课题，并做出正确、理智的选择，当大学生遇到了就业心理困扰时，可以尝试从以下几方面来进行自我调适。

1. 正视自我，选择最适合自己的职业

人各有所长，一个人要想在职业中取胜，就需要寻找自己擅长、喜欢的职业，适合你的职业胜过一个好职业，每个毕业生对自己都应有客观和正确地认识，对自己所学专业、工作能力、爱好特长、优势劣势有一个完整的把握，利用自己的优势以长补短，寻求成功的经验，增强自信，这样才能在就业中找到自己较满意的职业。

在竞争与机遇同时存在的环境下，如何具备和发挥自己的特长，也有个认识问题，能说会道、能歌善舞和具备某种操作技能，这固然是特长，但思维敏捷、从容善道、幽默机灵、吃苦耐劳也是一种特长。每个人各有所长、各有所短，问题在于你如何正确地认识自己，善于扬长避短，在关键时刻和重要场合发挥一技之长，获得用人单位的好感和信赖，这既是增强自信心的方法,也是择业和就业工作中的一个不可忽视的技巧。

2. 保持平常心态,适时缓解心理压力

无论从事什么样的职业都不可能一帆风顺,初涉职场的大学毕业生更是如此,风风雨雨、坎坎坷坷在所难免,为此,在就业前就应该做好经受挫折的心理准备。无论遇到怎样的挫折和失败,首先应该保持冷静,坦然面对;其次认真寻找原因,合理归因;最后千万不能悲观失望、自暴自弃或怨天尤人,而要以积极的态度和稳妥的办法加以改进,总结经验,虚心请教,必要的时候可以求助于有经验的前辈或专业人员,这样才能尽快摆脱困境,走出低谷。

3. 积极调适自己的职业意向与职业抱负

要根据自己的志趣、条件和爱好来确定航向,大学生在就业过程中,应不断调适自己原有的不切实际的就业取向使自己的心理定位与择业目标要求相适应,要有从最坏处着想,向最好处努力的思想准备。当代大学生要树立长远的职业发展观念,放弃过去那种择业就是"一次到位",要求绝对安稳的观念,择业时要看得长远一些,学会规划自己整个人生的职业生涯。

4. 克服盲从心理,增强自信心

择业时,应树立"要工作,找市场"的观念,主动了解自己所在学校所学专业的就业形势,将过去的那种被动等待的择业意识转换成积极主动的择业意识。要相信自己的才能,满怀信心地推销自我、展示自我。即使遇到暂时的失败,也不必自卑失落,要用更为现实的标准审视自我,估价自我,找到自身的定位,只要能正确找出失败的原因,对自己做出客观的分析,择业的信心就不会消磨掉。

5. 敢于竞争,善于竞争

既然竞争是终身的,一次竞争的成果不一定要享用一辈子,因此,大学生要善于利用机会,培养自己积极、主动的竞争心理,消除害怕失败的心态,大胆地参与竞争,并在竞争中培养良好的心理素质,客观地看待他人,保持积极心态,不断增强自己的竞争实力。

第五节　做事要有恒心

一、坚持、意志力、毅力的内涵

1. 坚持的内涵

《新唐书·元澹传》:"岂悟章句之士,坚持昔言,掞压不申,疑於知新,果於仍故?"元,郑光祖《伊尹耕莘》第二折:"若坚持固辞,是故违君命,罪有所归也。"明何良俊《四友斋丛说·史二》:"而老爷坚持此议,倘事有不测,则灭族之祸不远。"毛泽东《做一个完全的革命派》:"坚持真理,修正错误。"

2. 意志力的内涵

意志力是指一个人自觉地确定目的，并根据目的来支配、调节自己的行动，克服各种困难，从而实现目的的品质。

意志力不仅是指下决心的决断力，也不仅是用来感悟理解的感受力，或是进行构想的想象力；意志力是指所有"进行自我引导的精神力量本身"。从某种意义上来说，意志力通常是指我们全部的精神生活，而正是这种精神生活在引导着我们行为的方方面面。

如果缺乏目的，不能称为意志；如果缺乏持久性，谈不上意志；如果没有足够的兴奋强度，则叫作意志薄弱；如果缺乏目标、价值等理性因素，便是动机不明的盲目冲动；缺乏现实性的自我驱策，是强迫症。可见，意志是有明确目标指向和心理行为的自我控制能力，是保持目的目标和动机水平的、行为实施的维持能力，一种携带特定内容的持续兴奋能力。

3. 毅力的内涵

毅力就是坚持，毅力就是努力。毅力也叫意志力，是人们为达到预定的目标而自觉克服困难、努力实现的一种意志品质；毅力，是人的一种"心理忍耐力"，是一个人完成学习、工作、事业的"持久力"。当它与人的期望、目标结合起来后，它会发挥巨大的作用；毅力是一个人敢不敢自信、会不会专注、是不是果断、能不能自制和有没有忍受挫折的结晶。

在心理学角度上，与毅力相关的传统概念包括坚持不懈、勇敢（抗打击）、恢复力、雄心壮志、成就感需求、责任心。

二、意志力的特点及训练方法

1. 意志的特点

衡量意志品质，应该包括如下指标，也就是意志应该具备的特点：

（1）自觉性。自觉性是指目标理性，主要包括对目的目标的客观认知和自我评价，缺乏必要的自我认识因素、或者盲从、或者冲动、或者顽固、或者妄为，不可叫作意志。既有目标认识又有自我认识，才构成意志的理智前导。

（2）执行力。没有行动力量，意志成为空话。行动能力结合自觉性，至少可以引导出尝试性行动，这才可以自我调控，才可以谈得上排除干扰，才可能具有清醒的无畏。

（3）决定力。决断既与理性有关也与个性有关，是一种心理素质的综合反映。不是越理性越好，只要事非不恶、心非不良、后果无害，就应该大胆决定、果断实施。过分思虑，让可能的困难跟人世间千丝万缕的可能性无限纠结，可能就患得患失、优柔寡断，啥事都办不成了。相反，如果不明白目的目标、不思后果的决定，是冒失、草率和武断。真正的决定力，是对事件性质、价值、主要后果明确，抓住核心、对主要环节清楚的情况下的果断决定，包括理性判断和行为决定。理性过头，也会明哲保身，消极无为，难有果断决定。三思而行这个成语，我们通常是做了错误理解的。

（4）坚韧性。坚韧性指的是保持决心、行动的毅力。韧性是一种坚持力，不在于强度和爆发性，而在于绵绵不断的柔韧性。就像牛皮筋，干则硬，湿则柔，总能不断劲。在困难较大、目标较远的时候，特别需要顽强，甚至可以有点倔强。缺乏韧性，或者一曝十寒，或者动摇、气馁、退缩。坚韧性是一个人意志品质的核心指标，凭此可以推断这个人的可培养性、发展高度和未来前景。

（5）责任心。责任心在意志力中扮演着最高指导者的角色，包括使命感、冷静力、反省力。如果一个人已经具备了目标理性（自觉性）、行为能力、决断力和坚韧性，这个人就已经拥有了高级发展和成就事业的基本素质。但从事崇高的事业，还需要有较强的责任心，需要在理智的基础上发育出使命感、义务感；要有冷静对待得失、看透人间利誉称讥、逆顺世风的理智；要有自我检讨、自我反省、自我批判的返身能力。责任心是意志能力的成熟标志，也是心理能动系统真正成熟的顶点。一个责任心强的人，纵有一万个缺点，也已经具有了可以信赖任用的心理素质。

2. 大学生意志力的训练方法

意志力就是一种自我引导的精神力量，既然如此，只要你在用心的做事，那么意志力总是在背后发挥着作用。或者可以这么说，认真去生活，认真去做事，就是一种锻炼意志力的方法。

意志力总是与人的感受、知识一起发挥作用，但不能因此而认为人的感受、知识等同于意志力，也不能把欲望、是非感与意志力混为一谈。一个人可以违背他的意志力，而听凭他的感官来摆布；也可以调动自己的意志力，而使自己免受情感的摆布。意志力发挥作用的过程有时是为人们所熟悉的，而有时却是以某种秘密的方式悄悄进行的。但一般来说，当一个人完全受意志力的支配后，就感觉不到欲望、情绪和感官等力量的存在了，意志力可能会完全地根据道德伦理的标准来采取行动，或者完全将道德问题搁在一边，不去理会道德的要求，而根据其他某种因素来采取行动。

（1）积极主动

不要把意志力与自我否定相混淆，当它应用于积极向上的目标时，将会变成一种巨大的力量。

著名职业经理人卫哲刚进入职场时，曾有一段佳话。1992年，当卫哲还在上海外国语大学就读的时候，他曾到万国证券勤工俭学。他翻译的一份年报得到了万国总裁管金生的肯定，管金生表示一定要见见这个年轻人。就是这次见面，让卫哲成为了"中国证券之父"管金生的秘书。与一般秘书不同的是，卫哲工作时非常主动积极，想老板之所想，急老板之所急。

刚开始管金生只是让卫哲翻译年报，剪剪报纸，这些事情对于一般人来说是小事，但是卫哲把它当成大事，做足了工夫。卫哲十分留心在那么多的剪报中哪些是老板看过的，然后进行引导。这些事情，老板没有要求他做。到后来，管金生不看剪报中午就吃不下饭。作为秘书，卫哲要做给老板端茶倒水这样的小事，他也琢磨出很多技巧。比如开会时，什么时候去倒茶水才不会打断老板讲话的激情，什么时候光倒水不加茶叶，什么时候该带着茶叶进去；老板有抽烟的习惯，什么时候打火机里的油没了该换个打火机，卫哲都把握得很有分寸。

经过一段时间的观察，管金生认识到，如果再让卫哲做复印、倒水、剪报等事情，就是屈才。于是，24岁的卫哲出任上海万国证券公司资产管理总部的副总经理，成为当时国内证券界最年轻的副总。

主动的意志力能让你克服惰性，把注意力集中于未来。在遇到阻力时，想像自己在克服它之后的快乐，积极投身于实现自己目标的具体实践中，你就能坚持到底。

（2）下定决心

美国罗得艾兰大学心理学教授詹姆斯·普罗斯把实现某种转变分为四步：

① 抵制——不愿意转变；

② 考虑——权衡转变的得失；

③ 行动——培养意志力来实现转变；

④ 坚持——用意志力来保持转变。

有的人属于"慢性决策者"，他们知道自己应该减少喝酒量，决策时却优柔寡断，结果无法付诸行动。

为了下定决心，可以为自己的目标规定期限。玛吉·柯林斯是加州的一位教师，对如何使自己臃肿的身材瘦下来十分关心。后来她被选为一个市民组织的主席，便决定减肥6公斤，为此她购买了比自己的身材小两号的服装，要在3个月之后的年会上穿起来。由于坚持不懈，柯林斯终于如愿以偿。

（3）目标明确

普罗斯教授曾经研究过一组打算从元旦起改变自己行为的实验对象，结果发现最成功的是那些目标最具体、明确的人。其中一名男子决心每天做到对妻子和颜悦色、平等相待。后来，他果真办到了。而另一个人只是笼统地表示要对家里的人更好一些，结果没几天又是老样子，照样吵架。

不要说诸如此类空空洞洞的话："我打算多进行一些体育锻炼"或"我计划多读一点书"。而应该具体、明确地表示——"我打算每天早晨步行45分钟"或"我计划一周中一、三、五的晚上读一个小时的书"。

（4）权衡利弊

如果你因为看不到实际好处而对体育锻炼三心二意的话，光有愿望是无法使你心甘情愿地穿上跑鞋的。

普罗斯教授对前往他那儿咨询的人劝告说，可以在一张纸上画好四个格子，以便填写短期和长期的损失和收获。假如你打算戒烟，可以在顶上两格上填上短期损失："我一开始感到很难过"和短期收获"我可以省下一笔钱"；底下两格填上长期收获"我的身体将变得更健康"和长期损失"我将失去一种排忧解闷的方法"。通过这样的仔细比较，聚集起戒烟的意志力就更容易了。

（5）改变自我

然而光知道收获是不够的，最根本的动力产生于改变自己形象和把握自己生活的愿望。道理有时可以使人信服，但只有在感情因素被激发起来时，自己才能真正加以响应。

汤姆每天要抽三盒烟，尽管咳嗽不止，但依然听不进医生的劝告，而是我行我素，照抽不误。"有一天，我突然意识到自己真是太笨了。"他回忆说，"这不是在'自杀'吗？为了活命，得把烟戒掉。"由于戒烟能使自己感觉更好，汤姆产生了改掉不良习惯的意志力。

（6）注重精神

法国17世纪的著名将领图朗瓦以身先士卒闻名，每次打仗都站在队伍的最前面。在别人问及此事时，他直言不讳道："我的行动看上去像一个勇敢的人，然而自始至终我都害怕极了。我没有向胆怯屈服，而是对身体说——'老伙计，你虽然在颤抖，可得往前走啊！'"结果毅然地冲锋在前。

大量的事实证明，好像自己有顽强意志一样地去行动，有助于使自己成为一个具有顽强意志力的人。

（7）磨炼意志

汉朝有个人名叫孙敬，自小就喜欢读书，勤奋好学。孙敬每天晚上都学得很晚，为了避免发困，影响读书，他想了个办法：用绳子的一头拴住头发，一头拴在房梁上，一打盹，头一低，绳子就会把头皮揪疼，精神又重新振作起来，这样就又可以全副精力投入学习中去。孙敬勤奋学习，收获很大，后来成为了一个有学问的大家。

（8）坚持到底

俗话说"有志者事竟成"，其中含有与困难做斗争并且将其克服的意思。普罗斯在对戒烟后又重新吸烟的人进行研究后发现，许多人原先并没有认真考虑如何去对付香烟的诱惑。所以尽管鼓起力量去戒烟，但是不能坚持到底。当别人递上一支烟时，便又接过去吸了起来。

如果你决心戒酒，那么不论在任何场合里都不要去碰酒杯。倘若你要坚持慢跑，即使早晨醒来时天下着暴雨，也要在室内照常锻炼。

（9）实事求是

如果规定自己在3个月内减肥25公斤，或者一天必须从事3个小时的体育锻炼，那么对这样一类无法实现的目标，最坚强的意志也无济于事。而且，失败的后果会将最终使自己再试一次的愿望化为乌有。

在许多情况下，将单一的大目标分解成许多小目标不失为一种好办法。打算戒酒的鲍勃在自己的房间里贴了一条标语——"每天不喝酒"。由于把戒酒的总目标分解成了一天天具体的行动，因此第二天又可以再次明确自己的决心。到了周末，鲍勃回顾自己7天来的一系列"胜利"时信心百倍，最终与酒"拜拜"了。

（10）逐步培养

坚强的意志不是一夜间突然产生的，它在逐渐积累的过程中一步步地形成。中间还会不可避免地遇到挫折和失败，必须找出使自己斗志涣散的原因，才能有针对性地解决。

玛丽第一次戒烟时，下了很大的决心，但以失败告终。在分析原因时，意识到需要用做点什么事来代替拿烟，后来她买来了针和毛线，想吸烟时便编织毛衣。几个月之后，玛丽彻底戒了烟，并且还给丈夫编织了一件毛背心，真可谓"一举两得"。

（11）乘胜前进

实践证明，每一次成功都将会使意志力进一步增强。如果你用顽强的意志克服了一种不良习惯，那么就能获取与另一次挑战决斗并且获胜的信心。

每一次成功都能使自信心增加一分，给你在攀登悬崖的艰苦征途上提供一个坚实的"立足点"。或许面对的新任务更加艰难，但既然以前能成功，这一次以及今后也一定会胜利。

三、毅力的意义以及大学生如何培养毅力

1. 毅力的意义

（1）毅力对成功有决定意义

在所有的成功者中，有没有毅力，坚强不坚强，起着决定性的作用；而对失败者来说，缺乏毅力几乎是他们共同的毛病。所以毅力这个东西，极其重要，也很可贵。毅力会帮助你克服恐惧、沮丧和冷漠，会不断地增加你应付、解决各种困难问题的能力，会将偶然的机遇转变为现实，会帮助你实现他人实现不了的理想……因此，古今中外的先人、哲人、伟人、名人，都对它做了高度的评价。

（2）毅力是实现理想的桥梁

毅力是实现理想的桥梁，是驶往成才的渡船，是攀上成功的阶梯。通往成功的道路往往充满荆棘、坎坷不平，会有许多障碍险阻。有作为的人，无不具有顽强的意志、坚忍不拔的毅力。我国古代大医药学家李时珍写《本草纲目》花费了27年，进化论创始人达尔文写《物种起源》用了15年，天文学家哥白尼写《天体运行论》用了30年，大文豪歌德写《浮士德》用了60年，郭沫若翻译《浮士德》用了30年，马克思写《资本论》用了40年。这些中外巨人的伟大成果无一不是理想、智慧与毅力的结晶。还有一些科学家为坚持真理付出了鲜血与生命。例如，赛尔维特发现了血液循环，被宗教徒活活烤了两小时；布鲁诺提出了宇宙无限没有中心的思想，被罗马教廷关了7年，最后被判火刑。顽强的毅力是他们成为巨人的一个必备重要条件之一。

培养顽强毅力，要从小做起。有位教育家搞了一个实验：找来一些孩子，拿来一堆糖果等好吃的东西告诉他们说："在我离开这里再次回来之前，你们不能吃这些东西，等我回来后才能吃，而且我回来后会给你们更多的糖果。"这位教育家走后，有些孩子耐不住了，就动手吃了这些糖果。这位教育家过后做了一个跟踪调查，凡是当初能克制自己，在

这位教育家回来前没有吃糖果的孩子,长大以后发展前途好,事业有成。所以常言有"三岁看大,七岁知一生"的说法。

2. 缺少毅力的一些行为表现

毅力是人的一种好品质,谁都想具有这种品质。但是,是不是所有的人都会具有?不一定。一般来说以下这样的人是很难具有毅力这种品质的。

(1)毅力心不专者

心不专者,不会有毅力。唐人张文成在《游仙窟》中曰:"心欲专,凿可穿。"可是有的人就是做不到这一点,不专一,目标太多,期望值有无数个,好高骛远,一个目标还没有达到,就想到了另一个,这山望着那山高,什么都是三心二意,虽很努力,却是竹篮打水一场空,因为缺乏恒心,结果什么事情都办不了。的确,一个人做事若无恒心,那是什么事情都做不成的。

(2)毅力不自信者

不自信者,不会有毅力。这类人对自己缺乏信心,不相信自己的力量,事情还没有办,考虑的却是个人的患得患失,失败了怎么办?如何向领导交待?往往是进一步,退两步,结果呢?因为没有自信,夸大了自己的弱势,让弱势遮住了自己的强势,自己就显得毫无力量,这类人的失败,不是由于他人,而是在于自己,也就谈不到什么毅力不毅力的了。

(3)毅力不果断者

办事不果断者,不会有毅力。这类人独立性差,没有主见,干工作缺乏办法,没有气派,优柔寡断,前怕狼、后怕虎,总有说不清的顾虑,总是担心这个或那个,就是不担心成功。这类人还有一个毛病,容易接受他人暗示和影响,因而经常改变自己的初衷,将事情搞得不伦不类。

(4)毅力不自制者

不能自制者,不会有毅力。这类人不能压抑欲望,随心所欲,想怎么干就怎么干,好情绪,好冲动,不能顺从理性,不知道如何克制自己,因而心本是属于可敬可赞的雄心壮志,常被那些卑小的欲望所干扰,将事情搞得一败涂地。

(5)毅力不能忍受挫折者

不能忍受挫折者,不会有毅力。为什么有的人大落之后能东山再起?就在于他能忍受得住挫折,忍受得住失败,忍受得住考验,忍受得住痛苦,坚持信念,还不停地前进,不停地拼搏、奋斗,因而能屡扑屡起,终于成为伟人。所以法国拿破仑这一句话还是很有道理的:"人生之光荣,不在永不失败,而在能屡扑屡起。"

毅力能够决定我们在面对困难、失败、诱惑时的态度,看看我们是倒了下去还是屹立不动。如果你想减轻体重、如果你想重振事业、如果你想把任何事做到底,单单靠着"一时的热劲"是不成的,你一定得具备毅力方能成事,因为那是你产生行动的动力源头,能把你推向任何想追求的目标。具备毅力的人,他的行动必然前后一致,不达目标绝不罢休。

3. 大学生毅力养成的具体措施

（1）理论指导

一是强化正确的动机。人们的行动都是受动机支配的，而动机的萌发则起源于需要的满足。什么也不需要或者说什么也不追求的人从来没有，每个人都有各自的需要，也有各自的追求；只是由于人生观的不同，不同的人总是把不同的追求作为自己最大的满足。斯大林说，"伟大的目的产生伟大的毅力"。从奥斯特洛夫斯基和张海迪身上，我们可以充分地看到，崇高的人生目标可以有力地激发出坚韧的毅力。作为一名大学生，正确的动机就是树立正确的世界观、人生观、价值观。当代大学生要做到心中有阳光，脚下有力量，为了理想能坚持、不懈怠，才能创造无愧于时代的人生。

二是从小事做起可以锻炼毅力。李四光一向以工作坚韧、一丝不苟著称，这与他年轻时就锻炼自己每步走零点八米这类的小事不无关系。道尔顿平生不畏困难，看来从他五十年天天观察气象而养成的韧性中得益匪浅。高尔基说："哪怕是对自己的一点小小的克制，也会使人变得强而有力"。生活一再昭示，人皆可以有毅力，人皆可以锻炼毅力，毅力与克服困难伴生。克服困难的过程，也就是培养、增强毅力的过程。毅力不是很强的人，往往能克服小困难，而不能克服大困难；但是，积克服小困难之小胜也能使人克服大困难之大胜。今天，你或许挑不起一百斤的担子，但你可以挑三十斤，这就行。只要你天天挑，月月练，总有一天，一百斤担子压在你肩上，你也能健步如飞。恽代英说的深刻："立志需用集义功夫。余谓集义者，即在小事中常用奋斗功夫也。在小处不能不犯过失者，其在大处犯过失必矣。小压迫、小引诱即能胜过，在大压迫、大引诱中能否胜过尚为一问题。如小处不能胜过，尚望大处胜过，岂非自欺之甚乎？胜过小者，再胜过较大者。此所谓集义也。不然集义仍然是一句空话。"

小事情很多，从哪些小事情做起，有的人好睡懒觉，那不妨来个睁眼就起；有的大学生"今日事，靠明天"，那就把"今日事，今日毕"作为座右铭；有的大学生碰到书就想打瞌睡，那就每天强迫自己读一小时的书，不读完就不睡觉，只要天天强迫自己坐在书本面前，习惯总会形成，毅力也就油然而生。人是需要同自己做对的，因为人有惰性。克服惰性需要毅力。任何惰性都是相通的，任何意志性的行动也是共生的。事物从来都是相辅相成、此长彼消的。从小事情就可以培养大毅力，其道理就在其中。

三是学习上要有毅力。黄宗羲说："读《二十一史》，每日只钻一本，迟明而起，鸡鸣方已。"欧阳修说："一生勤苦书千卷。"徐特立说："对青年来说，学习最重要是一个'恒'字。青年人好学，但往往不肯下苦功。学习上光下功夫不够，还得下苦功。要刻苦钻研，要坚持，持之有恒。三天打鱼、两天晒网的人学不好，在学习上想走捷径的人学不会。"他40多岁学外语，采用这种日积月累的方法，每天学一个生词，一年学365个生词，几年时间过去，终于学会了法文、德文和俄文。据说，他学《说文解字》540字，一年读完，每天只读两个字。他在教学生读《说文解字》部首时，就要求每天读一个字，两年读完。章太炎读史日程每天两卷。台湾学者杨家骆通读《古今图书集成》两遍，50年来撰述无一日间断，其于《古今图书集成》随时检阅,几于未尝去手。《古今图书集成》1.6亿言,杨家骆读之以撰《集成学典》。考古学家夏鼐从青年时代起,就给自己定下一条规矩:每天看100页书。以平均每页1000字计算,50年来,他读过的书至少有15亿字。此外,他还记了几十年的日记。鲁迅先生说:"要在文化上有成绩,则非韧不可。"克雷洛夫说:"只要有决心和毅力,什么时候学也不算晚。"狄更斯说:"顽强的毅力可以征服世界上任何一座高峰。"

四是培养兴趣能够激发毅力。有人说兴趣是毅力的门槛,这话是有道理的。法布尔对昆虫有特殊的爱好,他在树下观察昆虫,可以一趴就是半天。诺贝尔奖获得者丁肇中说,"我经常不分日夜地把自己关在实验室里,有人以为我很苦,其实这只是我兴趣所在,我感到'其乐无穷'的事情,自然有毅力干下去了"。当然人的兴趣有直观兴趣和内在兴趣之分,但两者是可以转换的。例如:有的人对学外文兴味索然,可他懂得,学好外文是建设四化的需要,对这个需要,他有兴趣,因此他能强迫自己坚持学外文。在学的过程中,对外文的兴趣也就能够渐渐培养起来,这反过来又能进一步激发他坚持学外文的毅力。一个人一旦对某种事物、某项工作产生内在的、稳定的兴趣,那么,令人向往的毅力不知不觉来到他身边,也就成为十分自然的事情。

五是由易入难,既可增强信心,又能锻炼毅力。有些人很想把某件事情善始善终地干完但往往因为事情的难度太大而难以为继。对毅力不太强的人来说,在确定自己的奋斗目标、选择实现这一目标成为突破口时,一定要坚持从实际出发,由易入难的原则。徐特立同志学法文时,已年过半百,别人都说他学不成,他说,让我试试看吧。他知道自己记性差了,工作又忙,所以,开始为自己规定的"指标",只是每天记一两个生词。这个计划起步不大,容易实现,看起来慢了一些,但能够培养信心,几个月下来,徐老不但如期完成计划,而且培养了兴趣,树立了信心,又慢慢掌握了学法文的"窍门",以后每天可以记三四个生词了。徐老的做法很有辩证法。要是一开始在没有把握的情况下,就提出过高的指标,结果计划很可能实现不了,信心也必然锐减,纵使平时有些毅力的人,这时也可能打退堂鼓。美国学者米切尔·柯达说过:"以完成一些事情来开始每天的工作是十分重要的,不管这些事情多么微小,它会给人们一种获得成功的感觉。"这种感觉无疑有利于毅力的激发。柯达的话对于我们干其他事情,也是有启发的。

(2)具体措施

毅力是一个心理因素,大学生的毅力培养可以从以下几个方面进行:

①明确的目的。培养毅力的第一步,也许是最重要的一步,是知道自己想要什么。强烈的动机会驱使人克服困难。

②欲望。如果对追求的目标充满强烈的欲望,那么相对容易培养、保持毅力。

③自信。相信自己有能力实施一项计划会激励人坚持不懈地遵循计划。

④明确的计划。调理清晰的计划,哪怕计划不周全或并不完全可行,也会激励人的毅力。

⑤认清自我。知道自己的计划非常可靠,再加上经验或间接知识,会激励人的毅力。

如果认不清自我,而只靠猜测就会毁掉一个人的毅力。

⑥意志力。集中精力为实现一个确定的目标而创建计划的习惯,会使人产生毅力。

⑦合作。对他人的同情、理解,以及密切的合作往往使人产生毅力。

⑧习惯。毅力是习惯的产物。

四、当代大学生的坚持与选择

漫漫人生路,有无数的选择,但紧要处只有几步。不同的选择,可能会决定我们不同的人生道路。人的一生当中要面临很多选择,这并不是问题,因为在一次又一次的选择中,我们变得成熟,人生之路变得通畅。当我们在遇到挫折和失败的时候,到底什么选择才是对的,什么才是错的,哪些是应该放弃的,而哪些又是应该坚持的呢?大学里我们需要学会选择,学会放弃,学会坚持。

1. 我们为什么坚持

目标或者说我们的人生理想是支撑我们坚持下去的、源自内心的最原始的动力。有了目标,我们才不会在茫茫大海中迷失方向。

唐玄奘能够坚持不懈19年,行程5万余里而不放弃,是因为他心中始终有一个目标,西天取经,普渡众生,把佛教发扬光大。在现实生活中,我们对于生活的激情全部来自于目标的追求:有的人是为了成就自己的事业而坚持,在商场上忘我地打拼;有的人为了祖国的安定,坚守边疆;也有的人是为了让子女上学能够背上一个新书包,起早贪黑卖菜……

所以不管目标是什么,也不管目标的大小,但只要目标存在,就足以支撑我们前行,因此我们一定要想清楚自己的目标是什么。以下是哈佛大学一个关于目标的调查。

27%的大学生,没有目标;

60%的大学生,目标模糊;

10%的大学生,有清晰但比较短期的目标;

3%的大学生,有清晰而长远的目标。

25年后,哈佛再次对这群大学生进行了跟踪调查,结果又是这样的:

3%的人,25年间他们朝着一个方向不懈努力,几乎都成为大众眼中的成功人士,其中不乏行业领袖、社会精英等;

10%的人,他们的短期目标不断地实现,成为各个领域中的专业人士,大都生活在社会的中上层;

60%的人,他们安稳地生活与工作,但都没有什么特别出众的成就,几乎都生活在社会的中下层;

而剩下27%的人,他们的生活没有目标,过得很不如意,并且常常还抱怨他人、抱怨社会、抱怨这个"不肯给他们机会"的世界。

我们看到了目标、人生规划的重要性。如果正在经历的事物,是我们的人生理想,是值得我们坚持的东西,我们无疑要坚持。而对于那些无所谓的东西来说,过度坚持,则会更多地浪费我们的时间。所以,大学生要把精力花在我们认为该做的、值得做的事情上,这样才更有意义。如果方向本身就是错的,一味坚持,我们只会在错误的方向上越走越远。

2. 我们凭什么坚持

一旦遇到困难坚持不下去,我们常常会听到来自亲朋好友"坚持就是胜利""只要功夫深,铁杵磨成针"等的劝慰与鼓励。亲朋好友的鼓励,初衷是为了我们好,但是不一定适合我们。

仔细想想"只要功夫深,铁杵磨成针"。"功夫深"了,"铁杵"还的确能够磨成针,但是材质必须是"铁杵"而不是木棒。如果是一根木棒,到最后也许会磨出个什么无用的东西。所以要想磨成针,只有"功夫深"是不够的,还要你是铁杵。

因此,我们在强调"坚持"重要性的时候,我们还要问一句自己:"我到底是不是铁杵?"如果不是这块"料",结果只能画虎不成反成犬,成为不伦不类的废物。

你到底是哪块料?我们常说:没有真正的垃圾,只有放错位置的资源。如果放对了地方,木棒也会有它不可替代的作用;否则,金子也可能一文不值。

鉴于以上两点,对于坚持还是放弃,如果我们所经历的事符合自己的理想目标,并且符合自己的性格、是自己擅长的、能够发挥自己优势的东西,那么,我们就应该坚持下去,困难对我们而言就只是暂时的,最终我们会取得比普通人更大的成功;如果目标本身就不是自己所追求的而是别人加在我们身上的东西,也无法发挥我们的优势的话,那么,我们就应该果断选择放弃,做自己该做的事,不把时间浪费在这些不值得的事情上。

五、坚持有度:过度坚持不可取,要学会适可而止

1. 坚持是否有益的评判标准

大学生可以通过以下几个方面,评估你目前的坚持是否是有益的:

· 经过一段时间的努力后,你是否能看到有好的结果的可能?
· 你在努力地解决这个问题,但成败与否的影响因素取决于他人?
· 是否因为你坚持的这件事,已经让你对自己的感觉和评价变差了?
· 为了这件事,你是否已经忽略了生活的其他方面?

如果客观评估和内心的直觉都在告诉你,这件事不值得你再这样坚持下去,那么你可能是误用了你的坚持和韧性。

2. 有一些人不懂得放弃的重要性

一系列心理学研究分析了与坚毅相关的性格要素,发现以下这些人更爱坚持,无法忍受半途而废。他们从坚持中获益,但也有误用坚持、把自己困住的风险:

(1)责任心强的人以及神经质性格明显的人

Duckworth 研究了五大人格与坚毅的对照性,发现责任心与坚毅的性格相关性最强,

其次是神经质，也就是说，有责任心、自律性强的人，比比较焦虑、冲动、压抑、脆弱的人都更容易坚持。而随和、外向、开放这三种人格特质则与坚持的品质关系不大。所以当别人夸你总是能够坚持的时候，不要以为一定是夸你，可能是表示神经质水平比较高。

（2）教育水平更高的人

在同年龄段的比较中，那些更爱坚持的人有着比其他人更高的学历。其中，本科以上（不包括）教育背景的人是坚持程度最高的，他们也有着相对更少的工作变动。而重点大学本科的人的坚持程度也要显著地高于更低学历（普通学院、高中和初中）的人。

（3）非常优秀，但不是最顶尖的人

Duckworth 针对宾夕法尼亚大学 139 名优秀的大学生进行了跟踪研究，这些学生的 SAT 平均成绩是 1415 分（满分为 1600），处在所有考生中前 4% 的水平。她发现，这个群体的坚持程度比其他学生更高，且坚持程度与 GPA 基本成正比，即从整体上来说，越懂得坚持的人，学业成绩越优秀。只有一个例外，那些极少数的最顶尖学生的坚持程度并不如次好的学生。对此，她认为原因在于，顶尖学生的智商过高，以至于不用太努力就能考第一，而次优秀的学生则会加倍努力去追赶他们。

（4）上一代的压力水平比较高的人

瑞士学者通过对动物的行为研究延伸到对人的研究，发现紧张的父母会造就紧张的孩子：如果上一代的压力水平比较高，那么下一代也会压力水平高，从而会在今后的人生中更具有毅力和韧性（resilience）。并且，通过脑部和基因研究，他们倾向于认为基因的影响超过环境影响。

但环境的影响也很重要，那些在早年的家庭环境里承受着较多的压力，特别是遭受过创伤事件的人，在未来面对困难时也表现出了更多的坚持，坚持的习惯给他们带来了一定的积极影响，但同时也提高了边缘型人格障碍和抑郁症的发病率。

（5）更以自己为豪的人，而不是自我控制程度更高的人

美国东北大学的研究表明，那些以自己为豪的人会更容易坚持下去，即便是在面对他们非常反感的任务时。而与我们想象中不同，自我控制程度则对坚持程度没有太大的影响，只有在与在意自己的成就同时存在时，才与坚持程度形成正相关。除此之外，自我满足感和自我评价水平（自尊）也与坚持程度的关系不大。

3. 坚持有度，要学会适可而止

既然坚持是两面的，我们应该如何运用好坚持的品质，避免误用呢？

（1）坚持本身并不是目的，而是达成目的的手段。真正的坚持是聚集你全部的力量和注意力，抓住你所真正喜爱的、力所能及的事情，放弃那些在你掌控范围之外的事情。它不是一种被动的对自己的要求，更不是一种习惯和执着。它应该是一种主动的选择，你能够把握节奏，决定什么时候开始，什么时候退出。因此，在决定坚持之前，你需要确定自己所坚持的是什么，评估这个目标值得自己付出多大的努力。

（2）在逆境下的坚持是一种可贵的意志品质。但在现实生活中，有些逆境是无法逾

越的,有些任务是不值得你去完成的,无论你多么坚持,可能都是徒劳。放弃并不意味着失败。人生就像一场持久的考试,当你耗费了大量的精力,和根本不会听你说话的人说话,做着永远不能发挥自己能力的工作时,我们都需要跳过那些难题,来让自己在有限的时间里回答更多的题目。而像一切品质一样,放弃也需要把握时机。有些人会太快地逃走,看了困难一眼就决定放弃;有些人放弃得太晚,觉得再坚持一会,事情总会发生转机。还有一些人,他们永远不明白什么是放弃,因为不愿意被叫做 quitter,而永远待在坏的境况里。

作为当代大学生需要追求卓越,但不是事事完美;我们应该运用坚持来帮助自己,而不是伤害自己。在每一次你感到坚持了太久的时候,不妨停下来问问自己:我为什么要这样?我在坚持的究竟是什么?然后,你可能就会找到答案。

第六节　勇于承担责任

一、责任、责任感的基本含义、特征及主要表现

（一）责任

1. 定义

责任是指一个人不得不做的事或一个人必须承担的事情。例如社会责任,家庭责任。对责任的理解通常可以分为两个意义:一是指份内应做的事,如岗位责任等。二是指没有做好自己的工作,而应承担的不利后果或强制性义务。责任意识,是"想干事";责任能力,是"能干事";责任行为,是"真干事";责任制度,是"可干事";责任成果,是"干成事"。责任心就是关心别人,关心整个社会。责任是一种职责和任务,是身处社会的个体成员必须遵守的规则和条文,带有强制性,它伴随着人类社会的出现而出现,有社会就有责任。

2. 分类

责任按照其内在的属性可以分为角色责任、能力责任、义务责任和原因责任。角色责任指相同角色共性的责任范畴,可以简单理解为"在角色共性规则下应该做、必须做的事情";能力责任指的是,超出共性角色责任要求的责任表现,具有明显的评价性,可以理解为"努力并结合能力做的事情";义务责任指的是,没有在角色责任限定范围的责任,可以理解为"可做、可不做的事情";原因责任指的是,原因导致的责任,由于存在各种原因,这些原因可以承担相应的角色责任、能力责任和义务责任。

①责任有丰富的内涵。可以从不同层次、不同形式来区分,可以从不同领域、不同角度去认识责任。责任无处不在,存在于生命的每一个岗位。父母养儿育女,老师教书育人,

医生救死扶伤,军人保家卫国。人在社会中生存,就必然要对自己、对家庭、对集体、对世界承担并履行一定的责任。

②责任有不同的范畴。如家庭责任、职业责任、社会责任、领导责任等等。责任只有轻重之分,而无有无之别。责任是神圣的,不以人的意志为转移的。不履行道德责任,会受到道德的谴责和良心的拷问;不履行法定责任,会受到法律的追究和制度的惩处。

③责任和权利是对立的统一。没有无责任的权利,也没有无权利的责任。一个人的权利,往往是他的责任;一个人的责任,往往是他的权利。享受一定的权利,必须尽到相应的责任;尽到一定的责任,才能享有相应的权利。每一个岗位,有权利,但更有责任,做为人,都要看到自己身上沉甸甸的责任。

3. 表现

(1)责任体现了一个人的心态、态度、原则、作风、风格、习惯、思想等。

(2)责任体现了一个人的心智、格局和胸怀,体现着一个人的使命、生活空间和追求。

(3)责任是一个人人生观、价值观和世界观的体现,是一个人对待人生和生命环境的态度。

对待人生和生命环境的态度决定了人生观、价值观和世界观,人生观、价值观和世界观决定了心智、格局和胸怀,心智、格局和胸怀决定了使命、空间和追求,使命、空间和追求决定了日常生活中的心态、态度、原则、作风、风格、习惯、思想;同时,日常生活中的心态、态度、原则、作风、风格、习惯、思想又不断积累、反馈、沉淀和形成人生观、价值观和世界观。

责任就是担当,就是付出。责任是分内应做的事情,也就是承担应当承担的任务,完成应当完成的使命,做好应当做好的工作。责任感是衡量一个人精神素质的重要指标。责任和自由是对应的概念,责任事实上虽然不是时间上以自由为前提,而自由只能存在于责任之中。责任是唯独存在于上帝和邻舍的约束中的人的自由。

责任是一种能力,又远胜于能力,责任是一种精神,更是一种品格;对自己可能并不喜欢的工作,毫无怨言地承担,并认认真真地做好,这就是责任。

4. 作用

(1)责任无小事

有责任心,我们才能有不断进步的动力,才会有勤奋工作的热情。在现实工作中,有不少员工以他们敏锐的洞察力和细心、认真负责的工作态度,及时发现设备隐患,使企业避免了重大、特大安全事故的发生。工作中容不得半点不负责任,即使是一丁点的不负责任,也可能造成无可挽回的恶果。任何人在工作中的一点疏忽,都有可能导致整个企业蒙受巨大损失,甚至更多。

现代企业之间的竞争越来越激烈,员工的任何马虎都可能使整个企业蒙受巨大的损失。所以,现代企业的领导者都非常注重对员工责任感的培养,有较强责任感的员工不仅能得到领导者的信任,而且能为自己事业的成功奠定坚实的基础。试想,一个在责任感方面欠缺的员工怎么能给顾客提供优质的服务，又怎么能给企业树立良好的形象呢？企业里一个人缺乏责任感，那么他影响的不只是他自己，而是整个企业，这就是为什么很多企业要把责任融入员工的日常生活中的原因。如果一个员工没有意识到责任对于他乃至整个企业的重要性，那么他就已经丧失了在这个企业工作的资格，因为员工的不负责任将会使企业形象蒙受损失。

（2）责任能激发自我潜能

我们大多数人的体内都隐藏着巨大的才能，但这种潜能一直沉睡着，只有引爆它、激发它，才能做出惊人的业绩来。可以说任何成功者都不是天生的，成功的一个最根本的原因就是成功者尽可能多地开发了他自身无穷无尽的潜能，在责任心的驱使下，将一个又一个"不可能"变成了"可能"。

很多人把自己做不好工作归咎于没经验、不成熟。事实上，经验和阅历固然重要，但与责任心比起来，则根本算不上什么。一个不负责任的人，即使拥有非常丰富的经验，也未必能把工作做好，因为他根本不可能全身心地投入工作中去。而一个有责任心的人，责任感能激发他的无限潜能，他会全力以赴，将工作做到近乎完美。

（3）责任是通往成功的阶梯

如果你有能力承担更多的责任，而你庆幸自己只承担了一份，那么：首先你是一个不愿意承担的人；其次你拒绝让自己的能力有更大的进步，甚至是对自己有所超越；再次你先放弃了自己，然后放弃了能够承担更多责任的义务；最后你辜负了别人，也辜负了自己，因为你的能力永远由责任来承载，也因责任而展现，你与成功的距离不但不会接近，反而会一天天拉远。所以，成功在某种程度上来说，就来自责任。

我们都应该懂得这样一个道理，"世界上很少有报酬丰厚而不需要承担任何责任的工作"。主动承担更多的责任，已经成为成功者必备的素质。我们必须深刻地认识到，责任并非许多人认为的麻烦事，更不是强加在我们身上的包袱，而是通向成功的阶梯。逃避责任的人，看似省得一时之事，却拒绝了成长，更远离了成功；而担负责任的人，不仅有力地展示了自己的高素质、高能力，更是一步步走在通向成功的阶梯上，向着成功前进，承担责任会让我们得到锻炼，懂得如何应对人生道路上的种种考验，使我们变得坚强。承担的责任越多越重，我们就能得到更好的成长，获得更大的成就。

（二）责任感

责任感是一个人对自己、自然界和人类社会，包括国家、社会、集体、家庭和他人，主动施以积极有益作用的精神。"责任"和"责任感"有着本质的区别，责任是人分内应做之事，还需要一定的组织、制度或者机制促使人尽力做好，故"责任"有被动的属性；而责任感是一种自觉主动地做好分内分外一切有益事情的精神状态。把责任感定义为一种精神是恰当的，精神指人的意识、思维活动和一般心理状态，其范围要比表示情绪和感情状态的"心情"一词广泛得多，能够涵盖"责任感"的丰富内涵。作为心理学概念，责任感与一般的心理情感所不同的是，它属于社会道德心理的范畴，是思想道德素质的重要内容。人责任感的形成和增强除受意识形态和社会文化环境的影响外，主要靠教育，包括自我教育等。

责任感从本质上来讲既要求利己，又要利他人、利事业、利国家、利社会，而且自己的利益同国家、社会和他人的利益相矛盾时，要以国家、社会和他人的利益为重。人只有有了责任感，才能具有驱动自己一生都勇往直前的不竭动力，才能感到许许多多有意义的事需要自己去做，才能感受到自我存在的价值和意义，才能真正得到人们的信赖和尊重。有了责任感，作为工人，就能够精益求精，制品一流；作为农民，就能够辛勤耕耘，收获颇丰；作为士兵，就能够驰骋疆场，屡建战功；作为学生，就能够主动学习，天天向上；作为知识分子，就能够创新科技，勇攀高峰；作为领导者，就能够殚精竭虑，造福一方。人人有责任感则国家富强，中华崛起。具有很强责任感的人当自己的利益同国家、社会和他人的利益相冲突时，能够不顾甚至放弃自己的利益，他们是民族的精英，国家的脊梁。所谓很强的责任感是怎么体现的呢？以下说法尽管文学色彩浓厚但道出了事情的本质，故引用于此："见到洪水猛兽拔腿就跑是求生的天性，但能让人站住脚跟，迎危难而上解救同伴的，是责任感中的勇气。千里长途跋涉想倒下休息是身体的天性，但能让人咬紧牙关，俯首向前踏及目标的，是责任感中的坚忍。好逸恶劳、贪图享受是懒惰的天性，但能让人勤俭劳作，努力奋斗出一片天空的，是责任感中的克己。以自我为中心为己筹谋是自私的天性，但能处处为他人着想，牺牲自身的，是责任感中的奉公。爱出风头是虚荣的天性，但能让人自动自觉脚踏实地，心甘情愿洗尽铅华的，是责任感中的诚挚。"

责任感创造奇迹。在这个世界上，大凡做出重大贡献的杰出人物，能够创造奇迹皆由其责任感使然，甚至这些人即使在自己并非最喜欢和最理想的工作岗位上，也可以创造出非凡的业绩。

一个人如果没有责任感，会多方面出问题：作为公民注定不会正确行使宪法、法律赋予的权利并履行宪法、法律规定的义务，作为工作者注定不会取得应有的业绩，作为经营者注定设法损人利己，作为家庭成员注定使这个家庭不幸福，作为朋友注定是个损友，作为同事注定不好共事，作为公共场所的一员也注定会常常惹人厌、讨人嫌。没有责任感，甚至能使人发生异化，使人的个性片面甚至畸形发展，为自己赖以生存的社会所不容，最后走向沉沦、颓废或者成为社会的异己力量，反社会、反人类直至毁灭。如果缺乏责任感具有普遍的社会性时，则这个社会无法凝聚力量促进社会的长期繁荣和持续发展，社会的和谐程度更会受到损害，严重时甚至会使公平、公正、正义的现代社会核心价值观体系崩溃，给国家和社会造成灾难。责任感是人的基本道德规范，在责任感的基础上才能架构整个道德体系的各种元素，没有责任感也就没有道德。因此，责任感在人的素质结构中处于核心地位。

（三）责任意识

所谓的责任意识，就是清楚明了地知道什么是责任，并自觉、认真地履行社会职责和在参加社会活动过程中把责任转化到行动中去的心理特征。有责任意识，再危险的工作也能减少风险；没有责任意识，再安全的岗位也会出现险情。责任意识强，再大的困难也可以克服；责任意识差，很小的问题也可能酿成大祸。有责任意识的人，受人尊敬，招人喜爱，让人放心。

1. 责任意识是一种自觉意识，表现得平常而又朴素

责任意识是一种传统美德，我国自古以来就重视责任意识的培养。"天下兴亡，匹夫有责"，强调的是热爱祖国的责任；"择邻而居"讲述的是孟母历尽艰辛、勇于承担教育子女的责任；"卧冰求鱼"是对晋代王祥恪尽孝道为人子的责任意识的传颂等等。一个人，只有尽到对父母的责任，才是好子女；只有尽到对国家的责任，才是好公民；只有尽到对下属的责任，才是好领导；只有尽到对企业的责任，才是好员工。只有每个人都认真地承担起自己应该承担的责任，社会才能和谐运转、持续发展。

2. 责任意识是使命的召唤、是能力的体现、是制度的执行

只有能够承担责任、善于承担责任、勇于承担责任的人才是可以信赖的人。决定一个人成功的重要因素不是智商、领导力、沟通技巧等，而是责任意识——一种努力行动，使事情的结果变得更积极的意识。现实生活中，人类文明发展要求人要具有沿袭文明、发展文明的责任意识，关心国家政治生活的责任意识，承担生活角色的责任意识。

（1）沿袭文明、发展文明的责任意识

人类文明发展到今天，要是没有这种责任，不但华夏文化不能成为人类唯一完整沿袭下来的文明，就是人类也不会有今天的文明高度。只是过去在一个相当长的时期内，这种责任都是在一种潜意识下履行的。

（2）关心国家政治生活的责任意识

这种意识在世界各文明体系内程度不同。封建社会越漫长的民族，这种意识越淡薄。解放思想与推进民主进程，首先要从言论自由开始。除战争期间，任何阻止言论自由的理由都是对人类文明的主观背叛。

（3）承担生活角色的责任意识

责任意识的表现在我们的生活中无处不在。其实只要稍微留意就不难发现，总有这样一些人让我们感动，他们用行动诠释着责任意识的最高境界。

在生活中我们都很在意这种责任意识，却忽略了这种责任意识的形成。一种良好意识的形成不是一朝一夕的事，尤其是要让人形成良好责任的潜意识，那必须从孩子出生时抓起，在孩子还不能领会成年人意旨时，就通过代价意识培养孩子的责任意识，通过这种培养让孩子形成责任意识的条件反射，从而形成责任意识的思维定式。

相反，没有责任意识会出现什么样的情况呢？一起起惨痛矿难带给人民生命财产的重大损失,一种种假劣食品导致许多无辜百姓受到伤害,一次次严重污染造成难以挽回的生态灾难,一例例触目惊心的腐败案例引发的沉重教训,甚至一次次小小的操作失误造成的无可挽回的损失……从这些事情中,我们看到的是什么?是共同的祸根——责任的缺失!责任就像一把双刃剑,沉甸甸地摆在我们面前。

有的人认为,讲责任太沉重,担责任太劳累,不轻松,不潇洒。这种认识是不全面的。常言道:"天地生人,有一人当有一人之业;人生在世,生一日当尽一日之勤"。作为社会人,不可能脱离责任而生存。你不扛枪我不扛枪,谁来保卫国家;你不劳动我不劳动,谁来创造财富;你不担责我不担责,谁来推动社会进步。有收获必有付出,有享受必有奉献,这是生活的法则。"尽力履行你的职责,那你就会立刻知道你的价值。"逃避责任、坐享其成、虚度光阴,这样的人生是没有价值的。勇敢地担负起自己的责任,人生才会充实,生活才有意义。这样的人生才是真正的"潇洒走一回"。也有人认为,责任是一种束缚,限制个人自由,阻碍个性发展。这种把责任和自由割裂开来、对立起来的认识,也是不正确的。责任与自由是不可分割的。自由以责任为"边界",责任以自由为"外延"。履行责任与享受自由是成正比的。享有自由,就意味着负有责任;履行责任,才会享受更充分的自由。天底下没有为所欲为、无拘无束的自由。责任限制是一种主观上的任性,彰显的恰恰是自由。主观上的任性,行动上的随心所欲,只会导致不自由。

甚至还有一些似是而非的认识:"别人不负责,我想负责也负不起来"——无法负责任;"大家都不负责,我一个人负责也白搭"——负责任无用;"别人对我不负责,我对别人负责是犯傻"——负责任吃亏。凡此种种,是对责任观的歪曲理解。我们只有将自己承担的责任先担负起来,才能影响和带动周围的人负责,形成一种人人负责的氛围,而不能用自己的不负责去淡化负责的氛围。有一句话说的好——"责任重于泰山"!

3. 如何提高责任意识

(1)开展责任教育

主要从大、小两方面来讲:大的方面是引导人们树立正确的世界观、人生观和价值观,把个人的前途命运融入中国特色社会主义的伟大事业中;着眼于服务和奉献,引导人们服务他人、奉献社会,在这一过程中实现个人的正当利益;着眼于爱国主义和集体主义,引导人们把国家、集体、个人的利益有机结合起来,坚持国家利益、集体利益高于个人利益;着眼于职业道德和职业精神,引导人们把职业目标同远大理想结合起来,在自己的岗位上忠实地履行对社会、对国家、对人民的责任,自觉的把责任意识转化到"全心全意为人民服务"的行动中去。小的方面是做好自己的本职工作,每个人的尽责是对集体的尽责,每个集体的尽责是对社会的尽责。让我们在全社会共同营造这样一种风气和氛围:负责任光荣,不负责任可耻。

(2)培养勇于负责、敢于负责的精神

勇于承担责任是中华民族的优良传统。大禹治水"三过家门而不入",诸葛任事"鞠躬尽瘁,死而后已",范仲淹挥写"先天下之忧而忧,后天下之乐而乐",文天祥高歌"人生自古谁无死,留取丹心照汗青",林则徐铭志"苟利国家生死以,岂因祸福避趋之"。不怕牺牲、尽忠职守、利居众后、责在人先是志士仁人薪火相传的思想标杆,是后世子孙生生不息的精神动力。

对自己负责的主要表现有:

1. 珍爱生命,锻炼身体,学会生存,对自己的身体负责。

2. 勤奋学习,自主创新,学会求知,对自己的学习负责。

3. 自己的事自己做,对自己的生活负责。

4. 工作上主动、到位,对自己的工作负责。

5. 规范自己行为,对于自己的行为负责。

6. 知错就改,在过错面前勇于承担责任,对于自己的过错负责。

7. 爱惜名誉,拾金不昧,不受利诱,不失人格。

8. 学会生活,情趣健康,善于调适自己的心理状态。

9. 学会审美,注重仪表,穿戴整洁、朴素大方。

10. 增强法制意识,依法维护自己的正当权益。

对父母、他人负责的表现有:

1. 尊重父母正确的意见和教导,经常把学习、生活、思想情况告诉父母。外出和到家时,向父母打招呼,未经家长同意,不得在外住宿。关心照顾长辈和兄弟姐妹。

2. 生活节俭,不攀比,不摆阔气,不乱花钱,学会并主动承担力所能及的家务劳动、生产劳动和公益劳动,学会料理个人生活。

3. 要理解、体贴父母长辈,在家庭出现困难时,要主动为父母分忧。

4. 成年后要依法履行对家庭的一切义务和责任,讲道德,不做有负于家庭成员的事。

5. 尊重他人的人格、宗教信仰和民族习惯,敬老爱幼、尊重妇女,帮助残疾人。

6. 尊重教职工,见面行礼或主动问候,不顶撞老师,给老师提意见态度要诚恳。

7. 同学、朋友间团结互助,公平竞争,正常交往,真诚相待,不叫侮辱性绰号,不欺侮同学,发生矛盾做自我批评,不骂人,不打架,不玩弄他人。

8. 尊重他人的隐私权,未经他人允许不进入他人房间、不动用他人物品、不看他人信件和日记。

9. 不侵犯他人的合法权益,不打扰他人学习、工作和休息。

10. 惜时守信,答应别人的事要按时做到,做不到时要表示歉意,借他人钱物要及时归还。

对国家、社会负责的表现有:

1. 维护国家利益,依法行使宪法和法律所赋予的各项权利和自由,依法履行宪法和法律规定的公民义务,维护国家安定、社会稳定,同一切损害国家利益的现象做斗争。

2. 维护国家安全,严守国家机密,发现危害国家安全行为时应及时向国家安全机关或公安机关报告。

3. 维护国家荣誉,尊敬国旗、国徽,树立民族自豪感、自尊心和自信心,遇见外宾,以礼相待,不卑不亢,不做有损人格、国格的事。

4. 维护国家统一和各民族的团结,旗帜鲜明地反对一切危害国家统一和民族团结的言论和行为。

5. 遵守国家法律、法令,遵守公共秩序,尊重社会公德,言谈举止符合文明规范。

6. 在危难时刻要敢于挺身而出,见义勇为,保卫国家财产和人民生命安全。

7. 要把生的希望留给他人。当国家受到外敌入侵时,要发扬"国家兴亡、匹夫有责"的精神,承担起保卫祖国的神圣义务。

(3)责任建设,以制为本

讲责任,也要讲责任制;有履责要求,也要有责任追究。落实责任制,一在履责,二在问责。没有问责,责任制形同虚设。问责,要贯穿履责的全过程。事前问责是提醒,事中问责是督促,事后问责是诫勉。对认真负责的,要给予奖励和表彰;失职渎职的,要给予以追究和惩罚。只有把责任和责任制统一起来,把履责和问责结合起来,才能在全社会确立一种良性的责任导向,增强责任心、培育责任感、提高责任意识。责任是一种发展自我的机遇,是一种发展自我的手段,是一种发展自我份内和不得不做的事情。让我们听从责任的召唤,珍惜自己的每一份责任。

(四)职业责任

1. 员工责任

员工责任是指员工在工作中能够主动采取行动,勇于承担工作职责,积极为组织发展做贡献的一种个性品质,是员工由心底发出的一种自觉的心态。

工作就意味着责任,工作需要我们去尽职尽责地完成。无论你所做的是什么样的工作,只要你能够尽职尽责地去把它做好,你所做的事情就是充满意义的,你就会获得尊重和敬意。

责任心一旦成为一种企业行为,形成气候,其含义就不仅仅是责任二字本身,它会形成一种企业精神。责任心代表的是理性、是积极的精神。作为企业文化建设的一部分,责任心要靠我们每个人去实践,要变成每个员工的自觉行为,这对企业的发展和个人的修养都是弥足珍贵的。在工作中,如果我们每个人都充满着责任感,尽职尽责地对待工作,那么就会设法去解决出现的问题,就能够排除万难,甚至可以把不可能完成的任务完成得相当出色。但是,如果一个人失去责任感,不能尽职尽责地去对待自己的工作,那么即使是自己最擅长的工作,也会做得一塌糊涂。

2. 职业责任的特点

(1)职业责任具有明确的规定性。

(2)职业责任与物质利益存在直接关系。

(3)职业责任具有法律及纪律的强制性。

3. 职业责任的强化

海尔集团总裁张瑞敏说过:"把每一件简单的事做对就是不简单,把每一件平凡的事情做对就是不平凡。"我们都是普通人,每天做的都是普通的事情,谁也不敢说自己是一个成功的人,但是不敢轻言成功并不代表不成功,关键就在于做好每一件事,说好每一句话,干好每一项工作。

最可爱的员工就是这样的一些人:具有高度责任心;工作态度表里如一、一丝不苟;永远抱有激情、认真地对待工作,百分之百地投入工作;从来没有想过要投机取巧,从来不会耍小聪明。他们借此取得了令人瞩目的成就。

(1) 做好本职工作

① 珍惜工作岗位

工作岗位是人生旅途拼搏进取的支点,是实现人生价值的基本舞台,珍惜岗位就是珍惜生命,真正对自己负责。

做好本职工作是负责任的最好表现,这充分说明你对自己所从事的工作有信心和热情,只要你认准了目标,有一份自己认同的工作,那么就要认真勤奋地努力去做。在努力工作的过程中,你会熟悉技能,并锻炼出稳健、耐心的性格。同时,你认真踏实的态度,也会赢得同事的认同、老板的欣赏,这些反过来这些又会促进你的工作。在工作和生活当中我们时常听到这样的话:"凭什么要我做这么多事?一个月才给我几个钱""差不多就行了""是公司的事,又不是我自己的事"。说这些话的大多数是年轻人,他们本来有着丰富的知识、卓越的能力,但由于生活在不断的抱怨中,对现有的工作不满,而常常面临着如何找到下一份工作的难题。像这样的年轻人可以说到处都是,他们最大的问题在于始终抱有"我不过是在为老板打工"的工作观念,在他们看来,工作只不过是一种简单的雇佣关系,做多做少,做好做坏,认真与否,和自己没有直接的利害关系。这样的工作观念,让很多年轻人错失了人生中许多宝贵的机会,有些人等到中年甚至退休的时候仍在不断地抱怨自己所在的企业。

② 把职业当成事业

事业与职业往往具有十分密切的内在联系,在很大程度上,职业是事业的基础。相对职业来说,尽忠职守、具有敬业精神是最基本的职业道德;同时,也只是具备这种基本职业道德的人,才有可能使职业向事业升华。发展市场经济,必须对人才合理配置问题,提出新的要求和挑战,但是,越是完善的市场经济就越是要求从业人员具有强烈的工作责任感,不管从事哪种工作,只要在岗一天,就要尽忠职守,具有敬业、精业、乐业的精神。因为种种原因,我们常常被安排到自己并不十分喜欢的领域,从事并不十分理想的工作,一时又无法更改。这时,任何的抱怨、消极、懈怠都是不足取的。唯有把那份工作当作一种不可推卸的责任担在肩头,全身心地投入其中,才是正确与明智的选择。"做自己想做的事情",这些话已是耳熟能详的名言。但是,"责任感可以创造奇迹",却容易被人忽视。

对许多杰出人士的调查说明，只要有高度的责任感，即使在并非自己最喜欢和最理想的工作岗位上，也可以创造出非凡的奇迹。

(2) 维护企业的利益和形象

①企业利益与个人利益

企业利益是实现个人利益的基础，企业利益与个人利益并不矛盾，企业利益与员工利益紧密相连、相辅相成，而在两者之间，企业利益是最关键的。企业能否得到持续发展，直接关系员工利益能否实现，只有企业的利益得到了保障，个人利益才有可能得到相应的保障。只有企业盈利了，员工的工资、福利待遇才会随之提高。从这个角度讲，维护企业利益就是维护员工的自身利益。作为一名员工，应该认识到，企业的利益高于一切。无论在任何情况下，任何人必须把维护企业利益当作首要任务。无论做任何事情，首先考虑的是这件事情对企业来讲有无好处、有无坏处。

②企业形象与个人价值

维护企业利益的另一个重要方面是维护企业形象。企业形象不仅靠企业各项硬件设施建设和软件条件开发，更要靠每一个员工从自身做起，塑造良好的自身形象。因为，员工的一言一行直接影响着企业的外在形象，员工的综合素质就是企业形象的一种表现形式，员工的形象代表着企业的形象，员工应该随时随地维护企业形象。企业就像自己的名片一样，与个人的职业理想、价值观和社会地位有密不可分的关系，每个员工都应该像爱护自己的家庭、珍惜自己的名誉一样维护企业的声誉，企业有了良好的企业信誉，才能在激烈的市场竞争得到生存和发展，个人的价值才能得到体现。如果企业的声誉受到损害，个人的价值也同样会受到损害。只有全体员工都一心向上，劲往一处使，企业才会不断地向前发展。企业成功了，员工的自身价值也会随之提高。所以，每个员工在日常工作中要多做对维护企业声誉有利的事，不做有损企业利益和名誉的事。

③提升业务能力和水平

员工的能力是企业发展的动力，员工有责任不断提高自己的业务能力和水平，这是企业快速发展的重要保障。没有哪一种能力是万能的，可以适用于各种职业。每一位员工必须清楚自己所具备的能力，以及促使自己表现非凡的能力。一个刚刚毕业的新员工往往比那些懒于学习的老职员更受老板欢迎，同样，如果他在工作中不勤于学习，那么也会被拥有最新知识的人所取代。所以，想要在职场中站稳脚跟，必须认真对待工作，在工作中总结经验，学习最新知识，并把它应用于工作中，这样你才能不断地获得成长。

(3) 不推卸责任

常言道："智者千虑，必有一失。"一个人再聪明、再能干，也总有失败犯错的时候，出现了错误，当务之急是什么？是急于解释失败的原因，说这些不是自己的错，还是赶紧弥补失误，亡羊补牢，将事情引向成功？我们都知道正确的答案是后者，可是在实际工作中，很多人总是喜欢一再地解释，喜欢为自己的失误辩解。我们知道，其实这时的解释往往是苍白无力的。一个人做错了一件事,最好的办法就是老老实实地认错,而不是为自己辩护和开脱。

有些人在工作中出现错误时,就会找出一大堆理由为自己辩解,并且说起来振振有词、头头是道,他们认为这样就能把自己的错误掩盖,把责任推个干干净净,但事实并非如此。也许老板会原谅你一次,但他心中一定会感到不快,对你产生不好的印象。你为自己辩护、开脱,不但不能改善现状,而且有时所产生的负面影响还会让情况更加恶化。

松下幸之助曾说:"偶尔犯了错误无可厚非,但从对待错误的态度上,我们可以看清楚一个人的责任感。"只有那些能够正确认识自己的错误并及时改正错误以补救的人才是组织中最受欢迎的人。

我们生活在这个纷繁复杂的社会当中,每个人都是社会中的一员,每个人的行为都会产生一定的后果,每个人都应该为自己的行为负责。由于对所负责任的态度不同,其结果也是不同的。在勇担责任的过程中,有时责任会让我们付出一定的代价,但是在勇担责任的过程中,收获大于付出,你会在人生的旅途中收获更多的知识和经验,更多的信任与尊重,更多的荣誉和奖励,更多的自尊和自信,更加健康快乐的人生。

二、态度的基本含义、特征以及改变态度的方法

(一)什么是态度

态度作为一种心理现象,既是指人们的内在体验,又包括人们的行为倾向。一般而言,态度是潜在的,主要是通过人们的言论、表情和行为来反映的。人们的态度对象也是多种多样的,诸如人物、事件、国家、集团、制度、观念等等。人们对这些态度对象,有的表示接受或赞成,有的表示拒绝或反对,这种在心理上表现出来的接受、赞成、拒绝和反对等评价倾向就是态度。因此,态度又可以看成一种心理上的准备状态,这种准备状态支配着人们对观察、记忆、思维的选择,也决定着人们听到、看到、想些什么和做些什么。

(二)态度的特性

1. 态度的社会性

态度不同于本能,态度不是天生的,它是通过后天的学习获得的。不需学习,与生俱有的行为倾向不是态度。态度是个体在长期生活中,通过与他人的相互作用,以及周围环境的不断影响而逐渐形成的。态度形成以后,反过来又会影响个体对周围事物和他人的反应。在这种相互作用的过程中,一个人的态度经过不断的循环和修正,会逐步形成日益完善的态度体系。

2. 态度的针对性

态度必须具有特定的态度对象。态度对象可能是具体的,也可能是抽象的,即一种状态或观念。由于态度是主体对客体的一种关系的反映,所以态度总是离不开一定的客

体,总是与态度对象相联系,因此态度的存在不是孤立的、抽象的,它总是针对着某一事物。例如,某厂长对工人的态度,工人对奖金的态度等等。

3. 态度的协调性

态度是由认知、情感和意向三种心理成分组成的。对一个正常人来说,这三种心理成分是相互协调一致的。例如,一位年轻的厂长,在他认识到学习管理科学的重要性之后(认知),他会产生对管理科学的热爱(情感),一旦有机会进行这种学习,他会十分乐于参加,并为此做好各种准备(意向)。这说明态度的三种成分十分协调,并不矛盾。

4. 态度的稳定性

态度是在需要的基础上,经过长期的感知和情感体验形成的,其中情感的成分占重要位置,并起到强有力的作用。它使得一个人的态度往往带有强烈的情感色彩并具有稳定性和持久性。正是由于态度具有这种稳定性和持久性,才使个体能够更好地适应客观世界。所以,对员工进行教育,最好是在他们态度尚未稳定、尚未形成的时候,因为这时态度的组织结构尚未固定化,引进新的思想和经验,容易促进态度的改变。然而,一旦态度形成,再进行教育就会十分困难。

5. 态度的潜在性

态度是一种内在结构,它虽然包含有行为的倾向,但并不等同于行为,所以态度本身不能被直接观察到。又由于态度的稳定性和持久性,一个人的态度往往可以通过他的言论和行为来加以推测。

（三）改变态度的方法

人们态度的改变,主要取决于内在原因,例如生理状态的某些变化,心理上的某些愿望和要求等等。但是并不是意味着态度的改变可以忽视外在因素的影响,有时外在因素在推动态度的改变上,往往能够起到重要的作用。在日常的学习工作中,改变人们态度的方法,主要有以下几种:

1. 积极参加实践活动

心理学研究表明,要改变一个人的态度,最好能够引导他积极参加有关的实践活动,或是在活动中扮演一定的角色,或是在活动中让他发挥自己的主动性。这些都有利于个人态度的转变。

例如,心理学家费斯廷格在研究美国白人对黑人的态度时,曾设置了不同的情境。第一种情境是把一批虽然住得很近,但是彼此不相往来的白人和黑人组织在一起做纸牌游戏;第二种情境是让白人和黑人共同观看别人玩纸牌;第三种情境是双方同处一室,但并不组织共同活动。研究结果表明,由于情境不同,白人对黑人显示出友好态度的人分别是 66.7%、42.9%、11.1%,这说明参加活动越积极则态度的转变越明显。

布鲁奇在大学生中做过一个有趣的实验。被试者原先都不相信天主教,实验者要求他们写出"支持天主教"的文章,他们被分成 A、B、C、D 四个组。A 组被告知写文章可以自由选择材料，B组被告知必须按规定写，不可自由选择材料，C组被告知要着重考虑文章的内容，D组被告知要着重考虑文章的结构和语法。文章写好后，接着调查他们对天主教的态度，结果发现，A组和C组的被试者更多地转变了原来的态度，而另外两组的变化则不大。

上述这些实验都说明，积极地参加有关的实践活动，能推动一个人态度的转变，其原因在于某种特定的环境气氛能够使人们受到感染。因为情境中的各种因素，能够对人们的情感产生综合性的影响，其间往往有一种无形的力量推动参加者产生某种感情上的共鸣。因此，常常听到人们这样说，对那些持消极态度的人，与其口头劝说，还不如带他们到现场去转一转。这就是说，一个人经过自己亲身体验，往往容易使其态度发生改变。

2. 组织规定

组织的规章制度、公约、法规，一般来说，可以有效地改变人们的态度。心理学家勒温曾经为此做了这样一个实验。实验的对象是刚生过孩子而住医院的产妇，当她们离院回家时，被要求给婴儿喂鱼肝油和桔子汁。实验者把产妇分成A、B两组，A组为控制组，B组为实验组。A组是通过医生的劝说，告知产妇为了婴儿的健康，每天应该给孩子喂鱼肝油和桔子汁；B组则是医院给大家规定，回去以后必须给孩子吃上述食品。一个月以后进行检查。发现B组的产妇几乎全部照办，而A组的产妇只有部分人接受了医生的个别劝告。这说明，组织规定比个别说服更有助于转变人们的态度。

但是，这并不是说，我们可以由此不再重视思想政治工作。笔者认为，实验所揭示的结果并不说明实验本身与思想政治工作是矛盾的，因为转变人们的态度所采取的途径可以是多样的，如果把多种途径结合起来，则效果将会更好。单纯地依靠说服动员就想达到态度的改变，往往是十分困难的。所以，有必要通过国家、团体和组织做出某些规定，使这些规定在客观上带有法令和准法令性质，并使它逐步成为人们的行为规范，使之知道怎样做是对的，怎样做是不对的。对的便会得到社会、团体和组织的肯定，不对的便会受到社会、团体和组织的批评和否定，这种规定促使人们产生服从感。当然服从只是态度改变的最初阶段，它可能是被迫的，也可能是自觉的。因此，在国家规定和组织约法之后，还必须进行必要的宣传和说服动员，以此造成社会和组织的一致舆论。心理学家认为，舆论的作用在于它能够使人们的道德行为迅速地发生定向反应，在心理上激起情感波动和思想反响，从而使人们调整自己的行为，改变自己的态度。

3. 逐步提出要求

心理学研究表明，要改变一个人的态度，首先必须了解他原来的态度立场，然后估计一下两者的差距是否过于悬殊，若差距过大，反而会发生反作用，如果逐步提出要求，不断缩小差距，则人们比较容易接受，所以要改变人们的态度，不能操之过急，最好逐步提出要求。

1966年，有人通过实验证明了这一原理。实验的课题是转变人们对睡眠时间的传统态度，研究被试原有的态度与要求转变的态度之间距离的大小对态度改变的难易影响。

实验者事先已了解被试认为最恰当的睡眠时间平均为7.89小时（原来的态度），然后将被试分成9个小组，每组发一篇提倡睡眠时数的文章（9个小组所给的睡眠时数分别为0、1、2、3、4、5、6、7、8小时），原来的态度与要求改变的态度之间的差距为8、7、6、5、4、3、2、1、0小时。被试还被告知文章的作者是一位获得诺贝尔奖金的著名生理学家。随后要求被试回答自己认为最适当的睡眠时数。结果证明，原来的态度立场与要求转变的态度距离越大，越不容易转变。例如，文章提倡每天只需睡3小时的小组，被试者勉强从7.894小时降到6.6小时，而文章认为每天只需睡2小时、1小时乃至可以不睡的小组，则被试者的回答仍然坚持要睡7小时以上。

为此，心理学家费里德曼曾进行了一次对比实验。实验是在自然的情况下进行的。对象是一批美国的家庭主妇，她们被分成A、B两组。实验者先向A组的被试者提出，想在她家门前竖一个牌子，家庭主妇们普遍都同意这个要求，后来又向她们提出第二个要求，最好能在她家的院子里立一个架子，被试大部分也接受了。实验者对B组却是同时提出两个要求，结果，家庭主妇们普遍不能接受。这说明，最初提出小的要求，以后再提出难的要求，比一开始就提出两个要求要容易使人接受。

日本心理学家原岗也做过两次类似的实验，就是向家庭主妇请求给清凉饮料，也获得了同样的结果。逐步提出要求，同意供给冷饮的占78.5%，一次就提出较高要求而被接受的只占45.5%。这说明两种情况的差距是十分明显的。

由此看来，态度立场的差距对态度的转变是十分重要的因素。因此，我们可以应用这一原理，处理日常生活中某些常见的事情。例如，一个人突然听到亲人的不幸（死亡），会由于一时思想准备不足受不了刺激，于是可以采取逐渐增加信息的办法，以免发生意外。但是必须指出，态度立场并不是唯一的因素，因为一个人态度的最后转变，还要看本人自身的心理状态，如果个人迫切要求改变现状，则差距虽大，也能改变原来的态度。也有一些情况，由于不改变态度将直接损害到个人的切身利益，这时，虽然态度立场的差距甚大，也会不得已改变态度。

4. 利用睡眠者效应

睡眠者效应是在40年前的一个研究中发现的。在这个研究中，一组美国士兵观看了一个爱国主义的电影。在看完影片后5天，态度有少量改变，9周后，与未看影片的控制组士兵相比，这一组的士兵表现出更多倾向于肯定的态度。显而易见，5天和9周之间，产生了某种东西导致了态度的改变。

为解释睡眠者效应，研究人员开始研究消息来源的可信度。由于士兵们认为最初观看的信息是值得怀疑的，他们不相信美国军队，对美军的信息持有偏见。这些信息最初只有很低的可信度。因而，他们倾向于对电影的信息打了折扣，然而，几个星期过去了，这个消息的来源已被忘记而消息的内容还被保存着，这个解释就是后来闻名于世的"折扣心理假设"，这个假设建立在这样一种说法的基础上：我们储存信息内容的方式与信息源的方式不同，而且当我们回忆这些信息时，成功的程度也会有所区别。

在态度改变的诸多因素中，信息的可信度是一个重要的相关因素，可信度高的信息源容易引起人的态度改变，但可信度差的信息源在一定程度上也能说服并改变人的态度。在我们宣传自己的主张或向人提出建议时，如果我们自身还缺少让别人信任的条件，如果别人对我们怀有偏见，不妨利用睡眠者效应，让时间冲淡各种不利因素对你的宣传或建议的影响。

在有生之年，我们都要面临挑战，不倦工作，以期取得卓越业绩。并非所有的人都能学有专长，至于艺术和科学的天才更是少之又少。大多数人还是在工厂、农村、城市默默工作。然而，任何工作都有其意义。所有对人类有所促进的工作都自有其尊严和价值，应该努力不倦地把它做好。如果你是清扫工人，那就像米开朗琪罗绘画那样，像贝多芬作曲那样，或者像莎士比亚写诗那样来扫你的地吧！你的出色工作会使天国的神祇和人间的众生都停下来赞美：看这个扫地人，他的工作做的多么好，他真是了不起。

态度来源于人们基本的欲望、需求与信念，从认知过程来说也就是道德观与价值观，就行为过程来讲其由从低到高可分为个体利益心理、群体归属心理和荣誉心理三个层次。

三、责任与能力的关系

责任心是指个人对自己和他人、对家庭和集体、对国家和社会所负责任的认识、情感和信念，以及与之相应的遵守规范、承担责任和履行义务的自觉态度。它是一个人应该具备的基本素养，是健全人格的基础，是家庭和睦，社会安定的保障。

具有责任心的员工，会认识到自己的工作在组织中的重要性，把实现组织的目标当成自己的目标。

（一）责任心的个人特质

1. 工作认知。对工作内容、工作权利和职责有清晰而深刻的认识，了解自己所从事的工作对实现组织目标的重要性。

2. 成就感。从工作中寻求自身的价值和满足，完成工作能给自己带来巨大的满足感和优越感。

3. 乐于奉献。能够在攸关企业和团队整体利益的时刻，为了保障整体目标的实现，不计较甚至牺牲"小我"的利益得失，兢兢业业、任劳任怨地工作。

4. 热爱工作。把工作当成自己的事业来做，愿意把这里作为发展自己的舞台。

（二）责任心的培养跟习惯息息相关

1. 凡事不要逃避

虽然趋利避害是人性之所以，但人还可以迎难而上，大公无私。所以当你敢于面对困难、无私付出的时候，你最终得到的肯定会更多。

2. 对待问题的态度

面对问题，态度很重要。只要有坚决解决问题的态度，就可以培养起强大的责任心，这是提升能力的不二途径。

3. 成长环境极其重要

一个人有没有责任心，其成长环境很重要，也就是说：父母给了他什么。从小就要教育和锻炼其责任心，长大以后一定会独当一面。

4. 要有"爱"

一个人，不仅要爱自己，爱家人，爱同学、同事和周遭认识的人，还要爱天爱地爱万物。这是一种境界更是责任的最大体现。

每每走过那个学校，都会看到一位上了年纪的看门大爷，扯着洪亮的嗓子向到校的学生高喊：早上好！每每看到那些环卫工人、义工辛勤的付出，无不感慨责任心的重要。

（三）责任心比能力更重要

一位伟人曾说过："人生所有的履历都必须排在勇于负责的精神之后。"我们从这句话中可以体会到责任相对于能力更为重要。履行责任需要具备履行责任的能力。一个优秀的人才应该全面提高自己的能力和综合素质，让自己成为一个擅长履行责任的人。

1. 具有强烈责任感的人，更能提升并发挥自己的能力

东汉时期的张衡生活在一个地震多发的时代，为了能及时知道地震发生在什么方位，他决定研制一种能及时感知什么方位发生地震的仪器，这样朝廷就能及时做出部署，救助百姓。他以此为己任，夜以继日地工作，经过几年的努力，终于研制出了举世闻名的"张衡地动仪"，为人类更好地研究地震做出了重要的贡献。地动仪的研制成功证明：只要我们有强烈的责任感，我们的能力就会得到更好的提高和发挥更大的作用。

2. 一个没有责任感的人，他的能力越大对企业和社会的危害也越大

南宋时期的秦桧状元出身，能力可谓十分强大，可是他却没有报效祖国的责任心，随着官职的逐渐提升，他对社会的危害也逐渐加深，最后害死抗金英雄岳飞，致使南宋陷于危难之中，而他自己也落下永跪西湖边，骂名万载的下场。

3. 强烈的责任感就是人生当中美丽的光芒，在一颗颗忠义的赤子之心中闪耀

三国时期的诸葛亮为了蜀国的统一大业，为了先帝的托孤之恩，他"鞠躬尽瘁，死而后已"；北宋时期的范仲淹写下了"先天下之忧而忧，后天下之乐而乐"。是什么使他们的情操与品行达到如此的高度？是责任！是社会与国家赋予他们的责任，他们扛着自己的责任义无反顾地前行。

张衡、诸葛亮、范仲淹，这些伟大的人物都曾在历史的长河中留下自己光辉的一笔。他们把谋求人民的幸福看成自己的责任，这是无比珍贵的情感。

工作没有高低贵贱之分，只要我们能认真地、勇敢地担负起社会赋予我们的责任，我们就能获得尊重。时传祥作为一名清洁工人，他认为为首都的干净美丽做贡献这就是自

己的责任,他想法改善工作流程,提高工作效率,使环卫工作的速度加快,质量提高。他被评为"全国劳动模范"并受到刘少奇主席的接见,受到全国人民的尊重。

现今企业在招聘人员时首先注重的是个人的能力而忽略了个人的责任感,事实上,只有能力与责任并重才是企业所需人才。没有做不好的工作,只有不负责任的人,每一个员工都要对企业负有责任,无论你的职位高低。责任保证了企业的竞争力,也真正代表了一个员工对企业的责任感和忠诚度。

四、责任心与执行力

责任心是我们做好工作、成就事业的前提,是战胜工作中诸多困难的强大精神力量。只有对企业高度负责、对职工高度负责、对工作高度负责,才会竭心尽力、兢兢业业、精益求精地做工作。责任心是一种情怀,一种担当,一种境界和觉悟,它是企业的防火墙,没有了这道墙,什么病毒都可能侵入,再强的企业也会跨掉。

执行力就是贯彻战略意图、完成预定目标的操作能力,是企业内部从上至下、各个层次、各个环节对企业的目标、指标、任务进行一丝不苟的执行所具有的一种能力。它是把握规律、创造性工作的能力,是化解矛盾、解决问题的能力,也是狠抓落实、坚决完成任务的能力。"三分战略,七分执行",目标与结果能否有机统一,关键在执行,执行力度直接决定实现目标的效果。执行力就是竞争力、创造力、生产力,缺乏执行力,再好的制度也只是纸上谈兵,再远大的战略目标也只是空想。

责任心与执行力是相互联系、相辅相成的统一体。加强责任心是为提高执行力服务的,是提高执行力的基础和前提,没有责任心,执行力根本无从谈起,执行力是责任心的体现和最终落脚点,二者共同构成优秀员工立足岗位、奉献企业的重要素质和能力。

(一)有强烈责任心才能有完美执行力

听节拍并按节拍准确执行规定动作是舞蹈的基本规则,失聪舞者是听不到节拍的,但她们却创造了聋人舞者舞蹈的独特规则——呼吸,来达到整齐划一的完美表演。千手观音舞蹈中,失聪的舞者们已完美打破了聋人不能集体起舞的传统认识,它所带来的启示和彰示的行为更值得我们思考和猛醒。

你会惊叹舞者们的动作整齐划一,惊叹手语老师和舞者的步调统一。高度认同并恪守规则,可以让完全听不到任何声音的舞者也能奉献完美的艺术满足观众的审美需求。反之,如果各有各的打算,不恪守规则,即使能听得到节拍的正常人也不能协调起舞。

(二)以责任之心提高执行力

提高工作执行力,有两个重要条件:一个是工作能力;另一个是工作责任心。两者孰轻孰重?答案是:责任胜于能力!

一位学者对人生曾有这样的感悟:假如你非常热爱工作,那你的生活就是天堂;假如你非常讨厌工作,那你的生活就是地狱。确实,在我们每个人的生活中,大部分时间是和工作联系在一起的,工作是我们的"衣食父母",是安身立命之所在。

工作干得好坏,责任心起决定作用。现实中,"B级人才办成A级事情""A级人才办不成B级事情",这样的事例比比皆是。原因何在?责任心使然!作家爱默生说:"责任具有至高无上的价值,它是一种伟大的品格,在所有价值中它处于最高的位置。"

责任出激情,出智慧,出力量。有了责任心,再危险的工作也能减少风险;没有责任心,再安全的岗位也会出现险情。责任心强,再大的困难也可以克服;责任心差,很小的问题也可能酿成大祸。所以说,公司效能如何,主要看工作人员对工作、对事情有没有责任心,敢不敢负责任。

责任本身也是一种能力,而且是其他能力的统帅与核心。能力永远由责任来承载,有责任感的人,干工作不会找借口,不会挑肥拣瘦,不会推诿扯皮,而是发挥聪明才智,想方设法打开思路、拓宽眼界,千方百计化解矛盾、解决问题。

可见,责任是一种使命,是一种品质,是一种追求,是对自己所负使命的忠诚和守信,是对本职工作的出色完成。一个缺乏责任感的人,或者一个不负责任的人,不仅会失去社会的基本认可,失去别人的信任与尊重,而且在工作中往往一事无成。履行职责的最大回报是:敢于承担责任的工作人员将被赋予更大的责任和使命,因为,只有这样的工作人员才真正值得信任,才能真正担当起时代发展赋予他的责任。当然,强调责任胜于能力,并不是说否定能力。有道是:三分能力,七分责任。树立"责任胜于能力"理念,目的是让广大工作人员清醒、明确地认识到自己的职责,履行好自己的职责,发挥自己的能力,圆满完成本职工作。人可以不伟大,可以不富有,但不可以没有责任心。坚守一份责任,就是坚守着生命的追求与信念,就是享受着工作的乐趣和生活的幸福。

(三)培养有高品质职业素养员工的途径

1. 统一认识,理解责任心的深刻意义

所谓责任心是指一个人对自己、对家人、对企业乃至对社会应尽的责任和义务的认知态度。它是每个人都应该具有的一种基本素质,更是做好一件事情所必须的条件。因此,提高责任心至关重要。责任心体现在三个阶段:一是做事情之前;二是做事情的过程中;三是事情做完后出了问题。第一阶段,做事之前要想到后果;第二阶段,做事过程中尽量控制事情向好的方向发展,防止坏的结果发生;第三阶段,出了问题敢于承担责任。勇于承担责任和积极承担责任不仅是一个人的勇气问题,也标志着一个人的心地是否自信,是否光明磊落,是否恐惧未来。那么究竟该如何经营员工的责任心?应该"综合治理,多管齐下"——科学设计流程、强化制度监管、落实行为教育。

(1)经营方法之一:科学设计流程

要想保证员工尽职尽责,首先对业务流程、服务流程和管理流程等所有工作流程要科学设计,从流程上确保工作质量,只有流程上科学合理,才能高效。无论是哪个部门、哪个专业的事务工作都应流程化、标准化。没有流程化和标准化，就很难统一要求，每个人都由着个人的性子来，企业竞争力也就无从谈起。只要把流程设计得科学合理，做到了标准化，那么所有参与工作的人的岗位责任也就设计进去了；只要照此流程和标准去做，自然也就尽职尽责了。所以流程设计约束的是每个参与工作的人的操作行为。

（2）经营方法之二：强化制度监管

我们对员工按照流程和标准进行要求，而要求的内容，就是制度。制度是从物质上、精神上等多方面约束，是强迫员工按照流程标准来做、强迫员工尽职尽责的手段。如果说流程是流水的钢管的话，那么制度就是钢管之间的铆钉。企业要通过制度，让员工明白违反流程、不尽职的代价是什么。监管是管理工作所必须的，监管分传统人力上的监管和技术上的监管，随着工作复杂程度的提升，技术监管也越来越重要。制度是死的，是条文性的东西，有了制度没有人监管，等于没有制度。监管者首先自己要遵守应该遵守的制度，其次要破除情面不徇私情进行监管，监管同样需要智慧，需要原则和灵活相结合。如果说制度是铆钉，那么监管就是上铆钉的工具，它可以让铆钉变紧，也可以让铆钉松动；它可以让管道畅通，也可以让管道堵塞。所以监管直接决定着流水的管道、流水的效果。

（3）经营方法之三：落实行为教育

仅有流程制度和监管，员工就一定按流程和标准做了吗？显然未必。那就要通过行为教育来进行。如果说流程和管理工作是硬性的强迫性约束，那么行为教育则是让员工自愿接受约束，起到春风化雨的作用，这就是教化的作用。行为教育分两部分：一部分是对员工进行培训教育；另一部分是中层干部的示范作用。

首先，要对员工进行长期的培训教育。要想让每一名员工的责任心都充分体现出来，必须首先让员工学会遵守工作流程，严格按工作标准工作，不违反工作制度，自觉接受组织监管。要做到这一点，必须对员工进行培训、教育。通过培训教育，使员工自觉自愿地反复做正确的事情，把演练和实战相结合，使员工达到对业务流程熟悉的程度，对业务标准形成条件反射的程度，行为达到习惯的程度，达成统一的行为模式和企业氛围，从而提高整个组织的责任心，构建企业的防火墙。只有这样，才能谈得上企业对员工责任心的经营。

其次，要进行扎实的身体力行。想要员工有责任心，那么作为企业的中层必须身体力行，起到模范的作用。领导一正能压百邪，领导邪一寸，下属能邪百里。如果只是要求一般的员工如何按照流程和标准来做，要求一般员工严格按制度办事，而作为其上级的中层干部超越制度和监管，出了问题，率先逃避责任，那么无论怎么培训教育，员工的行为也不会好到哪里去。只有中层干部敢负责任，员工才能敢负责任。管理者都担负不起责任来，一般员工的肩膀又能扛得住多大的责任重担呢？如果干部敢于担责任，那么员工就会不惧怕犯错误，就会勇于创新、大胆探索，为企业的发展献计献策，尽职尽责，这样，企业岂有不发展之理？

2. 坚定信心,推动责任心的全面渗透

"天地生人,有一人当有一人之业;人生在世,生一日当尽一日之勤。"责任重于泰山,恪守责任是基本的职业操守,因此我们要牢牢把握住这一基点。

(1)增强工作责任心必须严格队伍管理

一要把着力点放到制度建设上。努力把工作流程明晰化,把细节工作规范化,把规范工作习惯化,使惯性工作自然化。

二要把着力点放到责任心教育上。把责任心教育列为班子建设、队伍建设。"身边无小事,事事都认真;心中有责任,事事要尽责"等责任心主题教育,在公司营造"负责任光荣、不负责任可耻"的浓厚氛围,努力带出一支具有强烈责任心的团队。事实证明:当责任心成为一种群体行为,形成气候时,也就汇聚了推动我们事业发展的强大动力。

三要把着力点放到严格管理上。对忠于职守、尽职尽责、责任心强的人要大张旗鼓地给予表彰,弘扬正气,鼓舞士气,增强工作责任心。同时要敢于向无所用心、无所事事、敷衍塞责、渎职失责、得过且过、应付了事、责任心缺失等不良现象开刀。

(2)增强工作责任心必须注重细节管理

责任心体现在我们每一个具体的人、具体的事和具体的执行者的每一个工作细节上。

一是每一个环节都要尽善尽美地完成。

有这样一个算式:$90\% \times 90\% \times 90\% \times 90\% \times 90\% = ?$ 结果是 59%。通过数学等式反思我们的工作,有很多人认为 100% 地完成任务、尽到责任,太辛苦、太累,也不太现实,能做到 90% 就很不错了。殊不知,每一个流程、每一个环节的每一个人都这样想,也都这样做,仅 5 个环节之后,"很不错"就变成了"不及格"!这不是闻言耸听。我们的许多工作都涉及多个环节,且程序严密、环环相扣、互为支撑,上一个环节为下一个环节奠定基础,下一个环节的工作开展以上一个环节完成情况为条件,一个环节出现问题就可能直接导致最终的工作成效。比如我们的竞争情报收集工作,从各单位对各类情报的数据、资料收集、市场部的整理、反馈、做出判断,最后到提供及时准确的竞争信息供公司领导参考,在下游无论哪一个环节出现纰漏,都会直接导致数据失真,从而影响工作成效。这就警示我们:每一个人、每一个环节、每一项工作,都不能有丝毫的疏忽,都不能打半点折扣。只有 100% 的人在 100% 的时间里,按照 100% 的标准,100% 地完成任务,才能达到最终 100% 的目标。

二是每一名员工都要竭尽全力工作。

工作是一个施展自己才能的舞台,我们寒窗苦读学来的知识,我们的应变力、决断力、适应力以及协调能力等都将在工作这个舞台上得以展示。除了工作,没有哪一项活动能够提供如此高度的充实自我、表达自我的机会以及如此强的使命感、责任感。同时,我们的各项工作总是面临着这样或那样的困难和问题。要求我们每一名干部员工不断在应对挑战、解决问题、战胜困难的过程中寻求做好工作的机遇、办法和出路。面临困难,

要有战胜困难的勇气;面对问题,要有解决问题的决心;面对挑战,要有迎接挑战的气概。

我们都应该经常反省自己:今天的工作如何比昨天做得更好?明天的工作是否可以比今天做得更好?是否比份内的工作可以多做一点,比别人期待的更好一点?在现有的条件下,还有哪些潜力可以挖掘?如果每天都这样自省,从我做起,从现在做起,从细节做起,我们的工作就会不断创新,工作效能就会日益提高。

(3)增强工作责任心必须严格责任追究

讲责任心,就要讲责任制;有履责要求,就要有责任追究。落实责任制,一在履责,二在问责。没有问责,责任制形同虚设。问责,要贯穿到履责的全过程。事前问责是提醒,事中问责是督促,事后问责是诫勉。

一是要进一步明晰责任。把工作任务细化分解,确定具体的步骤、制定具体的措施、规定具体的时限、落实到具体的人,一层一层地抓、一项一项地抓、一环一环地抓,真正形成多层次目标体系和岗位责任制,使目标、权力、责任相统一,努力实现各项工作制度化、规范化、程序化。

二是要认真执行问责制。进一步加大责任追究力度,对认真负责的,要给予奖励和表彰;对不履行岗位责任或者履责不到位、履责不当的,坚决追究责任。同时,把是否忠诚敬业、是否具有强烈的责任心列为考察、考核的重要内容,运用到对干部的选拔、任用、考核、奖惩的全过程中。总之,我们要进一步以高度的责任心完善责任制,以完善的责任制激发责任心,把责任心和责任制统一起来,把履责和问责结合起来,在全系统确立一种良性的责任导向,增强责任心、培育责任感、提高责任意识。

失聪的舞者拥有节拍,就能跳出完美的"千手观音"!员工拥有了自然而发的责任心就能展现高品质的职业素养,就能展现完美的执行力。

五、选择与责任担当

(一)"担当"精神

担当,它的释义是"接受并负起责任"。担当,是指人们在职责和角色需要的时候,毫不犹豫、责无旁贷地挺身而出,全力履行自己的职责,并在履职中激发自己的全部能量。简而言之,担当就是承担并负起责任。担当是一种勇于接受的态度,更是一种敢于负责的行动。敢于负责,是作为人最起码的道德品质,而勇于接受则是作为"优秀人"最初的入口。

1. 担当精神要有敢于接受的勇气和自信。当有新的机遇、任务、难题摆在我们面前时,要迎难而上,不能总畏首畏尾,怀疑自己的能力或担心失败的后果。大胆接受,小心实践,不做你永远不知道你行,这正是你发光的时机。挺起胸膛,负起担当,一个人能承担多大的责任就能取得多大的成功,成功从不怜悯胆小、怯懦者。

2. 担当精神要有承担的实力。这实力就来自每时每刻的自我武装,让自己变得更强大。用学习来武装自己的头脑,知识有助于责任的履行;用运动武装自己的身体,身体是承担的本钱;用乐观来武装自己的态度,积极显示着担当的层次;用善良武装自己的心智,好的出发才是健康的担当。成功总是垂青于有准备的人,有了这个实力才敢说"我能,我可以"!

3. 担当精神要有承担责任的行动。责任,大者要"保家卫国,奉献社会",小者要"赡养父母,抚育儿女"。总向往盖世英雄,殊不知当今的和平年代,最需要的是扎扎实实做好本职工作的人。再者,俗话说:"一屋不扫,何以扫天下?"在职场应该是:"当兵当不好,何以成领导?"工作的好坏,就取决于承担的行动与否。

第一,认真做好本职工作,尽职尽责。工作不仅要做,更要做好。在橡胶制品的标语栏中写道:"做好了才叫做了。"这就是我们值得深思并应该承担的工作责任,不是应付、搪塞,而是积极主动,追求卓越。前进和后退都是走路,但我们工作需要的是正能量,是对得起本职的担当!

第二,勇于承担责任的人会得到人们的尊敬。"工作中不怕你错就怕你不改。"诸葛亮失街亭后挥泪斩马谡,并自贬丞相,他的勇于承担得到的是后人的尊重。失误了,勇敢地承担责任,研究解决问题的方法,吸取教训,杜绝二次发生同样错误。工作中假如我们每个人都能主动承担一些责任,那么工作失误就会日益减少,直至消失。

第三,工作中不找任何借口。无论是谁,请不要再推卸责任,因为工作无须任何借口。美国的杜鲁门总统桌子上放着"问题到此为止"的牌子,他承担了他总统的责任,这样的总统让人民敬佩。再好的借口也不能改变问题的本质分毫,恰恰工作许多的失败就是那些一直麻痹自己的借口。与其找借口,把问题丢给别人,还不如负起责任,解决问题。

一只鸡,日日啼鸣,担负起天亮叫起的责任;一块砖,造房垒舍,担负起挡风遮雨的责任;一块支座,架桥铺路,担负起了四通发达的交通责任。物尚且如此,人亦如此。逃避责任的人注定失败;敢于担当的人,即使没有成就丰功伟绩,也是真正的强者。如果人生是一道彩虹,那绚丽的色彩就叫作担当!

(二)担当责任,不辱使命

责任是一种敢于承担、有所作为、勇于负责的精神,是我们每一个人立足社会,开创未来的基石。在这个世界上,责任是一种弥足珍贵的东西,它来自一个人的灵魂深处,它可以拯救灵魂,让心灵充满纯洁和自由;它需要觉悟,就像泥土中的种子需要阳光雨露的滋润一般。拥有责任心是一种发自内心的、敢于面对生活的勇气和行为。它会指引你去做你认为重要的事,并且一定会竭尽全力,做到尽善尽美。

不同的行为体现了不同的责任感,不同的责任感导致了不同的命运。责任就是一个人为自己的承诺负责,为自己行为的后果负责。有责任感,是一个人在社会上立足,获得成功最关键的、最重要的一种道德品质。然而,现实生活中,有的人缺乏责任感,不求上进,经受不住艰苦环境的磨炼,抵制不住诱惑,放弃自己的信誉和前途而不顾。然而,一个没有责任感、不讲信誉的人怎么会被委以重任呢？到最终，也只能是沦为社会和家庭的累赘。

一个有了责任感的人，他就会有明确的人生目标，有对自己、家庭、社会勇于负责的精神，同时也就具备了自己的使命感。拥有了遵守社会规范、承担责任和履行义务的自觉态度。当代人最缺乏的就是责任心，托尔斯泰说："一个人若没有热情，他将一事无成，而热情的基点正是责任心。"人要有爱心、信心、进取心等，而最重要的是责任心。因为责任心是一个人能否立足社会、成就事业最基本的人格品质，在某种程度上来讲，责任心有多大，我们的人生舞台就有多大。

一个有责任心的人，他能体会到学习和工作的乐趣，他能发挥自己的最大潜能，体现自己的人生价值，生命不断得到升华。从某种意义上来说，人生最大的差别不是一个人的能力而是责任心。常言说的好：人生最大的遗憾就是荒废光阴的遗憾。光阴流逝不光是我们没有完成学业，没有做好事情，而是浪费了青春年华，让我们永远追悔莫及。难道不就是这种对自己不负责任的态度所引起的吗？真的，我们需要反思！要知道，我们每个人都有自己的使命和责任，我们仔细想想，我们的家长是不是期盼着我们顶起家里的那片蓝天，我们的师长是不是渴望着我们传承他们的衣钵，我们的国家是不是期望着我们去延续那灿烂辉煌的华夏文明……

太阳有照耀大地的使命，雨露有滋润万物的使命，我们每个人都有自己的使命，只有不辱使命，才能做一个充满使命感和责任感的人。作为当代大学生，要行动于今天，别感叹于明天。既然来到这个世界，我们就应该承担起作为人所应担负起的责任。勇敢地做一个对自己、对家庭、对社会有责任感的人，才能无愧于自己的人生，才能做一个对家庭、对社会有意义的人！

（三）大学生助力中国梦的责任担当

1. 学习与创新的担当

习近平总书记在欧美同学会成立100周年大会上讲道："学习是立身做人的永恒主题，也是报国为民的重要基础。梦想从学习开始，事业从实践起步。"而创新是一个民族进步的灵魂，是国家兴旺发达的不竭动力。大学生思维敏捷、具有开拓精神，观念开放多元，知识相对密集丰富，是社会上最具活力、最具创造性的群体之一，更应该成为创新的主力军和践行者。我们大学生应该树立梦想从学习开始、事业靠本领造就的理念，把学习作为一种责任、一种精神追求、一种生活方式，努力学习、勤奋学习、善于学习、开动脑筋、发散思维、善于寻疑，逐步提高创新能力，从而成为未来优秀的社会主义建设者和可靠接班人。

2. 所学知识服务于人民的担当

中国梦实现的最终目标是保证广大人民群众共享社会发展的成果，使广大人民群众获得幸福安宁的生活。而大学生将来也要走向社会的各个岗位，所学知识为谁服务是每个大学生必须思考的问题。在我国，由大学生参与的支教活动、志愿服务活动在持续开展，并吸引了越来越多的学生关注和帮助那些贫困地区的人们和弱势群体，这是大学生将所学知识服务于人民的行动落实的体现。但光有这些还远远不够，还需要有更多的大学生自觉树立起为民众服务的理念，使他们通过参加各种社会实践活动体验服务民众的重要意义，在志愿性公益服务活动中锻炼服务民众的能力，并在职业岗位上真正为人民服务。

3．完善和提升道德的担当

2013年9月26日习近平总书记在会见第四届全国道德模范及提名奖获得者时指出："精神的力量是无穷的，道德的力量也是无穷的。中华文明源远流长，蕴育了中华民族的宝贵精神品格，培育了中国人民的崇高价值追求。自强不息、厚德载物的思想，支撑着中华民族生生不息、薪火相传，今天依然是我们推进改革开放和社会主义现代化建设的强大精神力量。"在当今价值多元、文化交锋、观念多样的复杂社会背景之下，大学生仍要牢记"从善如登，从恶如崩"的道理，始终保持积极的人生态度、良好的道德品质、健康的生活情趣，通过不断的人生实践，提高自己的道德践履能力和道德成熟程度，从而凝聚引领社会风气之先的正能量。

4．关爱与保护环境的担当

习近平总书记在致生态文明贵阳国际论坛2013年年会的贺信中指出："走向生态文明新时代，建设美丽中国，是实现中华民族伟大复兴中国梦的重要内容。"建设美丽中国，对加强生态文明建设提出了紧迫要求。当下，各个高校成立的环境保护社团环保小分队，还有大学生义务开展的环境保护活动，都证明了大学生对生态环境的尊重和关爱。同时我们大学生也应该知道，对生态系统、生态环境的责任行为不能仅局限在学校有组织的情况下，更应该从自身做起，节约资源、保护环境，并通过关爱、保护环境的具体行动，向更多的人传达环境恶化、急需保护的讯息，通过点滴力量的汇聚，使环保的力量不断增加和扩展。蓬勃兴起，使中国的面貌、中国共产党的面貌、中国社会主义的面貌发生了巨大的变化。

在其位，做其事，负其责。一个人接受一份工作便意味着责任，增强责任意识，是对每个人的基本要求。作为从事者更要强化责任意识，只有思想上重视了，才能体现在工作中，才能真正有负责的工作态度，才能把责任意识转化为自己的工作行为，才能确保在工作中忠于职守、尽职尽责。同时强化责任意识还要以能力做保证，一个人只有具备与自身岗位相匹配的能力，责任与能力相辅相成、相得益彰，才能干好本职工作。所以，我们不但要增强责任意识，更要提升自身工作能力。

第二章 大学生处世篇

第一节 言谈举止要有礼貌

一、认知礼仪

礼仪是社会文明的标志,人际交往的行为规范。礼仪的目的是塑造个人美好形象,特别是当今社会招聘单位越来越强调人的素质,看重人的能力。因此大学生要很好地掌握和了解礼仪,一方面有助于大学生提高个人素质与修养;另一方面有助于大学生建立融洽的人际关系。

(一)礼仪的含义

礼仪是指人们在人际交往中为了互相尊重而约定俗成、共同认可的行为规范、准则和程序。"礼"就是尊重他人,"仪"就是尊重他人的表现形式。礼仪就是以一定形式表现出来的对他人的尊重。礼仪就是行为规范,是待人接物日常交往中的标准化做法。礼仪是礼貌、礼节和仪式的总称。

礼貌是指人们在相互交往过程中表示敬重和友好的行为规范。礼节是人们在日常生活中,特别是在交际场合中相互表示尊敬、祝颂、问候、致意、哀悼、慰问以及给予必要协助和照料的惯用形式。如握手、鞠躬、拥抱、接吻、致意、微笑等都属于礼节。不同民族、国家有不同礼节,礼节也随时代的发展而发展。仪式是一种正式的礼节形式,是指为表示礼貌和尊重在一定场合举行的、具有专门程序、规范化的活动。礼仪是一个人乃至一个民族、一个国家文化修养和道德修养的外在表现形式,是做人的基本要求。

(二)学习礼仪的重要性

1. 学习礼仪有利于增进交往

亚里士多德说过,一个人不和别人打交道,不是神就是兽,没有谁能够与世隔绝。多交朋友,广结善缘。大学生在与人打交道的过程中,会面临很多问题,而学习礼仪可以帮助大学生建立良好的人际沟通,增进交往。

2. 学习礼仪可以提高个人素质

跟他人打交道也好,做好本职工作也好,恰到好处地展示自己的素质是非常重要的。

礼仪可以有效地展现施礼者和受礼者的教养、风度与魅力，体现一个人对他人和社会的认知水平，是一个人的学识、修养和价值的外在表现。它作用于人的情感状态，影响和改变人的价值观、人生观、个性等，最终目标是教会你学会与他人相处，提高个人素质。

3. 学习礼仪有助于维护个人和企业形象

一个人讲究礼仪，就会在众人面前树立良好的个人形象。一个组织或整体行为都讲究礼仪，就会为自己的组织树立良好的形象，赢得公众的赞誉。现代市场竞争除了产品竞争外，更体现在形象的竞争。个人形象除了代表自己以外，更代表组织形象、企业形象，甚至代表国家形象。

（三）礼仪的分类

礼仪是人际交往中，以一定的、约定俗成的程序、方式来表现律己、敬人的过程，涉计穿着、交往、沟通、情商等内容。礼仪按照应用范围来分类一般分为政务礼仪、商务礼仪、服务礼仪、社交礼仪、涉外礼仪等五大分支。

1. 政务礼仪是国家公务员在行使国家权力和管理职能时所必须遵循的礼仪规范。
2. 商务礼仪是在商务活动中体现相互尊重的行为准则。
3. 服务礼仪是指服务行业的从业人员应具备的基本素质和应遵守的行为规范。
4. 社交礼仪是指人们在人际交往过程中所具备的基本素质、交际能力等。
5. 涉外礼仪是指在长期的国际往来中，逐步形成了外事礼仪规范，也就是人们参与国际交往所要遵循的管理或约定俗成的做法。

以上将礼仪分为五类，但礼仪是门综合性学科，各分支包含的礼仪内容都是相互交融的，大部分礼仪内容都大体相同，不同的视角分类也会有所差别。本节基于高职学生的特点，为提高学生职业素养，主要介绍与学生紧密相关的学生礼仪与职业礼仪。

二、学生礼仪

（一）教室礼仪

1. 进入教室着装得体，不穿拖鞋、短裙等不规范衣着进入教室。
2. 按时上课，不迟到、不早退，因故不能上课应先办理请假手续经批准后方可离开，不将食物、有气味饮品带入教室，自觉保护教室内设施完整。
3. 上课认真听讲、保持安静，做好学习笔记，有特殊情况必须离开教室时，必须向上课老师报告并经批准后方可离开；迟到的学生需向教师报告允许后方能进入教室；教师宣布下课后学生才能离开。
4. 下课或自习离开教室后，应自觉关门、关灯、关窗。
5. 在教室内自习时保持安静，不做影响其他人自习的行为，保持教室内安静整洁。
6. 自觉配合学校教学楼值班人员工作，保证学校教学楼资源得到合理有效利用。

（二）接访礼仪

1. 主动称呼、问候、微笑。
2. 主动带路引路、让座、端茶送水。
3. 见到客人要立正鞠躬、表示欢迎。
4. 主动为宾客让路，不与宾客抢道或冲撞宾客。
5. 回答客人提问要起立，要礼貌回答，主动介绍学校。

（三）言行礼仪

1. 语言文明，使用礼貌用语如您好、请（进、坐）、欢迎您、谢谢、没关系、对不起、再见、晚安等。音量适中，讲普通话，不说粗话。
2. 男女交往要举止得体，在公共场所的行为不超出一般同学关系。
3. 上下楼、过楼道靠右行；出入各功能室轻声慢步；起身和落座时不发出声响；不影响他人，保持安静。
4. 爱护公物，讲究卫生，不践踏草坪。
5. 不在校园内随地吐痰、乱扔垃圾。

（四）图书馆礼仪

1. 进馆时，尽量放轻脚步，不大声喧哗，以免影响他人。
2. 按秩序进、出图书馆，自觉排队借阅、办理借书手续。
3. 借阅图书时使用借书板，不乱翻乱扔，保持原有摆放顺序。
4. 借书不得乱画，阅后及时归还。
5. 不长期占用座位，文明使用图书馆的学习资源。
6. 不携带食物进入场馆，保持馆内卫生整洁。
7. 爱护馆内公共设施，使用完后及时还原，保持物品的干净整洁。

（五）宿舍礼仪

1. 自觉遵守宿舍管理的各项规章制度，尊重宿舍管理人员，服从相应管理。
2. 宿舍内互帮互助，相互尊重人格、思想观念和行为习惯。
3. 遵守作息制度，按时起床、就寝，晚上不随意外出或晚归。
4. 不在宿舍区内喧哗、打闹，影响他人学习生活。
5. 严禁将易燃、易爆的物品带回宿舍，宿舍内严禁使用大功率电器，严禁私接电源，不准自行留客住宿。
6. 增强自我防范意识，提高警惕，防火防盗。
7. 休息或外出时要锁好门、窗户，发现可疑人员要立即询问、报告，确保宿舍治安安全。

8. 爱护宿舍公共财产，物品损坏及时报修。

9. 注意公共卫生和宿舍卫生，不随地吐痰，不抽烟、酗酒，不乱丢乱抛，做到垃圾入篓。

10. 不随意翻看、强拆他人包裹、信件，尊重他人隐私。

（六）食堂礼仪

1. 遵守食堂就餐制度，自觉排队，不得插队和拥挤。

2. 文明就餐，不与他人嬉戏打闹、大声喧哗，不在桌凳上乱写乱划，讲究卫生，保持食堂清洁。

3. 如果和师长在一起吃饭，要请长辈先入座。

4. 节约粮食，不将吃剩的饭粒菜屑随地乱扔。骨、刺以及无法吃的其他东西，不要随地乱吐，可放到餐具里或吐到自己准备的其他盛具里。

5. 就餐完毕，自觉将食具放至回收处。

6. 文明就餐，不大声喧哗。打喷嚏、剔牙应以手掩口，不对着别人。

7. 嘴里含有食物时，不要贸然讲话。他人嘴含食物时，应等他咽完再对他讲话。

8. 准备好餐巾纸，不要用手擦拭油腻的嘴，应该用餐巾纸擦拭。

9. 就餐后及时将餐具、剩饭剩菜等分别放到指定位置，保持就餐地点的干净，尊重食堂员工的劳动。

（七）集会礼仪

1. 提前到达集会地点，在指定地点排队等候，有序进入集会场地。

2. 参加集会时，着装整齐、干净，不带任何食物和饮料进入集会场地。

3. 保持会场整洁，严禁吸烟，不得在墙面乱贴、乱涂及乱画，爱护集会场地公共设施。

4. 集会活动中，保持安静，不交头接耳，自觉将通信工具调至无声状态，尊重他人的表演，不起哄，不喝倒彩。

5. 活动结束后，有序离场，不拥挤，不乱扔果皮纸屑。

（八）校外公共场所礼仪

1. 在公共场合，不大声喧哗，严禁起哄滋事。

2. 乘坐公共交通工具应主动购票，主动给老、幼、病、残、孕妇等让座，不争抢座位。

3. 遵守交通规则，注意交通安全，不违章骑车，过马路走人行横道。

4. 遵守公共秩序，购票购物按顺序，对营业人员有礼貌。

5. 参观博物馆、纪念馆要遵守秩序，未经同意，不可触摸设备和展品。

6. 瞻仰烈士陵墓应保持肃穆，禁止燃放烟花爆竹等物品。

7. 爱护公共设施、文明古迹，不乱写、乱画、乱张贴。

8. 节制浪费，穿戴整洁，朴素大方。

9. 自觉对违反社会公德的行为进行劝阻。

三、职场礼仪

（一）面试礼仪

1. 准时赴约

求职者一定要遵时守信，千万不要迟到或毁约。迟到和毁约都是不尊重主考官的一种表现，也是一种不礼貌的行为。一般来讲，比原定时间早5~10分钟到达面试地点较好，提早半个小时以上会被视为没有时间观念。如果求职者有客观原因不能如约按时到场应事先打个电话通知主考官，简洁表达，主动陈述原因，以免对方等待。

2. 着装礼仪

（1）服装要整洁大方。女生的服装应庄重典雅。剪裁得体的西装套裙、色彩相宜的衬衫和半截裙使人显得稳重、自信、大方、干练，给人"信得过"的印象。裙子长度应在膝盖左右或以下，太短有失庄重。男生则穿清爽的衬衣或西服最好。

（2）选择适宜的颜色。女士服装颜色以淡雅或同色系的搭配为宜，穿着应有职业女性的气息而且浑身上下颜色不宜超过三种。过于鲜艳夺目或跳跃度过大的颜色都不宜穿，这会让主考官很不舒服。男士则最好穿深色西服，给人成熟庄重的感觉。

（3）注意饰物的佩戴。当今是一个追求和谐美的时代，适当地搭配一些饰品无疑会使你的形象锦上添花。但搭配饰品也应讲求少而精，一条丝巾、一枚胸花就能恰到好处地体现你的气质和神韵。应避免佩戴过多、过于夸张或有碍工作的饰物，穿裙装袜子很重要，丝袜以肉色为雅致，穿的鞋子不要露脚趾和脚后跟，皮鞋要擦拭干净。男士穿西装要打领带，并且配以黑色制式皮鞋，切忌穿运动鞋。

3. 等待礼仪

求职者到达面试公司在等候面试时，不要旁若无人、随心所欲，对接待员要礼貌有加，注意自己的言行举止，不可问东问西。同时等候时不要与人高谈阔论或是大声打电话，这样会影响他人准备和思考问题，也会分散正在面试者的注意力。你所要做的，就是安安静静地按照顺序坐在座位上，平复激动或焦虑的心情，以良好的心态来应对接下来的面试。

4. 敲门与入座礼仪

求职者进入面试室的时候，应先敲门，即使面试房间是虚掩的，也应先敲门，千万别冒冒失失地推门就进，给人鲁莽、无礼的感觉。敲门时要注意门声的大小和敲门的速度。正确的是用右手的手指关节轻轻地敲三下，问一声：我可以进来吗？待听到允许后再轻轻地推门进去。

进入面试后，等到主考官示意坐下再就坐。如果没有指定的座位，可选择主考官对面的位子坐下。另外，注意坐姿的优美与精神气。坐下时，最好只坐2/3，男生的双脚分开比肩宽略窄,双手很自然地放置于大腿上。若是面试穿着较正式的西装,应解开上衣纽扣。女生两腿并拢,身体可稍稍前倾。

5. 微笑示人

求职者在踏入面试室的时候,应面露微笑,如果有多位考官,应面带微笑的环视一下,以眼神向所有人致意。一般而言,陌生人在相互认识时,彼此会首先留意对方的面部,然后才是身体的其他部分。微笑会缩短人与人之间的距离,改善你与面试官的关系。不要板着面孔,苦着脸,也不宜笑得太僵硬,一切都要自然。对方说话时,要时有点头,表示自己听明白了,或正在注意听。

6. 面试语言

如果说外部形象是面试的第一张名片,那么语言就是第二张名片,它客观反应了一个人的文化素质和内涵修养。要做到准确、精练、平易、生动。要坚持以事实说话,少用虚词、感叹词之类,力戒空话、套话、口头禅和重复累赘之语。自我介绍应简洁明了,不要像背书似的把简历上的一套再说一遍,那样只会令人觉得乏味。用舒缓的语气将简历中的重点内容稍加说明就可以了,如姓名、毕业学校、专业、特长等。主考官想深入了解某一方面时,你再做介绍。

7. 及时告辞

在面试结束后要向考官表示谢意,还要将椅子放回原位。出门前对考官说声"再见",开关门的动作一样要轻柔。如在门外见到引导你进入考场的工作人员或其他管理人员、接待人员等,也要表示感谢。他们为面试付出了劳动,为参加面试的所有应试者都提供了服务。你的感谢除了表示对他们工作的尊重外,也显示出了你的良好个人素养。

8. 感谢信

面试后写一封感谢信给接见者,不仅礼貌,还可加深面试官的印象。在接到不录用的通知后,也要写信或发个"E-mail"表示感谢,以便下次联络。

(二)办公礼仪

1. 对领导的礼仪

职场上对领导的礼仪至关重要,这不但是一个人修养的表现,同时还是树立他在领导心目中的良好形象。

(1)尊重领导。领导一般具有较高的威望、资历和能力,有很强的自尊心。作为下属,应当维护领导的威望和自尊,在领导面前保持谦虚的态度。不能顶撞领导,特别是在公开场合,即使与领导意见相左,也应在私下向领导说明。

(2)听从领导指挥。领导对下属有工作方面的指挥权,下属对领导在工作方面的安排指挥必须服从,即便有意见或不同想法,也应先执行。对领导的意见可在事后再提出或执行中提出意见。

(3)对领导不能求全责备。作为下属,不能要求领导是全能人才,而应多出主意,帮助领导干好工作,更不要在同事之间随便议论或指责领导。

(4)提意见讲究方法。在工作中给领导提意见时,要考虑场合,注意维护领导的威信。

2. 同事之间的礼仪

(1)尊重同事。相互尊重是处理好任何一种人际关系的基础,同事关系也不例外。同事关系不同于亲友关系,它不是以亲情为纽带的社会关系,亲友之间一时的失礼,可以用亲情弥补,而同事之间的关系以工作为纽带,一旦失礼,创伤难以愈合。所以处理好同事关系,最重要的是尊重对方。

(2)经济往来应清楚。同事之间可能有相互借钱、借物或馈赠礼品等物质上的往来,但切忌马虎,每一项都应记清楚,即使是小的款项,也应记在备忘录上,以提醒自己及时归还,以免遗忘,引起误会。

(3)帮助同事解决困难。同事的困难,通常首先会选择亲朋帮助,但作为同事,应主动问询。对力所能及的事应尽力帮忙,这样会增进双方之间的感情,使关系更加融洽。

(4)不在背后议论同事的隐私。每个人都有隐私,隐私与个人的名誉密切相关,背后议论他人的隐私会损害他人的名誉,引起双方关系的紧张甚至恶化,因而是一种不光彩、有害的行为。

(三)握手礼仪

1. 握手的顺序。握手的顺序根据握手人的社会地位、年龄、性别和身份来确定,一般由上级者、年长者、女士先伸手。例如:晚辈和长辈握手一般是长辈先伸手;上级和下级握手一般是上级先伸手;老师和学生握手一般是老师先伸手;男士和女士握手一般是女士先伸手。另外,朋友、平辈见面,先伸出手者表示更有礼貌。

2. 握手的时机和时间。握手之前要观察,既不能轻轻一碰就放下,也不要久握对方的手不放,要掌握适度。一般而言,说完表示欢迎或告辞致意的话之后,就应放下。

3. 握手的几个禁忌。第一,心不在焉,表情呆板,不言不语,眼神他顾。第二,伸左手。在一些东南亚国家,如印度、印尼等,人们不用左手与他人接触,因为他们认为左手是用来洗澡和上卫生间的,是不洁之手。第三,戴着手套握手。根据国际惯例,只有女士在社交场合带着的薄纱手套可以不摘,一般御寒用的手套一定要摘。

(四)介绍礼仪

现代生活,人们职业交往范围日益广泛,似乎每天都在认识新面孔,结交新的朋友。初次认识,总少不了介绍。得体的介绍往往会给对方留下良好的第一印象,因此人们又把介绍称为交际之桥。

1. 介绍的类型。从礼仪的角度来讲,介绍可以分为四种类型。第一类,自我介绍;第二类,为他人介绍,指由第三方出面为不相识的双方做介绍;第三类,集体介绍,如在大型的社交场合,把某一个单位、集体的情况向其他人说明;第四类,业务介绍,被介绍的对象是一种物品、一种事务等。例如向他人介绍一款手机、向客户介绍公司的业务等。

2. 介绍的顺序。在社交场合，介绍两人相互认识的时候，要坚持受到尊重的一方有了解对方的优先原则，因此应遵循以下介绍顺序进行：先把男士介绍给女士；把年轻者介绍给年长者；把客人介绍给主人；把未婚妻介绍给已婚者；把职位低者介绍给职位高者。如果被介绍的同性或者年龄相仿的或者一时难以辨别身份、地位时，可以先把与自己关系较熟悉的一方介绍给自己较为生疏的一方。

（五）电话礼仪

随着通信事业的快速发展，电话已成为人们沟通的基本方式。在职场中，得体的电话礼仪，对塑造个人的良好形象、打造和谐人际关系有着重要作用。

1. 打电话礼仪

（1）把握时间。打电话应选择合适的时间，若无急事或者特殊情况，尽可能在受话人上班 10 分钟以后或者下班前 10 分钟之间的时间里通电话；除非有紧急情况，打电话不宜过早（早上 7:00 以前）或者过晚（晚上 10:00 以后）；国际长途应注意地区时差。

（2）通话准备。通话前要想好通话内容，确立中心，理清思路，拟定要点，重要电话不妨先记下内容要点，避免通话时慌忙、紧张、语无伦次。

（3）礼貌问候。电话拨通后，首先问候对方"您好"，然后确认是否找对人，得到对方答复后，介绍自己的单位、姓名等。要注意音量适宜、语速适中、吐字清晰。宜采用比较客气的言辞，如"对不起，可以向您咨询几个问题吗？""打扰了，占用您两分钟的时间可以吗？""谢谢您的答复"等。通话过程中避免吃东西，东拉西扯，打哈欠。根据情况可用探寻或商量的口气交谈，同时细心倾听对方的反应。除了特殊情况外，通话时间切忌过长，控制在 3 分钟左右为宜。通话结束后，应尽量让对方或上级、长辈先挂电话，并说"再见"，待对方放下电话后，轻轻放下电话。

2. 接电话的礼仪

听到电话响，要及时接听，以铃响不过三为宜。接通后，先说"您好"，然后在报个人姓名等。接听要认真，对于时间、地点、人物、数字等信息务必要做重点重复、核实；代接电话者要做好详细记录，转告信息时不要遗漏和记错；如果几个电话同时响起时要分清楚主次，可根据来电号码判断轻重缓急，事先如不知道哪个电话重要时可以依次接起电话，问清楚缘由后先处理最重要的电话，但切忌同时接听两个电话。

3. 其他注意事项

公共场合接打电话要注意控制音量，不能影响他人。避免在电影院、音乐厅、图书馆等处接打电话；出于安全考虑，加油站、飞机起飞后、大型医疗设施附近等处禁止使用手机；当不使用手机时，请锁住手机按钮，以防意外拨打诸如 119、110、120 等特殊号码。

（六）用餐礼仪

1. 桌次安排

主人或者长者主动安排众人入座；来宾在长者或女士坐完后，方可入座；入座时，男士为身边（尤其是右边）的女士拉开座椅并协助其入座。举行多桌宴请时，每桌都要有一位主桌主人的代表在座。位置一般和主桌主人同向，有时也可以面向主桌主人。人数较多的宴会，主人应安排桌签以供客人确认自己的位置。

2. 位次排列

宴请的座次安排，在公务场合以职务高低为序，在民间则以年龄、辈分高低为序。每桌座位的安排主要依据主宾次序，同时，特殊情况可灵活处理。如遇到主宾身份高于主人，为表示尊重，可以把主宾摆在主人的位置，而主人坐在主宾的位置上。一般而言，主人大都应面对正门而坐，并在主桌就坐。各桌位次的尊卑，应根据距离该桌主人的远近而定，以近为上，以远为下；同时讲究以右为尊，即以该桌主人面向为准，右为尊，左为卑。

3. 点菜的礼仪

（1）看人员组成。通用规则：人均一菜，或 n+1。

（2）看菜肴组合。有荤有素，有冷有热，尽量做到全面。

（3）看宴请的重要程度决定菜品价格，但点菜时不应该问服务员菜肴的价格，或是讨价还价。

4. 进餐的礼仪

（1）用餐时不要发出咀嚼的声音，喝汤、喝水也尽可能不要发出刺耳的声响，以免破坏他人的食欲，同时也影响自己的形象；也不要把食物含在嘴里说话。

（2）可以劝人多用一些，或是品尝一下菜肴，但切勿越俎代庖，不由分说，擅自为他人夹菜、添饭，这样做既不够卫生，还会让人勉为其难。

（3）用餐的时候，不要当众梳理头发、补妆、宽衣解带、脱鞋脱袜子等。如有必要可以去化妆间或洗手间。

（4）用餐的时候不要离开座位，四处走动。如果有事要离开，要先和旁边的人打个招呼，可以说声"失陪了""我有事先行一步"等。

（5）用餐时，切忌用手指剔牙，可以使用牙签并以手或手帕遮掩，牙签使用后折断放在接碟中。筷子不能一横一竖交叉摆放，不能插在饭碗里。

（6）用餐时，若不慎将酒水、汤汁溅到他人衣物上，应表示歉意，如对方是异性，不必亲自为其擦拭，请服务员帮助即可；如吃到不洁或有异味的食物，不要大呼小叫，应取用餐巾纸吐出包好后处理掉。

5. 中餐的饮酒礼仪

在正式的场合，主人皆有敬酒之举。在饮酒特别是祝酒、敬酒时进行干杯，需要有人率先提议；提议干杯时，应起身站立，右手端起酒杯，或者右手拿起酒杯后，再以左手托扶杯底，面带微笑，目视其他人特别是自己的祝酒对象，祝酒词内容越短越好。在主人和主宾致敬酒词时，众宾客应停止进餐，让主人与主宾先碰杯。在人多的场合中可同时举杯示意，不一定要相互碰杯。

首先，一般由地位高的主人先向地位高的客人敬酒，之后，其他人才能开始互相敬酒，客方各个人适时回敬。可以多人敬一人，决不可一人敬多人，除非你是领导；端起酒杯，右手握杯，左手垫杯底，记着自己的杯子要低于别人，以示对对方的尊重，待对方开始饮酒时，再跟着饮。敬酒要热情大方，适可而止，不宜勉强对方饮尽杯中酒。

其次，敬酒应以年龄大小、职位高低为先后顺序，一定要充分考虑好敬酒的顺序，分清主次。即使和不熟悉的人一起喝酒，也要先打听一下身份或是留意别人对他的称呼，避免出现尴尬或伤感情的情况，但如果在场有更高身份或年长的人，就要先给长者敬酒，不然会使大家很难为情。

一般情况下，倒入自己酒杯中的酒要喝完，否则会失礼。如果因生活习惯或健康等原因不适合饮酒，可以委托亲友、部下或晚辈代喝或者以饮料、茶水代替。作为敬酒人，应充分体谅对方，在对方请人代酒或用饮料代替时，不要非让对方喝酒不可。

最后是敬酒之禁。当主人或主宾或其他人来敬酒时，应起立举杯，碰杯时注视对方眼鼻处的三角区位置，因为不看对方是不礼貌的。敬酒时忌强人所难，饮酒时忌一饮而尽。

四、提高大学生礼仪修养的方法

（一）重视礼仪知识的学习

提高个人的礼仪修养，要主动学习礼仪知识，自觉接受礼仪教育，从思想上提高礼仪修养水平。利用图书资料、广播电视、互联网、培训、专修等渠道，全面系统地学习礼仪知识。从理论上掌握在不同的场合，面对不同的交往对象，应该运用哪些礼仪，应该避讳什么。

（二）进行礼仪实践

积极参加社会实践活动，逐步提高礼仪能力和水平。要提高个人的礼仪修养，必须进行礼仪实践，积极运用礼仪知识，做到知行统一。"纸上得来终觉浅，绝知此事要躬行。"通过反复实践，提高礼仪运用的熟练程度，把握好礼仪运用的规范性，学会礼仪运用的技巧，真正成为一个知礼、守礼、行礼的人。

（三）恰当的角色定位

在当代社会，每一个人都扮演着不同的角色，都有着不同的道德规范和行为准则，遵循着特定的游戏规则。作为大学生在日常的行为活动中必须定位好自身的角色，而不是角色错位。在老师面前要扮演好学生的角色，在父母面前要扮演好子女的角色，在同学朋友面前要扮演好同学朋友的角色……大学生能够游刃有余地穿梭在各个不同的角色中间，扮演好自身特定的角色，不仅能保证自己适应于周围的环境，同时也是个人自身修养的一种体现，从而自身形象也得到了优化、提高。

（四）不断自我反省

提升礼仪修养在于不断地反省自我，我们大学生对"吾日三省吾身"这样的警句应时刻铭记于心，做一个"思想上虚怀若谷，行动上登高望远"的人，只有这样才能达到自我教育和自我修养的境界。

第二节　做事有原则

一、认知"知行"

1. "知行"的基本含义

从字源上看，知，指知识或道德观念；行，指行为、行动。"知行"指人的思想追求与其生活方式，或读书与实践，这是北京交通大学的校训。

从文字出处上看，"知行"一则指认识与实行，如明代王守仁《传习录》卷上："知而不行，只是未知，圣贤教人知行，正是要安复那本体，不是着你只恁的便罢。"二则指智虑和德行，如《荀子·非相》："知行浅薄。"

2. "知行"的关系

中国哲学的一对范畴。知行关系，好像是中国哲学思想中的特殊问题。从先秦到当代，哲学家对知与行之先后、轻重、难易，各有所辩难，但都同意必须"行其所知"。知行若可分离，想的一套，做的另一套，作为读书人，则"人格"破裂。

知与行并提始见于《左传》和《尚书》。先秦诸子中孔子认为有"生而知之者""学而知之者"和"困而学之者"。他既重见闻，又重思索，并主张知行结合，学以致用、言行一致；墨子把认识的来源归结为"闻之见之"，主张"口言之，身必行之"；孟子主张人有"良知""良能"，认为人的道德认识是先天的；老子持"不行而知"的观点，主张"不出户，知天下"；庄子则从根本上否定人们认识的必要性和可能性，主张"齐是非""辩无胜"。荀子明确提出"不闻不若闻之，闻之不若见之，见之不若知之，知之不若行之"。达到了先秦哲学对知行关系认识的最高成就。

两汉时，知行关系的讨论以董仲舒和王充为代表，前者主张人"不学而自知"；后者认为"学之乃知，不问不知"。

隋唐时，佛教哲学以其特有的方式讨论了知行问题，有重知轻行、知行并重、知行合一等不同主张。

宋元明清时期,知行问题成为思想界争论的一个重点问题。程朱学派主张知先行后,强调知的作用;王守仁提出知行合一,否定了知与行的界限;王夫之认为行先知后,行可兼知,主张行优于知、行高于知。

在近代,知行问题的讨论与社会政治思想密切联系,资产阶级改良派主张"贵知不贵行",以孙中山为代表的资产阶级革命派则主张"知难行易"说,强调以行为知的来源,又"因知以进行"。

五四运动以后,马克思主义传入中国,以毛泽东为代表的马克思主义哲学家在辩证唯物主义基础上,对传统哲学的知行观进行了科学的总结。知和行不是分裂的,也不存在哪个先哪个后的问题。知就是一种探索和学习,探索世界未知事物的本质,要明晓里面的来龙去脉,学习也是一种知,只不过是,有老师指导你认识世界,速度和效率更加快,减少了教学费的过程;行就是,将知的积累应用到现实世界的改造中,为社会创造出财富,以及这个创造过程中体现的精神。割裂了知行,就会产生"知"和"行"谁先谁后、孰轻孰重的问题和困惑了,也就是一知半解。

3. 王守仁的知行合一

明武宗正德三年(1508),心学集大成者王守仁在贵阳文明书院讲学,首次提出知行合一说。所谓"知行合一",不是一般的认识和实践的关系。"知",主要指人的道德意识和思想意念。"行",主要指人的道德践履和实际行动。因此,知行关系,也就是指的道德意识和道德践履的关系,也包括一些思想意念和实际行动的关系。王守仁的"知行合一"思想包括以下两层意思。

(1)知中有行,行中有知。王守仁认为知行是一回事,不能分为"两截"。"知行原是两个字,说一个工夫。"从道德教育上来看,王守仁极力反对道德教育上的知行脱节及"知而不行",突出地把一切道德归之于个体的自觉行动,这是有积极意义的。因为从道德教育上来看,道德意识离不开道德行为,道德行为也离不开道德意识,二者互为表里,不可分离。知必然要表现为行,不行不能算真知。道德认识和道德意识必然表现为道德行为,如果不去行动,不能算是真知。王守仁认为,良知,无不行,而自觉的行,也就是知。这无疑是有其深刻之处的。

(2)以知为行,知决定行。王守仁说:"知是行的主意,行是知的工夫;知是行之始,行是知之成。"意思是说,道德是人行为的指导思想,按照道德的要求去行动是达到"良知"的工夫。在道德指导下产生的意念活动是行为的开始,符合道德规范要求的行为是"良知"的完成。

王守仁的知行合一学说,一方面强调道德意识的自觉性,要求人在内在精神上下功夫;另一方面也重视道德的实践性,指出人要在事上磨炼,要言行一致,表里一致。提倡知行合一的根本目的,是克服"一念不善",这也是他的"立言宗旨"。

4. 知行合一的价值

青年兴则国家兴,青年强则国家强。青年的价值取向决定了未来整个社会的价值取向,而青年又处在价值观形成和确立的时期,抓好这一时期的价值观养成十分重要。积极培育和践行社会主义核心价值观,是包括大学生在内的当代青年肩负着的重要使命,也是教育工作的重要目标。习近平总书记曾用生动的比喻来讲道理,青年处在价值观形成和确立的时期,抓好这一时期的价值观养成十分重要。这就像穿衣服扣扣子一样,人生的扣子从一开始就要扣好。"知行合一"在思想道德层面具有积极的理论意义,是中华文化传统美德的重要组成部分,在促进学生道德信念、激发道德意识、培育道德精神、指导道德实践等方面有着重要的意义。

(1)促进道德信念。道德信念是人们对道德规范的认识和了解,产生于内心对社会道德义务的责任感,又是个体对道德理想和道德规范的确认。从伦理学层面上来看,"知行合一"是把知识作为道德,促进道德信念、意识转化为实践的有机统一的过程。

(2)激发道德意识。道德意识的形成需要人们通过道德实践,形成道德观念、道德情感、道德意志包括道德理论体系。"知行合一"是个体道德的自我彰显,是一种君子美德和品性。通过"知行合一"的方式突出人的主体性作用,自觉实践社会道德规范,从而促进个体道德意识的形成。

(3)培育道德精神。在《论语》中,孔子提倡言行一致、身体力行。"知行合一"也是指言行一致,注重社会责任和担当。

(4)指导道德实践。"知行合一"在道德教育实践中是理想道德人格立德、立功、立言的基本要求。理论与实践结合是"知行合一"的内涵之一,如能通过道德教育激发人们的道德意识,培育人们的道德精神,在社会道德实践中做到理论与实践结合,言行一致,就能形成道德文明的社会环境。

二、自我教育——构建知行据理的迫切需求

1. 自我教育的特点

(1)教育主体与教育客体的合一性

自我教育强调发挥受教育者的主动性,是自己主动接受教育的一种方式。现代教育理论认为,受教育者不仅是教育的客体,同时还是教育的主体。比如,大学生常常作为家庭、学校、社会的教育对象,这时大学生往往成为教育的客体。而在大学生自我教育中,大学生把自己作为教育的主体,由自己自觉认识、调节和控制,它把"我"这个统一体分解为主体的我和客体的我,主体的我是认识的主体,客体的我是认识的对象,大学生既是教育的主体,又是教育的客体,体现了教育过程中主、客体的统一性。这种特征不仅体现在专业知识的学习中,而且体现在大学生人格的塑造上。简而言之,自我教育,就是自我对自身进行的一种调控与改造,是自我的能动性指向自身品德完善的个人活动。它是以追求理想的自我为目标,以自我修养、自我塑造、自我完善为中介,以自我的综合目标为归宿,体现了教育主体与教育客体的合一性。

(2)自我教育与学校教育的统一性

自我教育不可能排除学校教育,两者相辅相成。在学校教育中,大学生始终处于一种被教育的客体地位,处于他律状态。而在自我教育中,大学生处于一种主体地位,能够充分发挥自身的主观能动性,处于自律状态。他们通过自身的内在体验,经过自己的独立思考、分析、比较、选择,拟定自我教育的方案或计划,最后实现知行的转化。在自我教育过程中,他律与自律具有高度统一性。当他律的教育力量转化为自律力量时,就会形成一种互相启发、彼此促进、共同追求的良好风气,教育的要求转化为学生自我教育的目标,使教育的作用得到深化,变社会指向为自我取向,形成自我教育无法比拟的巨大力量。

(3)教育内容选择上的自主性

自我教育既然以主、客体的统一为特征,这也就决定了教育的目标与要求是由个体选择的。在自我教育中,受教育者在其主体意识的基础上,发挥主体的自主性作用,根据社会发展及教育者的规范、要求,通过自我选择、自我内化、自我调控等过程,有目的、有计划地改造和提高自我的思想境界,从而形成良好的思想道德品质。教育客体从树立什么样的世界观、走什么样的人生道路到待人处事的日常道德行为,无一不是由其个人自主选择而定的,如果自我能做出正确的选择,就能顺应社会发展的要求,为社会的进步尽一份力量,这体现了教育内容选择上的自主性。

(4)教育过程中内化的主动性

自我教育不仅突出了选择的自主性,而且表现为内化的主动性。如果说选择还有外界因素参与的话,那选择确定后转化为自身的观念,指导自身的行为则完全取决于自身的主动性。不能把自我教育片面地理解为一种宏观的教育方式,对教育内容的主动认同、内化过程,也是自我教育。一般来说,个体的思想道德品质是一个由认识内化到行动外化的交替过程,它首先将社会道德规范转变为个体的道德意识,随后在自己的行为中表现出来。这种转化与表现取决于自身的动力,自我的内驱力越大,自我教育过程中的自觉性越高,主体地位就越明显。

2. 大学生在自我教育中存在的不足

当代大学生的思想道德状况从总体上来看主流是好的。具有较高的思想政治素质,肯定的市场经济道德要求,强烈的自我价值实现欲望,较强的社会公德意识。但是,不容回避的是当代大学生群体的道德素质还存在着许多问题,特别是与社会对大学生要求有相当的差距,在一定程度上表现出道德滑坡现象,主要表现:

(1)自我认知的偏差

在市场经济条件下,人们的价值取向日趋多元化,人的思想观念也越来越复杂。大学不再是一方净土,许多同学在这一大潮的冲击下陷入困惑和迷茫,道德观念日趋模糊,是非观、荣辱观出现颠倒。如追求高消费变成一种时尚,考试作弊在一些大学生的心目中不再是不光彩的事,在入党、奖学金评定等方面不择手段被认为是能耐,谈恋爱和频繁更换恋爱对象视为有魅力,"不求天长地久,但求曾经拥有",行为轻率,寻求感官刺激等等。

（2）自我体验的误差

一方面,当代大学生在道德认知方面基本没有什么问题,对基本的道德原则、规范比较了解,知道该怎么做,但其道德行为表现却不能令人满意。在现实生活中将道德规范挂在口头上的时候多,而行动上却是另外一种情况。有强烈的报国之志,但缺乏具体的行动；对社会上各种丑恶现象深恶痛绝,但往往又置身其中；明知应该响应国家的号召到最需要的地方去工作,但轮到自己时又借故推托；期待建立和谐规范的社会道德秩序,但自身又不能严格遵守；有建功立业的愿望,但缺乏脚踏实地的精神；等等。另一方面,当代大学生中独生子女较多,在家庭中从小就一直处于"中心"地位,备受家长的呵护,养成了唯我独尊的个性,在处理个人与他人、个人与集体、个人与社会的关系问题上,强调以个人为主体,缺乏团队合作意识。在价值评价标准上,往往采取双重标准,常常以集体主义的价值标准要求他人,却用利己主义的观念对待自己,在观念上认同集体主义价值取向,在行动上却主要从个人利益出发,对自我更多的采取肯定性评价,而对他人则采取否定性评价。

（3）自我控制的不足

由于社会正处于大变革和转型时期,各种矛盾交织纷呈,在很大程度上对大学生产生负面的冲击。不少同学由于受到家庭贫困、考试、期望值过高等压力,变得无所适从,产生焦虑、烦躁等心理不适,严重的甚至出现各种心理健康问题。近几年来,大学生自杀、犯罪甚至丧失人性之行为的报道频繁,从一定程度上反映出当代大学生的心理脆弱,经不起挫折。

3. 提高大学生自我教育能力的主要途径

在社会主义市场经济条件下,传统单向度、单线条的思想政治教育方式已经无法满足大学生的需要。要适应社会的发展,提高自身的素质,唯有启发、引导和帮助大学生能动地开展自我教育,充分发挥他们的主体性。

（1）增强大学生自我教育意识

自我教育是受教育者充分发挥其主动性进行思想内化和行为调控而达到提高自身素质的一种活动过程,最终还是要通过学生的内因起作用,所以自我教育的前提是受教育者具有主动性。在思想政治教育过程中大学生不具备自我教育意识,或意识不充足,就会在实际工作中陷入被动。因此在日常的教育工作中,我们要注重大学生自我教育意识的培养,通过各种途径让学生了解社会进步、时代发展,人生态度,激发大学生自我教育的内在动力。

①引导大学生正确认识自我,激发自我教育的意识。由于自我是认识的主体,又是认识的客体,所以自我认识的难点在于正确认识自我、改造自我。只有从内心接纳自己、

鼓励自己，并乐于或善于自己战胜自己，全面而正确地了解自己，才能给自己一个准确的定位。

②教育过程中要树立"以生为本"的教育理念。高等学校在教育过程中坚持以学生为本，这种新的教育观旨在促进学生的能力发展。教育过程的各种活动都以此为目的。

（2）搭建大学生自我教育的实践平台

①高校学生会。高校学生会是党委领导下的学生群众团体，这个组织生活、学习在学生中，在提高大学生自我教育能力方面有着自己的优势。学生会机构设置齐全，几乎包括大学生学习、生活的各个方面，可以为大学生提供多方面的服务和帮助。学生会根植到学生当中，对学生的各个方面情况深知"底细"，了如指掌，这样就能做到自我教育有的放矢，自我服务准确到位，自我管理及时有效。学生会安排活动多，满足不同年级层次学生的要求，激发大学生参与集体活动的意识，在活动中不断发展自己的兴趣和爱好，提高个人的综合素质。

②学生社团。学生社团是学生社团"自我管理、自我教育、自我服务"的群体性团体，是广大学生增长知识、培养能力、展现个人才华的重要场所。其目的是把同学们组织起来，有领导、有计划、有成效地开展第二课堂活动，以扩大知识面，丰富课外生活，培养广泛的爱好与兴趣，锻炼组织管理能力，为同学们全面素质的培养和成才创造良好条件，同时也是丰富和活跃校园文化的主力军。学生社团已经发展成为学校开展文化科技、思想政治教育等活动的主要载体。大学生社团以其独有的方式在拓展学生综合素质、培养创新精神与实践能力等提高自我教育能力方面发挥着重要作用。

③社会实践活动。大学生的成长过程，是一个不断认识社会，适应社会，并通过自我创造为社会做贡献而被社会认同、接受的过程。引导大学生积极地参加社会实践和社交活动，让学生在实践中检验"现实中我"与"理想中我"的差距，并激发主体意识，自觉地进行自我反省、自我调节、自我控制、自我完善，不断地修正"现实中我"。

④发挥榜样示范作用，提高大学生自我教育的主动性。榜样示范教育是通过提供大量有价值的先进事迹号召学生学习，仿效其思想、行为和精神，以此来来感召学生、教育学生，学生以受教育者的身份接受的教育。同样榜样教育还可以让学生作为教育者的身份来进行，这样效果将更加理想。自我教育作为实现自我发展目标而进行的自我培养活动，既是自我意识发展到一定水平的产物，又是推进自我意识发展的力量。

4. 大学生自我教育方法和技巧

（1）自学的几个基本原则

古人十分热爱学习，在浩繁的文化遗产中，留下了许多具有学术价值的"学习方法"或"治学方略"。其中反复强调和提倡的是循序渐进、学思结合、学中有疑。

①学习要循序渐进。朱程理学的创始人朱熹说：读书之法，在循序渐进。求速难以理解，求速难以守恒。古人讲的循序渐进，其内涵是十分丰富的。它包括学习要有顺序，要有计划，要有目的，要由浅入深，由表及里，由简入繁，由近及远地按照人类吸收知识的

科学规律进行。有目的读书,按照既定的目标积累知识,坚持不懈,才能获得系统的有序的完整有用的知识。这就是知识结构的有序性。那种无目标无目的,盲目地读,心中无数,见书就读,或者见异思迁,今天读这个,明天读那个,会碌碌终生,一无所获。我国南北朝时期南朝梁元帝萧绎,终生酷爱读书,却是随意涉猎,没有研读治国安邦之道,终至国破家亡。当京城被敌攻破之际,他步入东阁竹殿,恨恨地命舍人高善宝焚古今图书14万卷。有一首怜愚诗也对那种朝秦暮楚无固定目标的人进行了辛辣的讽刺。诗言:"一个浑身有几何,学书不就学兵戈。南思北想无安着,明镜催人白发多。"这种人贪多求全,反而一事无成。在通往知识宝库的途中,匆匆忙忙拣了一辈子,却是碎石野草,被其压得喘不过气来,只能望文兴叹,了却终生。这种人忘掉了知识结构里讲的知识的有序性。

②学习要学思结合。对计划阅读的书要进行分类,使"精读"与"粗读"结合起来。精读要"细嚼慢咽",熟读精思,要消化吸收。古人云:"学而不思则罔。"学习一段之后,要总结一下,看有哪些新收获,哪些问题没有弄懂。对复杂的问题要一层一层地深入思考。这样才能"去尽皮,方见肉;去尽肉,方见骨;去尽骨,方见髓;渐渐向里寻到那精英处。"对大学生来说,书本上的某些原理、定律、公式,我们在学习的时候,不仅应该记住它的结论,懂得它的道理,而且还应该了解人家是怎么想出来的,经过多少曲折、攻破多少难关才得出这个结论的。这也就是要在学习过程中"虚必涵咏,切己体察",把学过的东西"体贴到身上",一旦需要,它便会如鱼跃鸢飞,涌现脑际。

③学贵有疑。学习时要敢于质疑,善于发现问题。"疑者,觉悟之机也。小疑则小进,大疑则大进"。只有在阅读中善于提出问题并善于思考,才能有所发现、有所创新。对前人写的书、前人的理论、前人的成果,不能盲从,不能迷信,而要经过自己的大脑思考,凡事问一个为什么,问它是否真有道理。因为前人、他人,受到各种局限,看问题,做研究,也会有片面性、有不足,甚至有错误。善于学习钻研的人,才能发现前人的不足和错误。同时,社会、时代、科学技术、生产力,总是不断向前发展,不断提出新问题,需要人们进行新的概括和总结,得出新的结论,探寻新的规律。古人说:尽信书不如无书。既能"入书",又能"出书"。千万不能钻到书本里出不来,成为书虫,成为读死书读书死。

(2)增强记忆能力的窍诀

一是明确记忆的目的性。据统计,提出记忆的明确任务后,80%的人能记住记忆的内容;不提出明确目的,只有3%的人能记住内容。

二是加强理解。有材料证实,理解记忆的效能比机械记忆高20倍。机械记忆是储存信号,理解记忆是储存信息。

三是把记忆的内容放进原有的知识系统里去。记忆程序里有隔板,新知识放到应放的地方就记得牢。美国心理学家布鲁纳说:"人类记忆的首要问题不是储存,而是检索,而检索的关键在于组织,即到哪里去寻找信息和怎样去获得信息。"

四是形象记忆。这包括强烈印象记忆法、发掘特征记忆法、列表记忆法、轮廓骨架记忆法、联想记忆法。

五是协同记忆。有人做过试验,同一时间里记同一材料,甲组靠视觉记忆能记住25%,乙组靠听觉记忆能记住15%,而丙组靠视觉和听觉结合记忆能记住65%。

六是尝试背诵记忆。同一材料A组在固定时间里看四遍,B组在同一时间里看一遍记一遍再看一遍一遍。一小时后,A组记忆52%,十天后记忆25%,B组一小时后记住75%,十天后仍记得70%。

七是经常复习。艾宾浩斯遗忘曲线表明,对某材料识记后20分钟内遗忘47%,两天后遗忘60%,六天后遗忘75%,三十天后遗忘79%。及时地有效地进行复习,就可克服遗忘现象。

除此之外,还有其他一些记忆技巧。如一次记忆的事项不要超过"七"。美国一心理学家经多次实验证实:人一次能记住的最大数量是七,因此叫"魔力之七"。于是,要记忆很多事项时,可按其性质分成七个以下为一组,这样记忆,效果就高。另外,重要的事情放在开头和结尾来记。这是因为开头记忆时没有"前摄抑制",结尾记忆时没有"后摄抑制"。

(3)掌握最佳的外储形式

把信息储存在大脑里。这就是知识的内储。但记忆是需要花费时间,消耗精力的。有些知识只需知道到哪里查找就可以,不必费脑去记忆,这类知识就需要外储。外储是指个人外储,它也是为实现某种功能、达到某种目标服务的。外储的知识应该是在不同程度上与本专业特别是与攻关目标相联系的。并非是内储范围以外的知识都要外储。聪明的爱因斯坦从来不把在书本上能查到的与自己的专业不十分密切的知识,耗费大脑去记忆。在美国时,有人问他:"从纽约到芝加哥,铁路长度是多少?"他从容答道:"只需查一下《铁路指南》就可以了。"在自我教育时也应当掌握最佳外储形式,使教育更高效。外储的形式包括多种:做笔记、积卡片、做摘录、编索、剪辑资料、将藏书有序地排列存储等,都属于外储。最常见的外储是做笔记、积卡片。卡片也是笔记,所以,这里着重谈谈做笔记的方法。

①按内容进行科学分类,井井有条。记笔记、积卡片是知识的外储。它也和内储一样,一定要讲有序性。如果对笔记、资料、卡片不分类,不分青红皂白混在一起,储存量较小的时候还可以应付;储存量大了,就会无法提取,成为一堆无用的乱麻。所以,科学地、及时地分类和整理,是十分重要的。这样,引用资料时就可以得心应手,随取随到。

②制作的笔记和卡片要科学实用。卡片的大小要统一起来,这样使用和装订都方便。一张卡片要抄一条资料。一定要注明资料来源、书名、页码、期刊名称、期刊号等。

③积累要有明确的目标。没有目标,见什么,抄什么,就会杂乱无章,派不上用场。积累的原则是博览精摘、宁少勿滥。要培养对资料的识别力,心中建立一条录取线。资料太少,捉襟见肘,资料太多,无法驾驭。训练日久,自然就会提高鉴赏力。

④图书放置要相对稳定,各就各位。自己的藏书,也是重要的外储。如果存放无序,到用时就会费时耗力。为了找到一本书,就会翻箱倒柜,弄得精疲力竭,心绪不佳;如果

存放有序,就会随手抽出需要的那一本。

三、自我管理、时间管理——实现知行据理的可靠保障

大学生的自我管理,就是指大学生为了实现高等教育的培养目标及为满足社会日益发展对个人素质的要求,充分调动自身的主观能动性与卓有成效地利用整合自我资源(包括价值观、时间、心理、身体、行为和信息等),而开展的自我认识、自我计划、自我组织、自我控制和自我监督的一系列自我学习、自我计划、自我发展的活动。这是从广义角度来理解自我管理。如果从狭义的角度来看,自我管理、自我学习、自我教育、自我发展呈金字塔排列,自我管理是在塔的底部,它是开展其他活动的基础,其他活动都建立在有效的自我管理的基础之上。因此,掌握良好的自我管理方法是实现知行据理的可靠保障。

1. 高职学生自我管理现状

从目前的现状来看,高职学生的自我管理不容乐观,具体表现在大学生的生活、学习和职业生涯的规划等方面。在高职生中生活观过于物欲化,在学习中缺乏根本动力和目的,没有认真规划自己的职业生涯,甚至根本不知道自己将要从事或喜欢从事什么样的职业等等,严重的学生甚至走到反社会和反人民群众的道路上去,比如校园暴力事件、偷盗事件、沉迷网络或色情等等。

2. 高职学生自我管理能力差的原因分析

(1)家庭环境对学生的自我管理能力的高与低起到决定性作用

由于中国特殊的人口环境,现在大部分的高职学生都是90后出生的独生子女,由于父母对这些独生子女给予了过度的保护和关怀,大学生的一切,从生活、升学、就业等都由父母包办解决,从小时候开始,大学生就养成了依赖别人的习惯,他们不知道管理自己什么,以及如何进行自我管理。

(2)学校管理制度没有给学生进行自我管理的空间和条件

由于受历史等原因的影响,高等职业学校目前实行严格的辅导员管理制度,高职辅导员和小学初中的班主任承担一样的任务,扮演相同的角色,对大学生的生活和学习进行严格的管理。本来进入大学的学生都已经是成人,他们必须学会管理自己,但学校剥夺了他们这样的机会,导致了大学生自我管理能力差。

(3)大学生自己没有进行自我管理能力的学习

由于受到应试教育指导思想的影响,大学生从小开始没有接受过进行职业生涯规划、自我意识等的教育,他们没有系统和科学地进行自我管理的知识教育,不知道自己要管理自己什么,以及用什么样的方法对自己进行管理。

3. 高职院校如何培养学生的自我管理能力

(1)学生自己要重视自我管理。由于时代的变化,知识更新速度的加快,大学生必须不断地更新自己的知识才能适应社会的发展,而这需要大学生具有很强的自我学习能力、自我提高和自我管理能力。因此,时代发展要求大学生必须进行自我管理,从思想上

和观念上认识到自我管理的重要性和必要性。

（2）教师为学生提供自我管理培训。自我管理学应该是一门新兴的学问，是对传统管理理论的创新和否定，自我管理的系统性要求高校老师对大学生进行系统的培训。

（3）学校给学生创建自我管理的空间和机会。学校应该改变传统的辅导员、学生会、班委会等这些组织，让学生进入学校后，对自己的学习、生活、娱乐等进行规划，制定相应的措施，而辅导员仅仅为学生提供辅导和帮助，协助学生制定管理自己的规章制度。

4. 时间管理的重要意义

正如邓拓所说，"古来一切有成就的人，都很严肃地对待自己的生命，当他活着一天，总要尽量多劳动、多工作、多学习，不肯虚度年华，不让时间白白地浪费掉。"我们应将时间当作最美好最宝贵的财富，用这笔财富进行一项项人生的投资来充实和完善自己，实现我们的自我价值。

大学的时间是我们人生最关键的时段。进入大学是一生中第一次放下高考的重担，开始追逐自己的理想、兴趣。在大学里我们不是一味地为高考的几门科目而忙碌，而是有了更多的活动和安排，有了更加丰富多彩的生活，有机会在学习理论的同时亲身实践，这是第一次不再由父母安排生活和学习中的一切，而是有足够的自由处置生活和学习中遇到的各类问题，支配所有属于自己的时间。

李开复在"第四封信"中曾说："大学是人生的关键阶段。因为，这是你一生中最后一次有机会系统性地接受教育。这是你最后一次能够全心建立你的知识基础。这可能是你最后一次可以将大段时间用于学习的人生阶段，也可能是最后一次可以拥有较高的可塑性、可以不断修正自我的成长历程。这也许是你最后一次能在相对宽容的、可以置身其中学习为人处世之道的理想环境。"所以，这三年是你最宝贵的三年。在"我学网"，有无数的学生，感叹自己三年过去，什么都没有得到。千万不要让自己三年后成为这样的学生。

5. 时间管理原则

（1）目标。制定事业、健康、工作、财富、成就、自我成长等方面的目标，然后拆分成具体可行的小目标。

（2）计划。事先制订好计划。明确目标，列出行动步骤，每天执行，经常修正。

（3）分析。列出工作内容，不断跟进工作进度。当无法按时完成时要分析原因，不断修正和调整自己的工作安排。

（4）设定优先顺序。80/20定律。用80%的精力做20%最重要的事情，用80%的时间来处理会影响到未来的事情。

（5）专注力。不值得做的事情，一分钟都不要去做。此外，一次只做一件事，保持自己的专注力。如果中途被打断，过后再接着做，耗费的时间可能会更长。

（6）整洁。TRAF原则。T——丢弃，把不用的档案丢进垃圾桶；R——转手，把事情转手给不同的人去处理；A——行动，马上就做；F——存档，把有用的处理完毕的档案归档,并做好记录。一个重要的原则:东西用完后要放回原处,减少寻找时间。

(7)记录工时。有的人以半个小时来计划时间。每天检讨、修正自己的时间安排,在有意识的时间,记下自己此时此刻在做什么,清楚自己的时间是如何使用的。

(8)不要故意拖延。不停地对自己说:"立刻去做!立刻去做!"培养紧急意识,克服拖延,今日事,今日毕!"

(9)排除干扰。在处理重要事务时,尽量关掉手机、社交软件,给自己一段独处的时间,专注高效地完成当前任务。要学会定时查看手机和社交工具,不要让它们在不知不觉中偷偷消耗时间。

(10)利用零散时间。充分利用交通、休息、等人等零散时间,随身带书看,或听对自己有益处的录音。

(11)简化工作。把工作系统化、简单化,寻找更好的办法。重要原则:不要同时做太多的事情,只做最重要的事情;第一次就把事情尽量做好,不要等到第二遍再修改,或等着别人修改,避免浪费时间,利用团队的合作力量。

(12)学会说"不"。在完成自己的工作之余,帮助别人是好的。但对于影响自己工作的事情,要坚定地说"不",这样可保证自己的工作效率。

(13)准时。提前15分钟到场;集中注意力;做笔记备忘。

(14)奖励自己。完成一个分段目标,就应该给自己一个恰当的奖励,让自己保持不断进取的动力。

(15)平衡。自己的时间也要注意分配给家庭成员、朋友、社会等。与家人沟通、参加朋友聚会、关注社会。

第三章 大学生成才篇

第一节 学会有效沟通

一、认知有效沟通

1. "沟通"的基本含义

从字源上看,沟,指水道;行,指贯通、通知、通晓、通过……在国外文集中《哥伦比亚百科全书》中沟通是"思想及信息的传递"。《大英百科全书》中沟通是"互相交换信息的行为"。美国学者布农认为沟通是"将观念或思想由一个人传递给另一个人的过程,或者是一个人自身内的传递,其目的是使接受沟通的人获得思想上的了解"。英国学者丹尼斯·奎尔认为沟通是"人或团体主要通过符号向其他个人或团体传递信息、观念、态度或情感的过程"。

综上,沟通是人与人之间传递信息、传播思想、传达情感的过程,是一个人获得他人思想、情感、见解、价值观的一种途径,是人与人之间交往的一座桥梁;通过这个桥梁,人们可以分享彼此的情感和知识,消除误会,增进了解,达成共同认识或共同协议。

通过沟通可以交流信息和获得感情与思想。在人们工作、娱乐、居家、买卖时或者希望和一些人的关系更加稳固和持久时,都要通过交流、合作、达成协议来达到目的。

在沟通过程中,人们分享、披露、接收信息,根据沟通信息的内容,可分为事实、情感、价值取向、意见观点。根据沟通的目的可以分为交流、劝说、教授、谈判、命令等。

综上所述,沟通的主要作用有两个:

(1)传递和获得信息

信息的采集、传送、整理、交换,无一不是沟通的过程。通过沟通,交换有意义、有价值的各种信息,生活中的大小事务才得以开展。

掌握低成本的沟通技巧、了解如何有效地传递信息能提高人的办事效率,而积极地获得信息更会提高人的竞争优势。好的沟通者可以一直保持注意力,随时抓住内容重点,找出所需要的重要信息。他们能更透彻地了解信息的内容,拥有最佳的工作效率,并节省时间与精力,获得更高的生产力。

（2）改善人际关系

社会是由人们互相沟通所维持的关系组成的网，人们相互交流需要同周围的社会环境相联系。

沟通与人际关系两者相互促进、相互影响。有效的沟通可以赢得和谐的人际关系，而和谐的人际关系又使沟通更加顺畅。相反，人际关系不良会使沟通难以开展，而不恰当的沟通又会使人际关系变得更坏。

2. 沟通的意义

沟通是人类组织的基本特征和活动之一。没有沟通，就不可能形成组织和人类社会。家庭、企业、国家，都是十分典型的人类组织形态。沟通是维系组织存在，保持和加强组织纽带，创造和维护组织文化，提高组织效率和效益，支持和促进组织不断进步发展的主要途径。

有效的沟通让我们高效地把一件事情办好，让我们享受更美好的生活。善于沟通的人懂得如何维持和改善相互关系，更好地展示自我需要、发现他人需要，最终赢得更好的人际关系和成功的事业。

有效沟通的意义可以总结为以下几点：

（1）满足人们彼此交流的需要；

（2）使人们达成共识、更多的合作；

（3）降低工作的代理成本，提高办事效率；

（4）能获得有价值的信息，并使个人办事更加井井有条；

（5）使人进行清晰的思考，有效把握所做的事。

沟通不仅是处理好人与人之间关系最好的工具，它更是走向成功的基石。沟通，可以让整个世界连接在一起，当然，沟通并不是那么容易的，它是一门艺术。大学生是国家宝贵的人才资源，是民族的希望、祖国的未来。要使大学生成长为中国社会主义事业的建设者和接班人，必须注重他们的全面协调发展。因此，在高等教育研究中，如何培养大学生沟通能力具有重要意义。

3. 有效沟通的模型建构

既然沟通是人们分享信息、思想和情感的过程，这就需要每个沟通要素的积极参与。沟通过程是由发送者、接收者、信息、渠道、噪声、反馈和环境各种要素组成的。为了便于人际沟通模型的建构，下面具体分析各个要素。

（1）发送—接收者

在现实生活中，人们有分享信息、交流思想和情感的需要，这就使沟通成为可能。然而，这种沟通不是一种单向的过程，而是一个人表达思想、其他人接收，然后，这个过程逆向进行。在大多数沟通情景中，人们是发送—接收者（sender-receivers），即在同一时间既是发送者又是接收者，实行思想整合、情感交流的双向互动。

(2)信息

信息（message）是由一个发送—接收者分享的思想和情感组成的。思想和情感只有在表现为符号时才能进行沟通，这种符号是语言符号和非语言符号的统一。如果说发送—接收者是沟通活动中的主体，那么，这种符号就是沟通传递的客体。接收者有时并不能领悟发送者内心真正要表达的东西，只有通过接收发送者传递的信息来理解对方真正的意图。可以说，信息是沟通者真实意图的重要载体。

(3)渠道

渠道（channel）是信息经过的实际路线，是信息到达发送—接收者的手段。渠道的选择直接关系到信息传递和反馈的效果。不同的信息内容要求有不同的沟通渠道。在各种方式中，影响力最大的，仍然是面对面的沟通方式。面对面沟通时，除了词语本身的信息外，还有沟通者整体心理状态的信息。这些信息使得发送者和接收者可以发生情绪上的相互感染，沟通渠道主要是思维的敏捷性和听觉、视觉的灵活性。

(4)反馈

反馈（feedback）是发送—接收者相互间的具体反应。反馈是让沟通双方知道思想和情感是否按他们预期计划的方式来分享，所以它对沟通是至关重要的。面对面的发送—接收者有最大的反馈机会，特别是在没有其他事物干扰的情况下。在这种环境中，我们有机会知道他人是否理解并领会信息传达的意思。总而言之，交流中包含的人越少，反馈的机会越大。

(5)噪声

噪声（noise）是阻止理解和准确解释信息的障碍。噪声发生在发送者和接收者之间，它分成三种形式：外部噪声、内部噪声和语义噪声。外部噪声来自环境，它阻碍听到或理解信息。内部噪声发生在发送—接收者的头脑中，这时他们的思想和情感集中在沟通以外的事情上。语义噪声是由于人们对词语情感上的反应而引起的，这种噪声和前两种噪声一样，能干扰全部或部分信息。

(6)环境

环境（setting）是沟通发生的地方。环境对沟通产生重大的影响，正式的环境适合正式的沟通。在很多情况下，当环境发生变化时，沟通也会发生变化。

4. 沟通的种类

在沟通过程中，根据沟通符号的种类分别有语言沟通和非语言沟通，语言沟通又包括书面沟通与口头沟通。语言沟通是指用语言符号进行的信息交流，包括口语和书面语的沟通。非语言沟通是指用非语言符号进行的信息交流，主要有神态、表情、姿势、手势等。

根据是否是结构性和系统性的，沟通分为正式沟通和非正式沟通。正式沟通是指通过组织机构规定的途径所进行的沟通，如会议、谈话等。会议沟通是一种成本较高的沟通方式，沟通的时间一般比较长，常用于解决较重大、较复杂的问题。个别交谈是简便、及时的私下沟通方法,既是彼此关心和建立感情的渠道,也是探讨和研究问题的重要方式。非正式沟通指在正式渠道之外的沟通活动,如各种各样的社会交往活动。

根据在群体或组织中沟通传递的方向分为自上而下沟通、自下而上沟通、平行沟通和斜向沟通。上行沟通指下级向上级反映情况或汇报工作的沟通;下行沟通是上级把政策目标、制度规则等向下级传达的沟通;平行沟通指组织或群体中的同级机构或同级成员之间的沟通;斜向沟通指非上下级、平级的沟通,这种沟通常带有协商性和主动性。

根据沟通中的互动性分为单向沟通与双向沟通。单向沟通是指一方是传递者,而另外一方是接收者,如报告、演讲、发布命令等。双向沟通是指双方互为信息的传递者和接受者,如讨论、谈判或谈话等。

此外从发送者和接收者的角度而言,包括自我沟通、人际沟通与群体沟通。

5. 有效沟通的基本模式

(1)语言沟通

语言是人类特有的一种很好的、有效的沟通方式。语言的沟通包括口头语言、书面语言、图片或者图形。

口头语言包括我们面对面的谈话、开会议等等。书面语言包括我们的信函、广告和传真,甚至现在用得很多的 E-mail 等。图片包括一些幻灯片、电影等,这些都统称为语言的沟通。

在沟通过程中,语言沟通对于信息的传递、思想的传递和情感的传递而言,更擅长传递的是信息。

(2)肢体语言的沟通

肢体语言包含得非常丰富,包括我们的动作、表情、眼神。实际上,在我们的声音里也包含着非常丰富的肢体语言。我们在说每一句话的时候,用什么样的音色去说、用什么样的抑扬顿挫去说等,这都是肢体语言的一部分。

我们说沟通的模式有语言和肢体语言两种,语言更擅长沟通的是信息,肢体语言更善于沟通的人与人之间的思想和情感。

6. 达成有效沟通的内涵条件

达成有效沟通需具备两个必要条件:首先,信息发送者清晰地表达信息的内涵,以便信息接收者能确切理解;其次,信息发送者重视信息接收者的反应并根据其反应及时修正信息的传递,免除不必要的误解,两者缺一不可。有效沟通主要指组织内人员的沟通,尤其是管理者与被管理者之间的沟通。

有效沟通能否成立关键在于信息的有效性,信息的有效程度决定了沟通的有效程度。信息的有效程度又主要取决于以下几个方面:

(1)信息的透明程度。当一则信息作为公共信息时就不应该导致信息的不对称性,信息必须是公开的。公开的信息并不意味着简单的信息传递,而要确保信息接收者能理解信息的内涵。如果以一种模棱两可的、含糊不清的文字语言传递一种不清晰的、难以使人理解的信息。对于信息接收者而言没有任何意义。另一方面，信息接收者也有权获得与自身利益相关的信息内涵。否则有可能导致信息接收者对信息发送者的行为动机产生怀疑。

（2）信息的反馈程度。有效沟通是一种动态的双向行为，而双向的沟通对信息发送者来说应得到充分的反馈。只有沟通的主、客体双方都充分表达了对某一问题的看法，才真正具备有效沟通的意义。

二、有效沟通的重要性

1. 大学生沟通教育的重要意义

当代大学生作为我国社会生活的一个特殊的群体，他们思维敏捷、充满自信，乐于接受新事物、可塑性强，但同时他们情绪也容易波动，一旦遇到生活挫折，往往就不能承受，有的灰心丧气，甚至对自己的未来丧失信心。由于当代中国急剧的社会转型带来了人们利益关系的重大调整、价值观念的深刻变化、社会竞争空前加剧，大学生时时刻刻都面临着稳定与改革、保留与更新、本土与全球、开放与封闭等诸多矛盾。这些都会引起他们内心的矛盾冲突，使心理适应能力受到严峻的挑战。近年来，发生的几起震惊全国的校园案件，比如清华大学的刘海洋伤熊事件、复旦大学投毒案等，都以悲剧警示我们：大学生这一群体已经出现了程度不同的沟通障碍症状。

当前高校大学生人际交往观念存在对人际关系交往的紧张、恐惧、自卑、冷漠以及自我定位偏差等心理障碍因素。大学生人际交往方式也存在着功利主义方式、实用主义方式以及网络交往中的虚拟方式等狭隘性交往形式。有效沟通是人类社会发展的必要条件，针对当前高校大学生进行人际沟通技巧教育和培训，对于促进大学生适应社会发展具有重要的意义：

（1）有效沟通是高校大学生交流信息、获取知识的重要途径

现代社会是信息社会，人们对各种信息的需求会随着信息量的扩大不断增长。通过沟通，可以促进学生之间进行相互传递、交流信息，使自己丰富经验、开阔视野、活跃思维、启迪智慧。

（2）有效沟通是高校大学生认识自我、完善自我的必要手段

沟通的一个重要功能就是满足个体心理的发展需求，高校针对大学生人际关系实施有效的人际沟通，可以帮助高校大学生在相互认识交往过程中较为全面地发现、定位、完善和提高自己。

（3）有效沟通是大学生个性发展与社会协调进步的重要条件

沟通是个体之间的互动，是协调个人、集体、社会关系的桥梁与纽带。良好的社会关系，又能促进青年学生具有正义感、同情心、积极向上等个性品质的形成，它是个体与社会和谐发展的前提条件。

（4）有效沟通是企业和社会对大学生的职业素质的技能需求

面对现代社会日益复杂的社会关系，我们每个人都希望自己能够获取和谐、融洽的家庭关系、朋友关系、同事关系和上下级等关系，而能获得这种良好关系其中最主要的条件是沟通。沟通虽不是万能的，但没有沟通是万万不能的，沟通是一种关键的能力。尤其是对于即将走上社会的大学生来讲，更是如此。首先，良好的沟通能力是我们大学生的核心竞争力之一。目前，我们许多学生抱怨找工作越来越难，就业压力越来越大。为什么当众多学子获得了计算机培训、英语培训、职业资格证书培训等权威证书后，仍然存在就业难的问题呢？为什么企业使用了大量的人力、物力及财力在高校及社会上广招人才，但仍然抱怨招人难呢？企业和社会究竟需要什么样的人才呢？一个职业人士所需要的三个最基本的技能依次是沟通能力、管理能力和团队合作的能力。大学生最需要提高的能力是沟通能力，因为企业需要的是能够运用自己良好的沟通能力与企业内外有关人员接触，能够合作无间、同心同德、完成组织的使命和目的的人。其次，良好的沟通能减少误解，创造和谐的人际关系。最后，良好沟通的一个重要职能就是交流信息，沟通者互相讨论、启发，共同思考，往往能迸发出创意的火花。当然，良好的沟通也能获得更佳更多的合作，能使自己办事更加井井有条，能增强自己进行清晰思考的能力等。

2. 大学生在人际关系沟通中的特点

当在特定时间内，人际沟通是有目的地进行一系列的交际行为。其重点在于它是一种有意义的沟通历程，在人际沟通的过程中，双方的表现是一种互动。相对而言，人际沟通具有心理协调功能、社会功能及决策功能等重要功能。

当代高校大学生文化层次较高，生理和心理日趋成熟，富于理想，感情意识较重。人际关系沟通具有鲜明的特点：

（1）单向性：在现代人际沟通过程中，很多大学生在优化个体发展环境时，人都立足于本体自我出发，往往轻视情感交流沟通的互补相依性，狭隘地将自己凌驾于交流对象之上，形成不平等沟通。

（2）功利性：人际沟通作为一种社会活动，反映着个体的精神情感需要。当代大学生人际沟通，鲜明的目的性和功利性占据着相当的比重。这种方式容易把情感交流变成利益均衡的价值交易，阻碍着群体的和谐统一。

（3）多元性：受人才市场结构需求形势的影响，当代大学生普遍注意学业知识的长进和综合素质的培养，人际沟通方式所设计的信息交流，显示出全方位、立体化和多面性特征。

（4）开放性：随着信息社会的发展变化，大学生人际沟通呈现出前所未有的开放式交往趋势，交往范围和交往手段多元化。交往动机越来越注重与自身利益相关的务实性，呈现出情感型交往与功利型交往并重的趋势。

3. 高职院校学生有效沟通的现状及沟通能力欠缺的表现

习近平主席曾经在天津的毕业生招聘会上对一位大学生说："做实际工作情商很重

要,更多需要的是群众工作和解决问题的能力,也就是适应社会的能力。"沟通能力已成为现代人才的主要标志,是一个人获得事业成功发展必备的首要能力。面对现代企业单位对用人提出的新条件,当代大学生也同样感受到了人际交往能力的重要性。然而,人际沟通能力上的缺陷已经成了大学生求职路上的"拦路虎"。但是,良好的人际沟通能力并不是与生俱来的,只有通过不断的系统培训才能有效地提高。由于现行教育体制过度追求学生的学业成绩而忽视了对学生交际与表达能力的培养,大学生的人际交往能力也恰恰成了教育环节中的最薄弱之处。因此造成了很多高智商、低情商的大学生,他们往往处理不好与其他人的关系。现在的大学生人际交往现状堪忧,主要表现在以下方面:

(1) 自我认识不足,缺乏自信,从而导致在沟通中缺乏内在的影响力。所有的沟通,都始于自我,而每个人对自己的真实看法都是很隐秘的。"自我观念"是维持有效沟通最重要的影响因素,所以必须正视人的自我观念,当一个人的自我观念受到威胁时,他本能的反映就是防守和保护,而当一个人有了防守的反应时,就无法期待任何具有意义的沟通了。从目前高职院校的学生来看,有80%~90%的学生在开始上台演讲时都有一定的自卑和恐惧感。不少学生在和他人进行沟通时是低着脑袋的,不敢正视他人。上课时不少学生只是一声不响地坐在那里,从不参与课堂教学,不敢说;还有些学生甚至于觉得谈话是很讨厌麻烦的一件事,不愿意说……为什么会出现这种情况?可能是学生以自我为中心,对他人不关心;可能是从小缺乏集体生活,对人不太了解;也可能因为害怕自我形象受到某种威胁和损害的消极心态;也有可能受到家庭在内的各种因循守旧的精神文化潜移默化的影响,如"祸从口出"等。自信,就意味着对自己的"信任"、欣赏和尊重;意味着胸有成竹,如一个人对自己说话能力都不信任,那怎么还能指望他人对自己的说话产生兴趣呢?

(2) 缺乏一定的沟通技巧,从而影响沟通效果。从目前可以看到高职学生在沟通技巧上表现的不足:有些同学口头表达能力不佳,词不达意,口齿不清,甚至干脆就是家乡普通话或字体模糊,使人难以了解他的意图;有些同学传递形式不协调,使信息接受者难以理解所传递的信息内容,比如说,嬉皮笑脸地在讲一件严肃的事,其他学生就会弄不明白是真的还是假的;有些同学自以为是,说话时声如洪钟,口若悬河,根本不关心他人感受或往往只注重了表达,而没有注重倾听,这很容易引人反感;还有在沟通过程中,有时信息传递的时间、地点不合适,有时信息渠道过长或经过第三者转手的情况会出现信息漏失和错传,还有些一方始终是收信者,从不反馈信息等。如此种种,直接影响了沟通的效果。

4. 造成当代大学生沟通障碍的原因分析

(1) 家庭因素的影响给大学生的沟通能力造成先天不足的残疾。家庭是孩子最早接触到的群体,对孩子的性格产生了巨大的影响,父母是孩子的启蒙老师更是终身教师,孩子能否健康成长,以及长大后会成为什么样的人,都是由父母所营造的家庭环境所决定的。加利福尼亚大学的鲍姆林德通过10年中对父母的教养行为与儿童个性发展的关系的研究，总结出了四种父母的教养方式：权威型、专制型、溺爱型和忽视型。不同的家庭教育方式与子女健康发展有着密切关系。在影响孩子成长的诸多社会因素中，家庭因素显然是最重要的，也是最直接最根本的。我国由于计划生育政策的实施使每个家庭基本只有一个孩子，随着经济的发展，家庭的生活条件逐步提高，在这样的社会和家庭背景下，很多大学生自私自利、唯我独尊，在沟通过程中习惯于从自己的需要和好恶出发，不会换位思考，一味地以自我为中心，忽视别人的想法、观点和情感，特别是独生子女进入大学后暴露出许多人际交往方面的问题，往往不能适应集体生活。

（2）个人素质对沟通能力具有重要影响。良好的沟通能力是个人综合素质的重要体现，个人素质的高低又反作用于个人的沟通与交际能力。这里所说的个人素质主要是知识能力、个人心理素养、人格特质等。

①用"知识武装头脑"。这句话告诉我们，当具备一定的知识能力时，人们才能够清晰地表达出自己的思想，才能更好地与他人沟通交流，不至于在与他人面对面交流时出现词穷和语句不接的情况，导致谈话的尴尬。培根曾经说过"知识就是力量"，确实，当一个人拥有一定量的知识储备时，他便拥有了侃侃而谈的资本。

②心理问题也同样会对个人在沟通上产生巨大影响。自卑是人际交往过程中的大敌。现代大学生中，由于独生子女等社会原因给这一代孩子造成了忧郁、孤僻等心理问题，这使得他们在面对交流的时候出现人际交往障碍。

③人格特质是交流双方主体进行高质量沟通的催化剂。人格特质是一个人在长期的学习生活中培养出的优秀人格魅力，人与人在沟通交流时，相互理解，积极坦诚沟通，求同存异，换位思考等是决定沟通质量的重要因素。然而，在当今物化的社会，很多人都缺少一颗真诚相待的心，在沟通时不能做到平等、坦诚、同感，以致在相互交流时会只停于表层，没有深入的内心交流。

（3）现代网络平台对大学生沟通的影响。网络是现代科技带给人类的福祉，它的存在给大学生提供了交流的平台，像QQ、人人、微博、微信等交流平台的出现，一开始确实削减了大学生因文化冲突导致的交往不适，有利于大学生拓展人际交往范围。而网络是把双刃剑，在给大学生带来便利的同时，也给他们带来了众多的隐患。"网聊热，见面冷"已成为当今大学生缺乏真实沟通的主要表现。事实证明，网络能使大学生的现实情感萎缩，沟通能力退化。习惯通过网络来交流会使大学生在很大程度上减弱与他人交往的愿望。人际交往的减少很容易造成人际关系淡化，导致大学生只迷恋虚构的物质而脱离现实的现象出现。逐渐地，一些学生在真实的交往中感到紧张，不适应，对现实产生了冷漠与抵触的心理，产生对现实人际交往的恐惧和逃避，最后造成严重的人际关系障碍。

三、掌握有效沟通的时机、原则和方法

大学生的自我管理，就是指大学生为了实现高等教育的培养目标及为满足社会日益发展对个人素质的要求，充分调动自身的主观能动性与卓有成效地利用整合自我资源

(包括价值观、时间、心理、身体、行为和信息等)，而开展的自我认识、自我计划、自我组织、自我控制和自我监督的一系列自我学习、自我计划、自我发展的活动。这是从广义角度来理解自我管理；如果从狭义的角度来看，自我管理、自我学习、自我教育、自我发展呈金字塔排列，自我管理是在塔的底部，它是开展其他活动的基础，其他活动都建立在有效的自我管理的基础之上。因此，掌握良好的自我管理方法是实现知行据理的可靠保障。

1. 有效沟通的时机选择

孔子说："言未及之而言，谓之躁；言及之而不言，谓之隐；未见颜色而言，谓之瞽。"用现在的话说就是：话还没说到那儿，你就出来发表意见了，这叫毛毛躁躁；话题已经说到这了，你本来应该自然而然地往下说，可你却吞吞吐吐，遮遮掩掩，这叫有话不说；不看别人的脸色，上来就说话，这就叫睁眼瞎。

沟通的合适时机指已经具备沟通的客观环境条件，且双方都愿意进行对话的时候，尤其是与上司进行沟通，更要注意找准时机。例如，一位公司职员向老板要求加薪，但当时老板刚丢了一笔生意，心情不好，于是婉言拒绝了他的要求。由于该职员再三坚持自己的主张，老板寸步不让，结果导致一场激烈的争论，最后该职员不得不辞职离开。因此，在上司情绪低落时，千万不要去打搅他；也不要赶在吃饭的时间去讨论，因为这时他易于分散精力和匆忙地做出决定；上司准备去度假或者度假刚回来，也最好不要去打扰。把握沟通时机的三个关键：

（1）祝福要在当场传达

当别人达成某种成果时，最好当场坦率地加以称赞。如果你想"现在很忙，以后再说吧。下次见到他的时候，再告诉他吧！"把赞美延后，你会被视为忌妒他人的成功、没有自信的人。错过时机的恭喜，不仅无法传达你的心意，甚至会被当作是讽刺或社交辞令。

（2）道歉要在事发当天

如果你与上司出了问题，即使你认为自己没有错，但是在下班回家的时候，只要一句道歉说"今天给你添麻烦了"，第二天，你们的关系就会大为不同。如果你闹脾气，把这件事情放着不管，你就错过和好的机会了。

（3）注意要比期限还早

有些事情确实是要花时间去做的，迅速地响应，会提高客人对你的信赖。听到电话留言，或是收到传真的时候，应该回复一句"我知道了，详细情况明天再谈"，只要尽早给对方答复就可以了。

2. 有效沟通的原则

小幽默：

沟通作为人类最基本、最重要的活动方式和交往过程之一，不仅在管理中占据首屈一指的地位，而且在其他的人类行为中也扮演着十分重要的、不可或缺的关键角色。人类社会及人类社会中的任何一个基本组织，都是由两个或多个个体所组成的一个群体，沟通是维系组织存在，保持和加强组织的纽带，创造和维护组织文化，提高组织效率、效益,支持、促进组织不断进步发展的主要途径。可以说,天下没有不需要进行沟通的组织。没有沟通,就不可能形成组织和人类社会。家庭、企业、国家,都是十分典型的人类组织形态。人类在社会组织如企业中要实施管理,必须通过沟通,沟通是管理的核心和本质。通过探讨一般沟通的定义、过程及其重要要素,我们了解到沟通并不是一个永远有效的过程。要达成有效的沟通,人们必须遵守一定的原理,只有遵循这些基本原理,人们想要传递的信息才能像预期的那样。

美国著名的公共关系专家特立普、森特在他们合著的被誉为"公关圣经"的著作《有效的公共关系》中提出了有效沟通的"七C原则":

(1) Credibility:可信赖性,即建立对传播者的信赖。

(2) Context:一致性(又译为情境架构),指传播需与环境(物质的、社会的、心理的、时间的环境等等)相协调。

(3) Content:内容的可接受性,指传播内容需与受众有关,必须能引起他们的兴趣,满足他们的需求。

(4) Clarity:表达的明确性,指信息的组织形式应该简洁明了,易于公众接受。

(5) Channels:渠道的多样性,指应该有针对性地运用传播媒介以达到向目标公众传播信息的作用。

(6) Continuity and consistency:持续性与连贯性,这就说,沟通是一个没有终点的过程,要达到渗透的目的,必须对信息进行重复,但又需在重复中不断补充新的内容,这一过程应该持续地坚持下去。

(7) Capability of audience:受众能力的差异性,这是说沟通必须考虑沟通对象能力的差异(包括注意能力、理解能力、接受能力和行为能力),采取不同方法实施传播才能使传播易为受众理解和接受。

上述"七C原则"基本涵盖了沟通的主要环节,涉及传播学中控制分析、内容分析、媒介分析、受众分析、效果分析、反馈分析等主要内容,极具价值。这些有效沟通的基本原则,对人际沟通来说同样具有不可忽视的指导意义。总体有十条原则:

(1)有效沟通的真实性原理

有效沟通的真实性原理,即有效沟通必须是对有意义的信息需要传递。没有真正意义的信息需要传递,哪怕整个沟通的过程全部完整,沟通也会因为没有任何实质内容而失去其价值和意义,即使完整无缺的沟通也会成为无效与无意义沟通。从经济学角度讲,无效沟通是对沟通资源,包括时间和精力、渠道、金钱上的一种浪费,不仅沟通本身毫无意义与价值,有时甚至还产生负效益,即沟通成本大于沟通的产出。一个良好的沟通过程,必须要有富有意义的信息需要沟通,这是沟通能够存在、成立和有效的内容基础和根本与首要前提。即有效沟通的内容必须具有真实意义,沟通过内容与过程必须具有真实性,沟通的信息必须是至少对其中一方是有用和有价值的信息。

(2) 有效沟通的渠道适当性原理

有效沟通必须将有意义的信息，通过适当和必要的沟通渠道，由一个主体送达另一个主体，此即为有效沟通的渠道提供适当性原理。有了真实的信息需要沟通，也有一些渠道或通路可以将信息传送给信息接收者，并不能就完全保证沟通的有效性，为什么呢？因为不同的信息对于传递渠道的选择有要求。真实的信息，选择了不恰当的渠道进行传递，就会产生信息误读或扭曲，导致沟通受挫或受阻，有时甚至产生沟通灾难。如上司对下级表示友好的方式就因人、因场合而异；如方式选择错误，则可能引起沟通问题。

(3) 有效沟通的沟通主体共时性原理

有效沟通的第三条原理是，有意义、真实的信息必须由适当的主体发出，并通过适当的渠道传递给适当的另一主体接受，此原理可称为有效沟通的沟通主体共同适当性或共时性原理。人们要想达成有效的沟通，信息的发出者和接收者都应该是而且必须同时恰好是应该发出和应该接收的沟通主体，发送者和接收者的主体适当或共时性两者缺一不可。如信息虽由适当的主体发出，但接收者不对；或者接收者对了，但发出者身份或地位不适当，都会导致沟通失败。只有有意义的信息从适当的主体发出，并准确地传送给了适当的主体及时接收，沟通才可能是有效的。

(4) 有效沟通的信息传递完整性原理

有效沟通必须由适当的主体发出，并通过适当的渠道，完整无缺地传送给适当的主体接收，此即为有效沟通的信息传递完整性原理。信息由适当的主体发出，通过适当的渠道传递，并且也由适当的主体接受了，沟通是否就一定能保证有效完成呢？不一定。这是因为，由于各种原因的影响和各种因素的干扰，被传递的信息，有可能在被传递过程当中，人为或自然地损耗或变形。如果这种情况发生，那么，接收者接收到的信息，已经不是发出者所发出的严格意义上的同一信息。既然已经不是同一信息；那么，就有可能发生沟通失误或误解信息。因此，沟通要完美和有效，信息在传递结束时必须仍然保持其内容的完整性。

(5) 有效沟通的代码相同性原理

有效沟通的第五条原理是，所有沟通主体，即所有信息发出者和信息接收者之间，在传递真实信息时，必须使用相同的信息代码系统，即信息在发出者那是以何种代码被编码的，在接收者那也必须以相同的代码系统，对接收到的信息代码进行解码。如果双方所使用的信息代码系统完全不同或存在较大差异，就会导致接收者对信息解读无法实现或解读错误，也就是沟通失败。人们常说，我在说 A，而你却在说 B。一旦类似错误发生，沟通的过程在形式上是完成与完整了，但在实际上没有形成有效的信息传递，解码过程出现了断裂，真正有效的沟通没有发生。

(6) 有效沟通的时间性原理

有效沟通的第六条原理是及时性或者说是沟通过程的时间性原理。任何沟通都是有时间限制的，整个沟通的过程必须在沟通发生的有效期发生完毕，否则，也会失去沟通的意义,如新闻报道就是典型的案例。在战争中,特务或间谍的信息传递和有效沟通的及时性尤其显得触目惊心。时间上的紧迫性和制约如此突出,有可能导致战局差之毫厘、失之千里。

(7)有效沟通的理解同一性原理

有效沟通的第七条原理是,在上述所有原理满足的条件下,信息接收者必须真正了解或体验或理解信息发出者所发出信息的真正意义,笔者称之为有效沟通的理解同一性原理。是否沟通过程的解码等过程均无差错,就能确保信息的真正意义被接收者理解呢?也不一定。每一个接收者都是独特的个体,他的经历、经验、知识、兴趣,希望都会左右他对所解读信息的内在意义的理解,理解一旦出现偏差,沟通的有效性就会出现问题。

(8)有效沟通的连续性原理

有效沟通还必须具有时间和沟通内容与方式上的连续性,即有效沟通的连续性原理。这是说,沟通主体之间要达成有效的沟通,人们必须考虑到相互之间沟通的历史情形,这是因为人类都是依据自己的经验、情绪和期望对各种情形做出反应的。我们不了解沟通对象的过去,会影响我们预测他现在或将来的行为,而这种预测会明显影响我们与沟通对象在当下的沟通行为。人们对沟通对象的了解越深,人们就越容易找到有效沟通的切入点和恰当方式与途径。从沟通内容与方式上来讲,我们应该对双方均已熟悉的沟通内容和方式尽量不要发生突变,保持一定的连续性,会有利于沟通对象快速准确理解要沟通的内涵。

(9)有效沟通的目标性原理

有效沟通自然也应该具有明确的沟通目的或目标,即有效沟通的目标性原理。没有沟通目标的沟通,是很难把握与衡量其沟通效果是否与沟通的本意相偏离的。沟通目标、目的不明确,必将造成信息发送者所发信息混乱、模糊、含混不清,接收者只能靠经验和场景猜测对方的用意,极易导致沟通误差或沟通失败。另一方面,不同的沟通目标,一般会对应于不同的沟通方式和沟通行为。如果你想得到你同事的支持,你会特别注意增强和发展你们之间相互关系中友好、合作的一面,但如果你不想他再上你这来给你增添额外的工作,你可能会想方设法减少友好关系的成分。而这些不同的目的、目标当然会影响沟通的行为与效果。

(10)有效沟通的噪声最小化原理

有效沟通的最后一条原理,笔者认为,是影响有效沟通的重要因素之一——客观存在于信息沟通过程中的沟通噪声必须尽量减少,即有效沟通的噪声最小化原理。事实上,无论人们做出多大的努力,噪声总是难以消除殆尽。但这并不意味着我们就无法降低噪声的分贝。跟一个歌唱家的歌唱一样,周围的噪声越低,歌唱家的歌声必然会越清晰,听众听到的歌声失真的可能性就越小。沟通中信息的传达是同一个道理。

3. 高职院校学生如何提升有效沟通能力

(1) 增强自信，提高自身修养，提升其内在的影响力

高职生常为沟通失败而苦恼，并对沟通产生怀疑，其实沟通本身并没有错，失败是缺乏某种力量的缘故。要成功地说服他人，一方面，要自信，要有良好的心理素质。一般事业有成者，他们不会随波逐流或唯唯诺诺，其有自己的想法与做法，却很少对别人吼叫、谩骂。成功者对自己了解相当清楚，并且肯定自我，他们的共同点是自信。有自信的人常常是最会沟通的人。对高职生而言，无论是与人相处，还是处理问题，往往比较理想主义，希望所有的都能一帆风顺，一旦受挫他们就深感失望，继而对自己产生怀疑甚至否定自我。高职生应以积极的态度，提高自身的心理素质。人无完人，每个人都有自己的缺点。认清自我，勇于承认"真实的自我"，并将它展示在众人的面前，即老老实实地承认自己在别人心目中的形象。心理学研究表明，人们并不喜欢一个各方面都十分完美的人，而恰恰是一个各方面都表现优秀而又有一些缺点的人最受欢迎。所以不用太在意自己的缺点，对这点要有足够的信心。而缺乏自信心，往往会有两种后果，其一是自卑，其二是过于自尊。自卑是一种唯恐被轻视和排斥的恐惧心理。这种心理压抑了他与人沟通的欲望，使人不能轻松地与他人交往，羞于在大庭广众之下表现自己。而自尊则是表面上看起来凡事漠不关心，但内心却很虚弱，恐怕被人瞧不起。于是便将自己裹上一层甲壳，不与外界接触，形成一种心理上的封闭状态。因此，缺乏自信心是一种严重的心理障碍，必须克服。具有高度的自信心，不仅可以直接增强其自身的吸引力，还可以弥补自身某些方面的不足，增强整体的吸引力。

另一方面，要提高自身修养，以提升自身的思想、道德修养和学识才能。人与人的沟通是思想、能力与知识及心理的整体作用，哪一方面的欠缺都会影响沟通的质量。

风度是长期培养的结果，是气质的自然流露，不是一朝一夕可学会的，也不是模仿一个人的肢体动作或改变一下衣着习惯就可以得到的。风度背后掩藏着一个人的思想、道德修养、学识才能等实际水平。平时我们在学习过程中可以去学习一些如哲学、美学、人类学、社会学、心理学等学科。高职生应在思想、品德、情感、意志、知识、智力等方面加强修养，从而树立科学正确的世界观，提高理论政策水平和理性认识深度。培养高职生高尚而质朴的道德品质，丰富而健康的情感和坚韧不拔的意志。掌握更多的科学文化知识和本专业知识，形成良好的智力结构，他们就自然而然就会形成个人独特的魅力。

(2) 学习沟通技巧，提高沟通效果

用"心"沟通，真诚待人。在沟通过程中，如果没有一个端正、良好的态度，那么沟通的效果肯定不佳的。从心理上谈，每个人都希望别人能承认自己的价值，支持自己，接纳自己，喜欢自己。因此，在社会交往中，就更重视自己的自我表现，注意吸引别人的注意，希望别人能接纳自己、喜欢自己。对于真心接纳我们、喜欢我们的人，我们也更愿意同他沟通并建立和维持关系。所以我们在沟通中要注意自己的态度，要以真诚的态度与他人沟通，做到用"心"去沟通。

提高自身的口头表达能力，勤于实践锻炼。言语是思想的衣裳，它能完全表现出一个人的品格。我们有些学生可能从没有想到，在一起谈些什么好；也没有想到必要时，自己带头谈起一个所有人都会有兴趣的话题。反而在平时的沟通交流中很多学生感觉无话可谈或有想法但无法把它给表达出来。这就需要我们一方面要提高自身人文修养，另一方面要重视口才表达技巧及相关基础理论的学习。例如平时可以看些公关口才学、演讲学等。当然，要真正获得认可，勤于实践锻炼是关键的一环。在理论指导下，进行严格、刻苦的训练和长期口语实践的体验，才是掌握口语表达技能，提高口才水平唯一正确的成功之路。

（3）把握交谈的技巧，学会有效的倾听

要提高倾听的技能，可以从以下几方面去努力：

要理解对方。听的过程中一定要注意，站在对方的角度去想问题，而不是去评论对方。有些学生容易犯的错误是，还没有听完对方的话就想当然的根据自己的理解打断对方，进行争论。这种粗暴的行为是不礼貌的，极易引起反感，造成矛盾。

及时用动作和表情给予呼应。沟通时看着别人的眼睛而不是前额或肩膀，表明很看重他。这样做能使听者深感满意，也能防止他走神。在保持目光交流的同时，适当地点头示意，面带微笑，表示认同和鼓励，表现出有倾听的兴趣最好别做不相关的事情。

采取积极的行动。积极的行动包括前面所说的点头，在听的过程中，身体略微地前倾而不是后仰，自然开放性的姿态，代表着接受、容纳、兴趣和信任。这种姿势意味着你愿意去听，努力在听，对方也会有更多的信息发送给你。切勿像有些学生沟通时习惯性交叉双臂，这是一种防卫姿势，持这一姿势者大多持保留的态度。跷起二郎腿容易让人误以为不耐烦、抗拒或高傲。

适时适度的提问以准确理解对方全部的信息。倾听的目的是为了理解对方全部的信息。在倾听过程中，恰当地提出问题，往往有助于我们的相互沟通。如果在沟通中没有听清楚、没有理解时，应该及时告诉对方，请对方重复或者解释，这往往也是我们在倾听过程中常犯的错误。

在倾听过程中，我们始终要做到耐心、虚心、会心，紧紧吸引和抓住对方，以取得良好的沟通效果。

4. 有效沟通的十大技巧

（1）以开放性的话语问问题。关于这个，你还有什么可以告诉我的呢？你觉得，什么是最大的问题呢？那表示有什么更重要的事情呢？有没有从另一个角度去观察呢？"××"的反应会是如何呢？你觉得，"××"的能力可以负责些什么呢？

（2）发问明确，针对事情。事件究竟是如何发生的？谁需要负责呢？在什么时候发生的呢？怎样发生的呢？当时的情况是怎样的？最后的结果是什么？

（3）显示出关心及了解对手的感受。你真的感到不开心，是吗？我可以理解你的感受，我可以理解这些事使你十分担心。我已经清楚为何你如此沮丧了。我可以体会你当时伤心的程度。

（4）促使对方说得更清楚、明白。你可否告诉我这件事的来龙去脉？为了让我更容易了解，请你用另一种方式告诉我，好吗？这是不是关于……

（5）专心聆听。点头回应：嗯、好、哦、唔。

（6）倘若你真是做错了，要大方坦白地承认。这一点是我错了，我没弄清楚。你是对的，我了解我的错误之处。这样说是有道理的，我应该……谢谢你的指正，让我立即纠正。

（7）预留余地，具有弹性，别逼到死角。或许，我们可以试试别的办法。这是否是唯一的方法呢？倘若采用别的途径又如何呢？可否我们从这个角度来看？下一次，我们可否采用……

（8）寻找真相。这消息来自哪里？这些数据正确吗？我们有没有征询"××"的意见/忠告？我看过另外一些详细的资料，在……我想，这需要做一个新的调查。我们可否信赖这份资料，这些都是最新的资料吗？

（9）用慈爱式关怀语气引导，表示关心。没错！这的确令人气恼，让我们来想想办法。没错！真是让人气愤，但我可以……你有足够的理由对这事不关心，不过，从另一方来看……详细告诉我一切吧！我们可能找出其他途径来解决吗？

（10）融合不同形式的对话语气。成熟式理性：我了解这个决定的内在涵意。命令式权威：我可以理解到，这对你来说实在是一个很大的顾虑。儿童式直接：我希望没有说错什么，而导致你有被骗的感觉。成熟式理性：我们已详细讨论过所有的方法。成熟式理性：我们已详细讨论过所有的方法，始终觉得这是最好的。或许我们不必急躁地立即做决定，大家分头思考一下，改天再议可能对我们更有利。

5. 职场沟通理念

（1）向上沟通要有"胆"

上下级间的沟通并不是一件容易的事。很少有员工会主动找上级沟通，即使有，也很少有人会讲真话、心里话。因为我们历来受的教育都是告诉我们要谦虚谨慎，要回避矛盾，回避冲突，不强出头，长期以来，我们已经习惯于"既不反对，也不赞成"；"既不讨好，也不得罪"。由于受到这种等级观念、潜在自我保护意识及中国传统文化和环境的影响，结果是上下级之间的误会、隔阂和不理解会越来越深。

（2）要克服惧怕领导的心理

与领导沟通时，下属首先要做的就是去掉一个"怕"字，即克服惧怕领导的心理，主动大胆地寻求与领导的认真交流，征求领导的意见。即使领导批评了自己，也不要认为天就塌下来了，要积极地向领导寻求帮助，寻求办法，能得到领导的帮助和指点，无疑对克服自己在工作上的缺点和不足有重要意义。这样有胆量的沟通能及时消除领导对自己的误解，了解领导的真实意图，能更好地指导自己下一步的工作。

（3）要多出选择题，少出问答题

一个善于思考、做事负责的手下，是不会一天到晚请示领导的。所以我们应该带着答案、预备好对策走进领导的办公室。也就是说,你和领导沟通的时候,应当尽可能多出选择题,而不出问答题,并且是尽可能出多选题,而非单选题。因为假如你只带了一个答案,就表示除了这个没有更好的办法。另外还要注意,在给选择题的时候,应当罗列每种方案或办法的优缺点以及可能的后果,以提醒你的领导在决策时应该考虑到的因素。

(4)要主动地、及时地反馈

任何已经安排下来的事项,当领导主动去提醒或追问的时候,是下属工作失败的表现。作为一个职业人,一件事交给你去做,你如何做的?进展到什么程度?有没有做好?收到了什么实效?这些问题永远都不要等到领导问你时才回答。假如你能不让你的领导像秘书一样不断地提醒你,假如你能够让他省心、放心,那他对你的认可和授权就会越来越大,几次下来,事情交代给你,他也就不会再过问了。

(5)平行沟通要有"肺"

由于社会化分工越来越细,往往为完成一个目标、一项工程、一个产品,需要在不同企业之间、部门之间、同事之间,在营销、生产、管理等不同环节、不同阶段,共同利用同一资源为产生整体的效益而协同工作。为此,平级之间的沟通与合作是非常必要的。

同事与我们处于同一企业、同一部门、同一车间、同一班组或同一办公场所,为了生存和发展要感受同一种压力,工作中你中有我,我中有你,谁也少不了谁。每天与同事在一起的时间有时会大大超过自己的家人。同事短暂,朋友长存。同事作为你工作中的伙伴,难免有利益上或其他方面的冲突,处理这些矛盾的时候,最好第一个想到的解决方法是以肺腑之言真诚沟通,共同协商解决问题的办法,而不是指责或者命令。

(6)向下沟通要有"心"

地位影响人的心理,领导者与下属沟通时,不可避免会产生一种"居高临下"的感觉。当下级汇报工作时,不管他说完没有,只要觉得听懂了下属要表达的意思,便打断下属的话,开始滔滔不绝地发表自己的观点,然后以某些指令结束谈话,比如,"这里轮不到你说话,你的任务就是好好听我说。""怎么这么啰嗦,按照我说的去做就行了。"这种上级单方面发出的语言信息,员工的情感或需求没有得到尊重,因此员工有可能对上级产生怨恨、恼怒和敌对的情绪。韦尔奇认为,"真正的沟通不是演讲、文件和报告,而是一种态度,一种文化环境,是站在平等地位上开诚布公地、面对面地交流,是双向的互动。只要花时间做面对面的沟通,大家总能取得共识。"因此,上级与下级的沟通,关键是要用心去沟通,并以平等的心态倾听他们的呼声,尊重他们的想法,让他们参与决策,求同存异,达成共识,做到真正与员工交心。

向下沟通,需要平等的态度。骆家辉单膝跪地和9岁女孩杨芷湄交谈的画面,极好地佐证了这一点。杨芷湄参加美国皮克斯动画展,有幸向骆家辉提问:"大使先生,您小学时功课怎么样?我这次英语考了82分,妈妈骂了我。"骆大使单膝跪在小妹妹面前,讲了十几分钟昔往的菜鸟生涯。她回忆说:"我惊呆了,没有记住多少他的话,我的脑海只有他跪下来的画面,我清晰地看到他关爱的眼神,还有耳边的白发。"

第二节　遇到问题要迎难而上

一、正确认识问题

1. 问题的含义

毛泽东《反对党八股》："什么叫问题？问题就是事物的矛盾。"《汉语词汇》：问题是需要研究讨论并加以解决的矛盾、疑难。按矛盾论的观点：有发展就有矛盾，每个单位都不例外。矛盾存在于一切事物的发展过程中，每一事物的发展过程中都存在着自始至终的矛盾运动，没有矛盾也就没有发展。所谓"矛盾的普遍性"说的就是这一点。

存在问题毫不奇怪，没有发现问题才是最大的问题。那么，等矛盾激化还是在矛盾激化前先发现它，这是一个工作态度问题；是解决矛盾还是解决矛盾的主要方面，这是一个工作方法问题。前期认识的不同，决定了领导的工作方式也不同。作为管理者应认真学习并努力掌握马克思主义哲学相关理论知识，充分运用唯物辩证法基本原理，游刃于各种矛盾之中。

因此"问题"可界定为：在事物的初始状态和想要达到的目标状态之间存在障碍的情境。如一条河流，当前的状态（初始状态）是受到严重污染，河水发黑发臭、寸草不生、鱼虾绝迹。我们想要让它达到的目标状态是河水清澈、水草丰美、鱼游其中，但要达到这一目标，我们又不知道该如何做，如河流的污染源在哪里、采用什么样的措施来治理等。此时我们面对的这一情境对我们而言就构成了问题。

2. 问题管理

"问题管理"，是以解决问题为导向，以挖掘问题、表达问题、归结问题、处理问题为线索和切入点的一套管理理论和管理方法。也可以说，问题管理就是借助问题进行的管理。问题管理是四大管理模式之一（另三种是科学管理、人本管理和目标管理）。

"问题管理"是在挖掘问题的基础上，合适地表达问题，正确地解决问题，以此来防范问题演化为危机的一套管理理论和方法。也可以说，问题管理就是借助问题优化管理。

"问题管理"的三要素是挖掘问题、表达问题、解决问题。其中，挖掘问题包括发现问题、分析问题和界定问题，解决问题包括制订解决方案、实施解决方案和跟踪反馈，表达问题不是独立的环节，而是体现和融入挖掘问题和解决问题的每一个环节之中。

问题管理的特点主要有三方面：

（1）问题管理使管理层次扁平化

问题管理就是运用持续不断地提出问题的方法，进而循序渐进地解决问题的一种管理模式。问题管理其实一直存在于公司现场化管理实践之中。

（2）问题管理的核心在于解决问题

例如，一些酒店推出的"员工创新"活动，其核心就是让每位员工提出各自工作中的问题，再由管理人员和员工共同设计解决问题的最佳方案，从而减少工作中出现的失误，这种做法就是把解决问题做到了系统化和日常化。另外，酒店调动起员工提问题的积极性后，要注意辅导，教会员工解决问题。

例如，一家酒店在引进问题管理后，鼓励员工提出问题和参与问题解决，结果在实施过程中发现员工很能提出问题，而且提的许多都是重要的和敏感的问题，当然这一方面说明员工的素质较高，反过来说，这样的员工很难管理，他们要求实现个人价值的愿望会很强烈。如果酒店不能提供相应的资源帮助他们实现个人价值，员工就会感到当初得到的承诺不能兑现，自然就会对企业产生不信任和失望。

（3）问题管理更要注重细节

比如在酒店业流行"服务在细节"的说法，问题管理更强调了细节管理。成都锦江宾馆为了"细节"一词，动足了脑筋。在这家宾馆的客房里有一个别的酒店看不到的擦鞋篮，内有不同色彩的鞋油和鞋刷，专供不同的客人使用。另外，篮里还有一份说明：客人如果没空，需要服务员擦鞋的话，关照一下便可。这份说明书是酒店客房部在开展"入住锦江，温馨安康"活动中抓住细节服务管理的一个举措。锦江饭店每一楼层服务台不仅备有室内电话簿、留言卡等物，还备有吹风机、剪刀、纸等小物品，客人在这里真正感到"家外之家"的温暖。

"酒店无小事，件件是大事"。香港一家中低档次的绿晶酒店，在收取客人留店委托的信件时，前台服务员首先检查信件封套有无破隙，然后用半透明纸封好，请留言人在封条上签字，再要求他在信封上写明送件人的通讯电话，万一无人认领，可以电话联系。这么一个小细节，给客人留下了深刻印象。

企业的管理工作把细节做得越细，就越具有竞争力。问题管理可针对企业的各个细节，发现问题、提出问题、解决问题，从而把工作落到实处。

高效管理的平衡点在于制度管理与现场管理的"系统化"，即在问题管理的基础上，根据企业的核心问题环节设计科学有效的管理制度，以"现场管理"作为制度管理的补充，通过现场化管理可有针对性地发现、处理和分析酒店管理中出现的系列问题，修正完善现行的酒店管理制度，以便使制度化管理更具针对性。一是防患于未然，防止问题演变为危机。问题管理强调"从危机管理到问题管理"，并不是要取代危机管理，而是要以危机管理为主转向以问题管理为主，做到"以防为主，防消结合"；二是发现和解决关键问题，过滤假问题，解决真问题；三是跨专业、跨部分地分析和解决问题，打通专业管理与部门之间的鸿沟。

越来越多的企业用问题管理来指导日常管理工作。例如，海尔集团推崇"问题管理"，集团CEO张瑞敏说："管理者必须进行问题管理，而不是危机管理"。现场管理的核心就是问题管理，即运用持续不断地提出问题的方法进而循序渐进解决问题的管理模式。这就需要企业经营者建立一种机制,即提出问题、研究问题、解决问题的机制,把企业最致命、最重要的问题提出来加以解决。

3. 问题求解的要素

提出个人问题并不一定是最根本的要解决的问题,不能盲目针对提出的问题寻找解决方案和做决策,需要进行全面的分析,而分析与解决问题的一般流程包括:

要解决的是什么(what);针对这个具体问题,分析产生的根本原因是什么(why)。以上全部明确后,需要思考问题如何解决(how);解决办法初步明确后,需要判定此办法实施可能面临的风险和潜在的机会(what if)。这些零散的问题中包含了哪些具体问题需要解决(which);针对这个具体问题,明确问题的焦点是什么?

(1)确定具体问题(which)

面对问题时,需要准确全面地理解问题,并把问题分解成具体的表现(抽象→具体/量化),要在众多具体表现中决定其中哪些问题值得优先考虑,并得到相关人员的认可,在此环节大家意见不统一,以后每个步骤都将会有反对、异议的声音;确定问题范围,通过调查研究找到并一一列举具体的问题及相关事项;确定优先次序,并依此给之前列举的事项按优先顺序分配资源。

(2)确定问题的焦点和解决方向(what)

提出的问题和要解决的问题往往不同,如你开的餐厅最近一直有人辞职,你究竟是要"制止人员流失"还是"人员流失后不要影响生意"?在解决之前,先要知道自己烦心和要解决的究竟是什么。收集具体全面信息,对问题做全方位分析,对问题的发展脉络有科学的理解(收集时越发散越好);让利益相关各方着眼于正确的焦点问题(聚焦时越收敛越好)。

(3)确定问题的根本原因(why)

《生活即咨询》中举例"去医院看病,没有哪个医生看都不看病人一眼,就给开药的,他知道来检查的人肯定是生病了,他也知道各类病症的治疗方法,但需要对病人进行实际诊断、检查、了解病历后才进行治疗",找出问题产生的根本原因十分必要,同时避免重复处理反复出现的问题。有针对性地收集信息而不被信息淹没,根据事实资料探测可能的问题原因,推知最有可能的原因(推测时越发散越好);对可能的原因进行验证以确保原因分析正确(验证原因时越收敛越好)。

(4)思考问题如何解决(how)

当大问题已经被细化了,当问题的焦点明确了,当失常性问题的原因被找到了,可以开始为问题寻找解决方案。明确方案所要达到的目的,实现什么样的效果;根据方案的要求和目的初步评估可选想法;根据初步评估有针对性地优化方案,此时鼓励让利益相关方讲述自己的观点;选择最优方案。

(5)判断办法实施可能面临的风险与潜在的机会(what if)

当办法已经基本上确定,在实施之前需要再进行一次最后的"评估":这个办法可能出现什么问题,如何减少出现问题的机会,一旦出现如何应对;可以带来什么额外的好处,如何增加出现的机会,一旦出现如何利用。明确具体的风险,为可能的风险制定预防方法,指出可能带来的额外机会,为可能的机会制订倡导性计划。

二、发现和提出问题

发现问题比解决问题更重要,发现问题是一种创新,而解决问题只不过是一种执行力。发现问题也是一种能力,是指从外界众多的信息源中,发现自己所需要的、有价值的问题信息的能力。

发现问题是水平,解决问题是能力,而发现不了问题是最大的问题。可见,发现问题是我们提升管理水平的一个重要环节,也是开展管理提升工作的一个着眼点。因此,管理者就必须要有找出问题的意识,要有细心观察及时捕捉问题的能力,才能有效地调整管理方法,提高我们的管理水平。

发现问题的方法是多种多样的,最关键的是要有敏锐的观察力,能否有效地捕捉问题。笔者认为及时发现问题应做好以下四个方面的工作:一是要有一种"沉下去"的心态,深入工作一线,深入工作现场,了解实际工作,从中发现问题;二是提高全体员工发现问题的意识,人人查找问题,人人发现问题,才能全面提升管理质量;三是定期进行检查、反思和总结,在检查中发现问题,在反思中总结工作得失,在总结中分析原因,找出问题的症结;四是从相互交流中、从评价反馈中找出存在的问题。

(一)发现和提出问题的重要性

1. 发现和提出问题的能力是成功者的重要素养

纵观历史上和当今社会的所有名人,不管他是自然科学家还是社会科学家,是政治家还是外交家,是哲学家还是数学家,无一不是善于思考、观察、发现和提出问题,或是找到别人的(含前人)发现、提出问题的解决方法从而获得成功的。

又如:与学生展开"学习好"标准的讨论

1)讨论题一

以应试为唯一目的的教育,其最大弊端之一是将"学习好"的标准定位在什么上?

为了让讨论气氛更加热烈,你也适时地把以下的观点发表出来:定位在"知识的积累和经验的重复"的优劣上。人民教育家陶行知曾一针见血地指出这种教育的最大弊端是"读死书,死读书,读书死"。

2)讨论题二

素质教育认为应将自己的大脑视为什么?

为了让讨论气氛更加热烈,你也适时地提出"你们的大脑不能仅视为贮存知识的仓库,还应视为来料精加工、创新加工后增值输出的工厂"。

3) 讨论题三

素质教育认为"学习好"标准的首项应该是什么?

讨论结果应引向"会问",即善于发现和提出问题是"学习好"的首要标准。理由是:

(1) 根据名人名言。如培根说:"用书之智不在书中,而在书外。"巴尔扎克说:"打开一切科学之门钥匙都毫无疑问的是问号。"李政道说:"要开拓创新路子,最关键的是你会不会自己发现和提出问题,能正确地提出问题,就是创新的第一步。"孔子说:"学而不思则罔。"孟子说:"心之官则思,思则得之,不思则不得也。"这些话说明他们把通过思考发现和提出问题的重要性都提到了很高的高度。

(2) 根据典故轶闻。如学而不问或不求甚解,仅满足于知识积累和经验的重复,不善于思考、观察去发现和提出问题的人,即使博览群书,终将成为书虫和书呆子。这样的笑话,古今中外不乏其人。

由以上三例分析可知:学习好坏的标准,是不能以记忆书本知识的多少、以经验重复的快捷程度、以考试得分的高低为判定标准的,而应以发现问题、提出问题以至运用知识和经验创造性来解决前人没有解决的问题,以对人类和社会的贡献大小为标准的。当代企业选择人才的标准不就是如此吗?当前"软件人才"奇缺,以致高薪争相聘请,竞争激烈,这不正说明社会选择人才的标准并不以应试为唯一目的,不以应试教育"学习好"的标准来定位的吗?因此,"只学不问"的学习方式是不可取的。陶行知先生曾大力提倡实行"六大解放""去学去问":第一,解放眼睛,敲碎有色眼镜,让大家看事实;第二,解放头脑,撕掉精神的裹头布,使大家想得通;第三,解放双手,甩掉无形手套,动手向前开辟;第四,解放嘴巴,使大家可以享受言论自由,谈出真理来;第五,解放空间,让孩子飞进大自然、大社会中寻觅丰富的食粮;第六,解放时间,使大家有空思考、学习、干事和娱乐。他说这"六大解放"实现之时,就是创新教育成功之日。谈到"学问",陶行知先生曾写诗描绘:"你有八位好朋友,肯把万事指导你,你若想问真姓名,名字不同都姓何。""何事、何故、何人、何如、何时、何地、何者,好像弟弟与哥哥。还有一个西洋派,姓名颠倒叫几何,若向八贤常请教,虽是笨人不会错。"显然,只要你们按"六大解放"去做,常向"八贤"请教,你们就一定能有所作为,成为一个有益于人类和社会的人。

2. 任何创造都是从发现和提出问题开始的

课堂讨论设问:任何创造都是从发现和提出问题开始的吗?

学术上的突破、技术上的革新、文艺的创作,无一不是从发现和提出问题开始的。自古以来,认识就是在肯定正确的东西,否定错误的东西的矛盾运动中波浪式地发展过来的。只要有人发现、提出了问题,就得回答。用传统的学说来回答已经不能自圆其说了,不能解决问题了,自然也就必须用新的事实、新的道理来回答。一旦新的事实被揭示出来,新的道理被阐述出来,创造也就开始了。所以前人没有提过的问题,只怕无,不怕有;只怕少,不怕多。

两千多年前,诗人屈原写的那篇《天问》,一口气提出 172 个问题,对奴隶主阶级关于宇宙、自然和历史的传统观念，提出了多方面的怀疑和质问。这些问题成了后来的科学家与哲学家思考、研究的专题。到了唐朝，柳宗元写了一篇《天对》做了一番唯物的回答。但是，尽管科学发展到了今天，我们对屈原大夫提出的问题可以做出比柳宗元准确得多的回答，但是《天问》中还有许多问题，至今还值得科学家们探讨。

1742 年，德国数学家歌德巴赫发现，每个大偶数都可以写成两个素数的和。但是，他自己不能证明，他向大数学家欧拉请教，欧拉也不能证明。从此，这个被称为"哥德巴赫猜想"的问题，吸引了成千上万个数学家为之绞尽脑汁。整个 18 世纪没有人能证明它，整个 19 世纪也没有人能证明它。到了 20 世纪 70 年代以后，终于取得了较大的进展。哥德巴赫发现的问题，终于有了突破，因为中国年轻的数学家陈景润证明了"1+2"。

蒸汽机并不是瓦特发明的，但人们总是把发明蒸汽机的殊荣赋予瓦特。这是什么原因呢？这是因为在瓦特之前，纽可门发明的蒸汽机不能完全投入大工业生产。而瓦特发现并提出了其弊端是因为"冷凝"问题，因而瓦特在原有蒸汽机的基础上发明了具有独立冷凝器的蒸汽机，一举成功，终于推动了第一次工业革命，带来了人类工业经济的文明。

北京大学方正集团总裁、中科院院士王选被人们普遍看成汉字激光照排技术的发明者，这也是大错特错的。因为最早的汉字激光照排技术是一位美国人发明的，他的产品不但占领了中国市场，而且几乎垄断了全球的华人市场。王选发现并提出了这种技术设备造价昂贵和其他的一些弊端，进而潜心研制出了一种廉价先进的汉字激光照排技术，很快占领了汉字激光照排市场。那位美国经销商在离开中国市场之前找到了王选院士，深情地说："尽管我知道我这次回美国去即将破产，但我们仍然非常佩服您的民族自尊心和智慧。"

最近，美国各大新闻媒体竞相报道了这样一件事：一位名不见经传的学生，利用他的智慧和执著精神，创造性地解决了旧金山市政当局悬赏 1000 万元美金久而未决的旧金山大桥堵车问题。据报道，该青年的成功主要得益于掌握科学的研究方法和解决实际问题的能力。经过细心的观察和缜密的调查，他发现了久而未决的旧金山大桥堵车现象不但具有上下班高峰时段的时间性，而且还具有上班时段进城方向发生堵车和下班时段出城方向发生堵车的方向性特征，追根寻源找到了同时发生时间性和方向性特征堵车问题的根本原因是"市郊农民上下班的车流太大"。最后他创造性地采用了可改变"活动车道中间隔栏"的方法，巧妙地改变上班时段"活动车道中间隔栏"，使进城方向四个车道变为六个车道，出城方向四个车道变为两个车道，下班则反其道而行之，把问题轻而易举地以最小的代价圆满地解决了。这充分说明了人的能力中，最可贵的是发现和提出问题的能力。

从《天问》的问世到《天对》的产生，从哥德巴赫猜想到陈景润证明"1+2"，从毕昇的活字印刷术的发明到王选的廉价汉字激光照排技术……可以看到，发现、提出并解决问题，不就是人类认识事物、社会前进的进程吗？可见，在人类认识史、发明史、发现史上，善于发现并提出一个（更不用说是一系列）新鲜而深刻的问题，对认识的发展，对社会的进步具有何等重要的意义! 爱因斯坦说过:"提出一个问题往往比解决一个问题更重要。因为解决问题也许仅是数学上或实验上的技能而已,而提出新的问题、新的可能性,从新角度去看旧问题,却需要有创造性的想象力。"例如,牛顿巧妙地设计了"三棱镜"的实验,有力地驳斥了当时占统治地位的"光改变说"的谬论,从新角度提出了崭新的光学理论。巴尔扎克说:"打开一切科学的钥匙都毫无疑问的是问号,你们大部分的伟大发现都应该归功于如何。"而生活中伟大的智慧,大概就在于逢事都问为什么。马克思的座右铭是:"怀疑一切。"怀疑就将生问,将引发很多的问题。例如:"你怀疑这个人。"那么这个人肯定存在很多令你不解的、值得你怀疑的问题。17世纪,德国哲学家苗卡尔很早就提出"普遍怀疑"的原则,他说:"要想追求真理,你们必须在一生中尽可能地把所有的事物都怀疑一次。"为了从传统偏见和盲目信仰中摆脱出来,他坚定地认为:"一个人宁可用自己的眼睛来指导自己的步履,而不应当盲目地随从别人的指导。"他在认识论的四条原则的第一条中明确指出:"决不能把任何尚未明确认识却为真理的东西,放进人的判断之中。"笛卡尔之所以提出普遍怀疑的原则,是为了打扫理智的场地,建立起知识的正确基础,然后在这个基础上推演出知识的所有命题,才可能建立起知识体系的宏伟大厦。这对思想界起了巨大的解决作用。笛卡尔本人,也因敢于冲破当时已经僵化的经院哲学的束缚,发现并提出了不少新的问题,在科学的许多领域,如天文学、气象学、数学等方面都做出了重大的贡献。

3. 不追求发现和提出问题的完美性,但培养创新意识

在科学探索过程中,发现并提出问题不一定每一个都完美,都正确。因为好的思想不是一下子就能在脑海中形成的。不过,提出的问题越多,出现好思想的机会也就越多。爱因斯坦说过:"假如你每天都提了十个问题,即使九个半都是错的,但只要有半个有价值就了不得了。"牛顿在他的主要著作之一《光学》中的最后部分,一口气提出了30多个问题。这些问题瑕瑜互见,既有熠熠闪光的真知灼见,也夹杂着一些今天看来显而易见的谬误。但是正因为牛顿提的问题多了才可能迸发出光辉思想的火花。不少学生都做过达·芬奇的一道动力学习题,这道题里面就有很多的错误需要你们去发现,去判断和纠正。

(二)发现问题方法

1. 多进行实践,有助于积累经验发现问题。
2. 多向高手、同事等咨询,能帮助我们发现已经忽略了的问题。
3. 多进行总结计划,通过判断可以发现问题。
4. 多分析结果或数据,对比结果数据可以获得很多信息也可以发现问题。
5. 多加强团队之间的交流,俗话说旁观者清,站在其他的角度更容易发现问题。
6. 多重视细节及时发现问题背后可能存在的重大问题,道听途说、偶然听说等不经意间的信息来源易发现问题。

（三）如何提高发现问题的能力

问题的关键是提出问题。假如没有问题，如何才能解决问题呢，提高发现问题的能力，不仅是一种能力，也是一种创新能力，那么如何提高这种发现问题的能力呢？

1. 经常思考，活跃思维。在自己独自相处的时候，多多思考。比如，在电视上，看到魔术表演，进行搜索答案。

2. 培养分析事物的能力。比如，花为什么开得这么鲜艳。

3. 多读书，多看报。从书中的问题思考，从报中的文章来判断，进而逐步提高发现问题的能力。

4. 善于观察细小事物的能力。细小的事物，蕴含着大智慧，发现一些诀窍，试着多思考思考。

5. 制订好计划，善于查缺补漏。逐步发现问题，有效地进行更正，使自己的人生规划更加完善。

6. 转换思维思考。转换角度，从对方的角度思考问题，一种发现问题的有效途径。

7. 保持对事物的好奇。好奇的人，创造的财富多，保持一定的好奇心，这样也是一种提高发现问题能力的方法。

8. 要有敏锐的洞察力。勤于观察、思想敏锐，要透过现象看到本质。必须敢于揭短、不怕报忧，要正视问题。绝不能把问题藏起来、捂起来、盖起来；绝不能不把问题不当问题，对问题视而不见，不能大事化小，小事化了；绝不能美化问题，把问题说成成绩，把假的说成真的，把坏的说成好的。

总之，必须要发现问题，做到眼观六路、耳听八方，并勤于思。一要多看。要眼光敏锐，处处留心，从中多发现问题。要多看书、多看报、多看新闻，了解国内外大事，不断提高自身素质；要多观察，善于观察和发现问题，不被表面现象所迷惑，善于透过现象看本质，练就一双慧眼。二要多听。多听上级指示，理清工作思路；多听民声，了解群众的呼声；多听建议，集思广益搞好工作；多听来自各方面况反映，全面了解问题。三要多想。要多想事多思考，多谋事多动脑，深思熟虑，"去粗取精，去伪存真，由此及彼，由表及里"的地去工作。特别要不断增强政治鉴别力，善于从政治的高度去认识问题，从纷繁复杂的现象中区分是非、洞察本质，对各种问题做到见微知著，研究、挖出潜在性的问题，做到防患于未然。

三、分析问题与解决问题

现实中，类似往猫脖子挂铃的方案有很多，有些人提出问题的同时，也提出了解决问题的方案，而且一套一套的，然而谁来执行方案呢？所提出方案的可操作性太差，是工作经验少者很容易出现的问题。所以，在给出解决问题的方案时，一定要给出真正能够解决问题的可执行性方案。

(一) 分析能力

1. 什么是分析能力

分析能力包括将问题系统地组织起来,对事物的各个方面和不同特征进行系统的比较,认识到事物或问题在出现或发生时间上的先后次序,在面临多项选择的情况下,通过理性分析来判断每项选择的重要性和成功的可能性以决定取舍和执行的次序,以及对前因后果进行线性分析的能力等。

分析能力较强的人,往往学术有专攻、技能有专长,在自己擅长的领域里,有着独到的成就和见解,并进入常人所难以达到的境界。同时,分析能力的高低还是一个人智力水平的体现。分析能力是先天的,但在很大程度上取决于后天的训练。在工作和生活中,我们经常会遇到一些事情、一些难题。分析能力较差的人,往往思前想后不得其解,以至束手无策;反之,分析能力强的人,往往能自如地应对一切难题。一般情况下,一个看似复杂的问题,经过理性思维的梳理后,会变得简单化、规律化,从而轻松、顺畅地被解答出来,这就是分析能力的魅力。

2. 分析问题的方法

1)善于问为什么。

你要提升自己的能力。当然要懂得问为什么。要多问,问的问题要与要解决的事情是相关的才对自己解决问题有帮助。要知道你的目的何在,比如说你从何处而来,要去往何处,为谁而去,去了要做什么。

2)主动记住你周围的事物。

你要想提升自己分析和解决问题的能力就一定要主动。所谓知己知彼才能百战百胜。所以你一定要主动记住你身边所有的事物,或者是与这个事情相关的事物。

3)将你看到的东西转化为数据。

数据是最有说服力的,也是最直观的。把要分析的问题进行分类,再想办法跟数据挂钩,将所有的分类都用数字去表达,做出表格或曲线分析。

4)善用头脑风暴法。

头脑风暴,原来是指一个团队的人,坐在一起,每个人都发表不同的意见,然后写在黑板上,最终总结出一个最好的方法来解决问题。这对于一个人也是有效的,当你遇到一个问题的时候,同样可以将你分析出来的结论和结果写在纸上,找出最强的结论,然后将自己觉得能解决此问题的方法一一写在纸上,找到最好的解决方法,经常这样训练自己,你的能力想不提升都难。

5)多看案例。

要是想提升自己分析和解决问题的能力,同样也逃不过要去学习别人的案例,然后再自己总结出前人的方法,从而让自己学会更多方法,也可以创新一种方法,不同的情景下还能运用这些方法。很多谍报类、间谍类、破案类电视剧里面都有丰富的案例,主人公是怎么破案,怎么分析问题和破解问题的。有很多可以学习的地方。看看这一类的电视剧,是可以学到很多东西的,如最近热播的《麻雀》《胭脂》里面就有很多案例可供学习。

6)提高自己的想象力。

在很多时候你未实践或者一件已经过去的事情,你可以通过大脑提前想象整个事情发现的过程,就像看电影一样,在自己的大脑里过一遍。让自己有个充分的心理准备,也不失为一个好的方法,也让自己的方案在自己的心里很清楚。

(二)解决问题能力

一是目标关注能力。

迅速确定解决问题的目标并能够集中精力关注目标。有的人一天做很多事情,整天忙得焦头烂额,但效果却极差。为什么?目标分散。俗称为"目标分散症"。有的人则只关注工作本身,常常为了做某件事而做某件事,甚至仅仅是为了完成你给的任务而完成,忘记了这个任务的真正目的。因此,你要求你的部门经理以及其他同事,在做任何事情的时候要首先想到做这件事的目标究竟是什么,想不明白就不要做。

二是计划管理能力。

职业人的工作效率首先来自出色的计划管理能力。计划就像梯子上的横档,既是你的立足之地,也是你前进的目标。计划阶段就是起步阶段,是成功的真正关键阶段。巴顿将军说过:"要花大量的时间为进攻做准备。一个步兵营进行一次配合很好的进攻,至少需要花两个小时的准备时间,匆忙上阵只会造成无谓的伤亡。在战争中,没有什么不是通过计算实现的,任何缺乏细致、合理计划的行动都不会取得好的结果。"

三是观察预见能力。

良好的观察预见力能够让你在竞争日益激烈的社会大环境下,寻找到很好的生存发展机遇,同样的也可以预防一些即将或者未来可能发生的对于你的事业有所阻碍的事情。可以说,成功源于拥有一双会观察、会发现的眼睛。

四是系统思考能力。

《第五项修炼》中提到的第五项修炼就是一个系统思考的问题。实际上,中国古代智慧,特别是《易经》中的核心思想也是一个系统思考问题,强调了面对任何问题的时候,都要善于从整体上进行考虑,而不仅仅只就事论事。只有这样,职业人才能形成大局观。

五是深度沟通能力。

美国著名企业家卡内基先生曾指出,一个人事业的成功因素,只有15%是由他的专业技术决定的,另外的85%则要靠人际关系。在这个人际关系复杂的社会,要想使自己成功就应该强化自身的沟通能力。企业管理过程的大量问题也是沟通问题,甚至有的企业家称:"企业中99%的问题都是沟通造成的。"可谓"管理即沟通"。因此,具备强大的沟通能力是解决问题的前提。

六是适应矛盾的能力。

企业经营管理过程中有大量相互矛盾的事情,很难找到十分绝对的问题,更是很少存在唯一的最佳答案。如果总是用"非此即彼"的思维方式,问题往往难以解决,甚至可能把问题引向死胡同。因此,职业人要善于适应矛盾,避免绝对化地看问题,拥有开阔的思维,不固守成功经验,既能这样又能那样,追求解决问题方案的开放性,不钻牛角尖。

七是全神贯注与遗忘的能力。

"未来不迎,既过不恋,当时不杂",曾国藩这句话的意思就是,对于那些已经过去的事情,不要过于留恋;现在做的事情要清晰、有条理;那些将来可能发生的事情,还没有到眼前,不要着急处理。这可以说是曾国藩一生的职业总结。职业人要善于选择最重要的事情投入全部精力解决,有些事情则需要快速遗忘。

八是执行到位能力。

就个人而言,执行到位能力就是将事情做到位的能力,这是一切职业人的基本能力。如果不能说到做到,做不能做到位,职业人也就缺少了立身之本,一切设想就会沦为梦想,一切问题仍然会是问题,甚至成为更加严重的问题。

具备这8种能力,是成功解决问题的前提和基础。你们在平时的工作过程中,应该努力地去培养这些能力。当问题来临的时候,你们会泰然处之,灵活地去处理它们。处理问题、求得生存与发展是你们职业人的根本目的。培养能力也是为了解决问题,你们的一切行为都要指向解决问题。

(三)解决问题的方法

1. 对问题进行多角度多层面的分析和思考。不固执地以为,一个问题就只有一种解决方法。其实如果从不同角度对问题进行分析,往往就能发现解决问题的不同方法。

2. 要勇于尝试。那些看起来有风险的解决办法,也要敢想,不要一概不用。

3. 要集思广益。注意收集所有的意见,如果它们与问题没有直接的利害关系,常常有发现解决问题的更好办法。

4. 不要急于求成,草率地选择一个解决问题的办法,要明白没有最好,只有更好!

(四)提高解决问题的能力途径

发现问题、分析问题的目的是为了解决问题。要想解决各种矛盾和问题,就必须要从苗头上、处理措施上和根本上抓问题,达到真正解决问题的目的。

1. 积极面对问题,主动承担责任

不要害怕问题,不要有如果问题解决不了会很丢脸的心态,提高自己解决问题的能力的秘诀是尽量多地承担工作,并真正投入其中,坚持不懈,迫使自己的能力得以提高。问题接触得越多,解决问题的能力就越强。

2. 认真做好一件事

知道如何做好一件事，比对很多事情都懂一点皮毛要强得多。一位企业家在一所高校演讲时，对同学们说："比其他事情更重要的是，你们需要知道怎样将一件事情做好；与其他有能力做这件事的人相比，如果你能做得更好，那么，你就永远不会失业。"每一件事情的完成，哪怕是极小的事情，都有助于你提高解决问题的能力。

3. 用目标来激励自己

如果你有目标，比如你想要做什么，你就一定会朝着这个方向努力，即使你遇到的问题很多，你也不会放弃。反之，如果你没有目标，一遇到困难就会退缩。你们可以把大目标分成若干个小目标，并启发自己为了这个目标而努力。每一个人在潜意识里都会有想要实现的愿望，为自己树立一个工作目标是发挥自己潜能、提升自己工作能力的重要途径。

4. 培养正确的思维方式

每个人都有自己固有的思维方式，这种思维方式在工作中的应用直接会影响到解决问题的效果。建立合理的思维方式是提高解决问题能力所必需的。不要拘泥于以往的思维，要有创造性思维，这样你才会比别人看得更清楚。

5. 要善于思考，脑子不能懒惰

解决问题能力比较强的人都特别善于思考。思考是成长的唯一方法，思考是人类作为高级动物的特征。优秀的人经常面对问题去思考，在思考中得到成长，在思考中找到工作的方法，在思考中领悟工作的快乐，解决问题的能力也在思考中得到进一步的提升。问题是客观存在的，如果你们把问题看成资源，就形成了积极向上的态度。认真冷静地思考，及时找出问题的所在，采取正确的具有针对性和可操作性的解决方法，以谦虚的态度，面对存在的问题寻找差距，使自己的能力、实力不断地提升。这样问题就转化为创新的机会。是否具有忧患意识，能够保持冷静的头脑，居安思危，密切注意所存在的和遇到的问题。

6. 要善于从苗头上抓解决问题

对工作中出现的苗头性、倾向性和潜在性问题，要早察觉、早发现，及时把握事态发展的情况，分析事态发展的动向，做出及时准确的判断，拿出解决问题、化解矛盾的有效措施和方法，引导事态向有利的方向发展，避免事态的扩大和激化。特别是信访稳定、安全生产等工作，必须防患于未然，把工作做在前面。

7. 要善于从处理措施上抓解决问题

要在准确把握问题实情的基础上，区分不同情况，有针对性地研究解决措施。一旦发生问题，要采取果断措施，迅速处理；在政策允许的范围内，能解决的尽量解决，不尽合理的要讲明情况，做好说服解释工作。

8. 要善于从根本问题上解决问题

面对纷繁复杂的问题，必须把主要精力放在事关全局的重点工作上，善于抓住根本问题，从源头上予以解决。

当然，提高自己解决问题能力的方法还有很多，你们可以在实践中摸索，重要的是你们要有这个意识，要多动脑多动手，把事情办得漂漂亮亮。

（五）发现问题和解决问题的注意事项：

1. 客观看待问题，不夸大，不缩小。

2. 一定要明确目的，全面分析问题是为了找到解决问题的方法或途径，来让事情往积极方向发展。

3. 在同时出现很多问题时要抓住主要问题，同时要找到主要问题的实质和根源。

4. 警惕没有问题！没有问题就是最大的问题。

当问题存在时，请不要逃避。人遇上问题，这是很正常的现象，不想办法去解决，只是去逃避，是不能解决问题的，许多事情都需要自己面对，只有我们正面面对了，才有机会从中找到问题的原因，才能想出办法来解决。

找出问题，而不是习惯问题的存在。有些时候，我们根本就不会从自身或身边某种现象中去寻找问题，因为我们的观念上漠视，对眼前的问题视而不见，而事实上，这种问题其实是可以改变的，可就因为自己习惯了，看不到问题的存在，这就使我们失去了解决问题的最佳时机。

发现问题，要分析原因。问题产生，必然是有原因的，我们要找出原因加以分析，找出问题的根源，只有了解问题根源，我们才能着手去解决，如果问题产生的根源分析不清楚，那我们所制订的决策方案，就成效甚微，甚至做了无用功。

了解问题的根源，才能快速应对。在现实生活中，会存在一些现象，表面现象容易发现，但更深层次问题需要分析了解，过滤问题产生的原因，通过发现分析问题原因，我们在做决定时，就可以有针对性地拟订预案，制定相应措施，从而提高解决问题的效率，使我们可以快速应对产生的问题。

解决问题要分层分次。问题的根源可能是多层次的，要找出核心问题和次要问题，根据二八法则，核心问题是优先着手解决的，解决了核心问题，就相当于解决了问题本身的80%，然后再腾出空间来解决剩下的20%边缘问题，通过有主次优先地制定解决问题的方式，无论是生活还是工作，都是自己要形成的习惯行为。

四、问题求解方案优化与评价

（一）方案优化

1. 情景分析

核心：牛眼法——帮您从大角度、多层次的分析中发现关键的问题

（1）你关注的关键问题是什么？

（2）关注焦点可以区分、细化吗？

（3）在情境判断中排列解决问题的优先顺序是什么？

（4）您怎样选择适当的思维技巧并确定最佳的解决办法？

（5）案例示范讲解／个人案例练习／小组案例练习。

2．原因分析

核心：比较法——帮您运用科学的比较法，用最短的时间和最低的成本找出最可能的原因与机会。

（1）您所关注的问题与观察到的事实是什么？

（2）比较的事实是什么？

（3）如何辨别独特的差异与变化？

（4）如何确定最佳的比较方法？

（5）如何辨识及检测可能的原因？

（6）如何观察比较事实的每一个可靠原因？

（7）选择最可能的原因。

（8）案例示范讲解／个人案例练习／小组案例练习。

3．决策制定

核心：定标准——帮您快速做出决策，选择解决问题的最佳方案。

（1）您想决策什么？您决策的标准是什么？

（2）阐明决策目的。

（3）确定决策的标准，风险的评估、权衡。

（4）预先审视潜在问题并予以处理。

（5）与标准相比较，您的替代方案是什么？

（6）每一个替代方案中的潜在的问题与机会是什么？

（7）做出决策。

（8）案例示范讲解／个人案例练习／小组案例练习。

4．计划分析

核心：预防／应急、促进／利用——为您设计预防问题和捕捉事务运作机会的有效措施，实现持续改进。

（1）希望的最终结果是什么？

（2）计划中使用的标准或关键步骤是什么？

（3）确定必要的任务、职责及时限。

（4）辨别可能出现的潜在问题与机会。

（5）发生问题的原因是什么？

（6）怎样预防问题与增加可能的机会？

（7）应急方案是什么？

（8）您充分利用机会的打算是什么？

(9)何时启动应急方案?

(10)案例示范讲解/个人案例练习/小组案例练习。

(二)问题解决能力的评价标准

在短时间内观测并给出一个对问题解决能力的总体评价是很不容易的。可从"面对问题的态度""处理问题的方式""问题解决的品质"三项来评价,为了使评价中的指标项更具可观察性,对"态度""方式"及"品质"加以仔细界定。把"问题解决能力"分成三项来评价,只是为了评价时观察的方便。三个评价项目之间的联系是很紧密的,有一项做得好,三项都会有提升;反之亦然。所以,这样的划分对"问题解决能力"的评价并不会有质的影响。

第三节 要敢于创新

一、创新的含义与创新的视角

(一)创新的概念和内涵

1. 创新的概念

创新是指以现有的思维模式提出有别于常规或常人思路的见解为导向,利用现有的知识和物质,在特定的环境中,本着理想化需要或为满足社会需求,而改进或创造新的事物、方法、元素、路径、环境,并能获得一定有益效果的行为。

创新,顾名思义,创造新的事物。《广雅》:"创,始也。"新与旧相对。创新一词出现很早,如《魏书》有"革弊创新",《周书》中有"创新改旧"。和创新含义近同的词汇有维新、鼎新等,如"咸與惟新""革故鼎新""除旧布新""苟日新、日日新,又日新"。

创新是指人类为了满足自身需要,不断拓展对客观世界及其自身的认知与行为的过程和结果的活动。具体来讲,创新是指人为了一定的目的,遵循事物发展的规律,对事物的整体或其中的某些部分进行变革,从而使其得以更新与发展的活动。

2. 创新的内涵

创新是为客户创造出"新"的价值。把未被满足的需求或潜在的需求转化为机会,并创造出新的客户满意。创新的目的不是利润最大化,创新的目的是创造客户价值。以牺牲客户价值为代价的"创造"不是创新,其结果只能是给企业,甚至是整个行业,造成灾难。因此,发明未必是创新,除非该发明能够被应用并创造出新的客户价值。创业也未必是创新,只有其新的事业创造出了"新的客户满意"。否则,新创企业很可能对现有的产业造成破坏。

创新活动赋予资源一种新的能力,使它能够创造出更多的客户价值。实际上,创新活动本身就创造了资源。因此，创新是一项有目的性的管理实践，遵循一系列经过验证的原则和条件。创新是一门学科可以传授和学习。与在工商企业中一样，创新对非营利组织和公共机构同样重要。

在持续改进的过程中有时也能够产生创新的成果。然而，更多的创新产生于对客户需求更深刻的发掘和认识，从而创造出"全新的业务"和客户价值，即所谓"颠覆式创新"。创新是有风险的。然而，"吃老本"或者"重复改进"比创造未来风险更大。创新的障碍并非企业的规模，我们生活中的很多创新源自大企业；创新真正的障碍是现有的"成功模式"造成的"行为惯性"和"思维定式"。

创新所释放出来的生产力及其创造出来的市场价值推动了产业和社会的不断进步，有效地避免了经济的衰退和社会动荡。创新不但是企业可持续发展的源动力，也是推动社会进步，避免暴力革命对社会造成伤害的有效途径。

在高速变化的互联网时代，创新正在成为每个组织和个人必须具备的能力。

（二）创新的内容和过程

1. 创新的内容

创新的核心就是创新思维，是指人类思维不断向有益于人类发展的方向动态化的改变。

创新的关键就是改变。向新的方向、有效的方面进行量和质的变化。

创新的结果有两种。其一是物质的，如蒸汽机、电脑。其二是非物质的，如新思想、新理论、新经验等。

创新的特征：价值取向性；明确目的性；综合新颖性；高风险、高回报性。（主观能动性）。

创新的作用有三点：一是满足人类生存与发展的客观需要；二是深化了人类对客观世界的认知；三是提高了人类对客观世界的驾驭能力。

2. 创新的过程

不少杰出的创新都留下了动人的传说：瓦特看到壶盖被蒸汽顶起而发明了蒸汽机，牛顿被下落的苹果砸了头而发现了万有引力，门捷列夫玩纸牌时想出了元素周期表。如果创新如此简单，创造学就实在是不用学了。我们研究创新的过程，是把过程看得比结果更为重要。创新是由创新思维的过程所决定的，而结果仅是过程的成功产物。但是，在教育上的一个缺陷是注重创新成果的渲染，而对创新的过程却讲得不多，甚至导致人们对创新的误解。

创新的"四阶段理论"是一种影响最大、传播最广，而且具有较大实用性的过程理论，由英国心理学家沃勒斯提出。该过程理论认为创新的发展分4个阶段：准备期、酝酿期、明朗期和验证期。

(1) 准备期

准备期是准备和提出问题阶段。一切创新是从发现问题、提出问题开始的。问题的本质是现有状况与理想状况的差距。爱因斯坦认为："形成问题通常比解决问题还要重要，因为解决问题不过牵涉到数学上的或实验上的技能而已，然而明确问题并非易事，需要有创新性的想象力。"他还认为对问题的感受性是人的重要的资质，准备还可分为下列3步，力求使问题概念化、形象化和具有可行性。

①对知识和经验进行积累和整理；

②搜集必要的事实和资料；

③了解自己提出问题的社会价值，能满足社会的何种需要及价值前景。

(2) 酝酿期

酝酿期也称沉思和多方思维发散期。在酝酿期要对收集的资料、信息进行加工处理，探索解决问题的关键。因此常常需要耗费很长时间，花费巨大精力，是大脑高强度活动时期。这一时期，要从各个方面，如前面讲到的纵横、正反等去进行思维发散，让各种设想在头脑中反复组合、交叉、撞击、渗透，按照新的方式进行加工。加工时应主动地使用创造方法，不断选择，力求形成新的创意。著名科学家彭加勒认为："任何科学的创造都发端于选择。"这里的选择，就是充分地思索，让各方面的问题都充分地暴露出来，从而把思维过程中那些不必要的部分舍弃。创新思维的酝酿期，特别强调有意识的选择，富有创造性的人在这一时期就应该注意选择。所以，彭加勒还说："所谓发明，实际上就是鉴别，简单说来，也就是选择。"

为使酝酿过程更加深刻和广泛，还应注意把思考的范围从熟悉的领域，扩大到表面上看起来没有什么联系的其他专业领域，特别是常被自己忽视的领域。这样，既有利于冲破传统思维方式和"权威"的束缚，打破成见，独辟蹊径。又有利于获得多方面的信息，利用多学科知识"交叉"优势，在一个更高层次上把握创新活动的全局，寻找创新的突破口。有时也可时把思考的问题暂时搁置一下，让习惯性思维被有意识地切断，以便产生新思维；另外，灵感思维的诱发规律告诉我们，大脑长时间兴奋后有意松弛，有利于灵感的闪现。

酝酿期的思维强度大，困难重重，常常百思不得其解，屡试难以成功；"山重水复疑无路"却又欲罢不能。此时良好的意志品质和进取性性格就显得格外重要。因为这是酝酿期取得进展直至突破的心理保证。

创造性思维的酝酿期通常是漫长的、艰巨的，也很有可能归于失败。但唯有坚持下去，方法对头，才是充满希望的。

(3) 明朗期

明朗期即顿悟或突破期，寻找到了解决办法。

明朗期很短促，很突然，呈猛烈爆发状态。久盼的创造性突破在瞬间实现，人们通常所说的"脱颖而出""豁然开朗""梦里寻它千百度，蓦然回首，那人却在灯火阑珊处"等都是描述这种状态的。如果说:"踏破铁鞋无觅处"描绘的是酝酿期的话,"得来全不费功夫"则是明朗期的形象刻画。在明朗期灵感思维往往起决定作用。

这一阶段的心理状态是高度兴奋甚至感到惊愕。像阿基米德那样,因在入浴时获得灵感而裸身狂奔,欣喜呼喊:"我发现了!我发现了!"虽不多见,但完全可以理解。

（4）验证期

验证期是评价阶段,是完善和充分论证阶段。突然获得突破,飞跃出现在瞬间,结果难免稚嫩、粗糙甚至存在若干缺陷。验证期是把明朗期获得的结果加以整理、完善和论证,并且进一步得到完善。创新思维所取得的突破,假如不经过这个阶段,创新成果就不可能真正取得。论证方法有二:一是理论上验证;二是放到实践中检验。

验证期的心理状态较平静,但需耐心、周密、慎重,不急于求成和不急功近利是很关键的。

何道谊将人的创新活动分解为四个基本的思想行动历程：第一历程,"想新的"精神观念和思想意识,即追求更好,希望并相信能够创造出新的更好的;第二历程,"想新的"思考探索活动,即创造思考;第三历程,从思考到行动,按想到的新主意做实验,采取行动探索新的,直至创新成模;第四历程,尝试新的,对创新形成的模本进行试验性应用和改进,应用成功之后自然就是创新模本的重复推广。前两个历程是一类,即想新的;后两个历程是一类,即做新的。知行合一,第二历程和第三历程通常结合在一起,形成思考和实验探索的连接循环,同样思考和应用试验也结合在一起。

二、创新能力的培养途径

（一）大学生缺乏创新意识和创新能力的主要表现

1. 缺乏创新的观念和创新欲望。创新能力的发展与创新行为的做出,都是建立在创新观念和创新欲望的基础之上的。没有创新观念和创新欲望,一个人就不会去开发自己的创新潜能,也无意进行创新探索。调查中多数学生虽然表现出不满足于现状,但往往只是牢骚满腹、唉声叹气,而对于自己缺乏行动的信心,缺乏强烈的创新精神。

2. 缺乏创新性思维能力。大学生创新思维能力总体评价为"较差",表现在缺乏深层次思考、另辟蹊径的自我总结和学习能力。考虑问题和处理问题的方法常常千篇一律,没有新意和突破。最明显的表现在缺乏新意的发言、作业、试卷、论文。

3. 缺乏创新的兴趣。兴趣是人对事物带有积极情绪色彩的认知活动倾向。兴趣是个体行动的巨大动力。调查显示,在兴趣的广度方面,认为自己"兴趣广泛"的学生只有19%;在兴趣的深度方面,68%的学生认为自己"对兴趣的程度不够";在兴趣的稳定性上,45.8%的学生回答"自己的兴趣是随着时间、环境、心情经常变化的";在兴趣的效能上,39%的学生"只是口头讲讲,很少采取具体行动"。

4. 缺乏创新的毅力。毅力是人类自觉确定目标,并根据目标来支配、调节自己的行动,克服各种困难,坚持实现自己目标的心理过程,是能动性和个体积极性的集中体现。调查中发现,虽然大学生都能意识到毅力在创新活动中的重要性,但在实际工作中往往虎头蛇尾、见异思迁、放弃追求。

5. 缺乏创新所需的观察力。观察是个体为预定目的主动了解事物的感知过程,是感知活动的高级形式。一切创新都是建立在观察基础之上的。在分析电话号码7414345有什么规律时,有56.9%的学生用了10秒以上的时间,仅有19%的学生用时5秒以内。调查的结果显示,在观察的速度和广度、观察的整体性和概括性、观察的计划性和灵活性等方面,大学生普遍存在不足。

（二）创新能力的培养途径

1. 热爱生活,关注生活,享受生活

热爱生活,关注生活,享受生活是创新的前提和基础。试想一下,如果你都不热爱生活,对生活是一种漠视和冷淡,你又怎会去关注生活呢？不关注生活创新又从何来,创新不可能凭空而来,它不是神话,它是实实在在存在于现实中的东西。我们只有热爱生活,并关注生活,而且要好好享受生活,这样我们创新的灵感源泉才会永葆青春、永不枯竭,我们的生活也才会日新月异、丰富多彩。

2. 正视创新内核:创新思维

创新能力一般被视为智慧的最高形式。它是一种复杂的能力结构。在这个结构中创新思维处于最高层次,它是创新能力的重要特性。创新能力实质就是创造性解决问题的能力。除此之外,创新能力还包括认识、情感、意志等许多因素。创新能力意味着不因循守旧,不循规蹈矩,不故步自封。随着知识经济时代的来临,知识创新将成为未来社会文化的基础和核心,创新人才将成为决定国家和企业竞争力的关键。

创新的思维是综合素质的核心。知识既不是智慧也不是能力。著名物理学家劳厄谈教育时说:重要的不是获得知识,而是发展思维能力,教育无非是将一切已学过的东西都遗忘时所剩下来的东西。劳厄的话绝不是否定知识,而是强调只有将知识转化为能力,才能成为真正有用的东西。大量的事实表明,古往今来许多成功者既不是那些最勤奋的人,也不是那些知识最渊博的人,而是一些思维敏捷、具有创新意识的人,他们懂得如何去正确思考,他们最善于利用头脑的力量。在当今的知识经济时代,一个人要想在激烈的竞争中生存,不仅需要付出实践,还必须具有智慧。古希腊哲人普罗塔戈说过一句话:大脑不是一个要被填满的容器,而是一支需要被点燃的火把。其实,他说的这个火把点燃的正是人们头脑中的创新的思维。

创新首先要有强烈的创新意识和顽强的创新精神。所谓创新意识就是推崇创新、追求创新、以创新为荣的观念和意识。所谓创新精神就是强烈进取的思维。一个人的创新精神主要表现为首创精神、进取精神、探索精神、顽强精神、献身精神、求是精神（科学精神）。其次,创新还要有创新能力。创新能力是指一个人产生新思想、认识事物的能力,即通过创新活动、创新行为而获得创新性成果的能力。哈佛大学校长陆登廷认为,"一个人是否具有创造力,是一流人才和三流人才的分水岭"。最后,要创新就必须认同两个基本观点,即创新的普遍性和创新的可开发性。创新的普遍性是指创新能力是人人都具有的一种能力。如果创新能力只有少数人才具有,那么许多创新理论,包括创造学、发明学、成功学等就失去了存在的意义。人的创造性是先天自然属性,它随着人的大脑进化而进化,其存在的形式表现为创新潜能,不同人这种天生的创新能力并无大小之分。创新的可开发性是指人的创新能力是可以激发和提升的。将创新潜能转化为显能,这个显能就是具有社会属性的后天的创新能力。潜能转化为显能后,人的创新能力也就有了强、弱之分。通过激发、教育、训练可以使人的创新能力由弱变强,迅速提升。创新思维是创新能力的核心因素,是创新活动的灵魂。开展创新训练的实质就是对创新思维的开发和引导。有句慧语说:"有什么样的思路就有什么样的出路。"

3. 生活中有意识培养创新能力

培养创新能力,没有想象就没有创新。创新的实质是对现实的超越。要实现超越,就要对现实独具"挑剔"与"批判"的眼光,对周围事物善于发现和捕捉其不正确、不完善的地方。古人云:"学起于思,思源于疑。"质疑问难是探求知识、发现问题的开始。爱因斯坦曾经说过:"提出一个问题比解决一个问题更重要。"

在日常生活中经常有意识地观察和思考一些问题,通过这种日常的自我训练,可以提高观察能力和大脑灵活性。

参加培养创新能力的培训班,学习一些创新理论和技法,经常做一做创造学家、创新专家设计的训练题,能起到提高创新思维能力的效果。

积极参加创新实践活动,尝试用创造性的方法解决实践中的问题。只有在实践中人类才有无数的发现、发明和创新。实践又能够检验和发展创新,一些重大的创新目标,往往要经过实践的反复检验,才最终确立和完善。人们越是积极地从事创新实践,就越能积累创新经验,锻炼创新能力,增长创新才干。创新是通过创新者的活动实现的,任何创新思想,只有付诸行动,才能形成创新成果。因此重视实干、重视实践是创新的基本要求。

4. 永远学习是不变的真理

我们必须要终身学习。学习应该是一个习惯,只有不断学习,才能在变化的社会中一直抓住社会中最精华的东西。

我们要不断学习、不断总结、不断研究外部环境的变化、不断对自己提出新挑战,紧跟时代的发展。我们要在创新中提升,在提升中创新,在创新中发展,在发展中创新。

三、创客与成果应用

（一）创客的概念和分类

1. 创客的概念

创客(Mak-er)，"创"指创造，"客"指从事某种活动的人。"创客"本指勇于创新，努力将自己的创意变为现实的人。这个词译自英文单词"Mak-er"，源于美国麻省理工学院微观装配实验室的实验课题。此课题以创新为理念，以客户为中心，以个人设计、个人制造为核心内容，参与实验课题的学生即"创客"。"创客"特指具有创新理念、自主创业的人。

在中国，"创客"与"大众创业，万众创新"联系在一起，特指具有创新理念、自主创业的人。2015年12月，《咬文嚼字》杂志发布2015年度"十大流行语"，创客排第五。

2. 创客的分类

创客 ideask 的共同特质是创新，实践与分享，但这并不意味着他们都是一个模子里铸出来的人。相反的是，他们有着丰富多彩的兴趣爱好，以及各不相同的特长。一旦他们聚到一起，相互协调，发挥自己特长时，就会爆发巨大的创新活力。

①创意者。他们是创客中的精灵，他们善于发现问题，并找到改进的办法，将其整理归纳为创意和点子，不断创造出新的需求。

②设计者。他们是创客中的魔法师，他们可以将一切创意和点子转化为详细可执行的图纸或计划。

③实施者。他们是创客中的剑客，没有他们强有力的行动，一切只是虚幻泡影，而他们高超的剑术，往往一击必中，达成目标。

（二）创客的成果应用

科技创新出成果更要用成果。《促进科技成果转移转化行动方案》经国务院同意并向全社会公开发布。这是党中央、国务院关于落实创新发展理念、发挥科技创新核心和引领作用、深入实施创新驱动发展战略的又一重要举措。

多年来特别是党的十八大以来，围绕促进科技和经济社会发展紧密结合、把科技成果转化为现实生产力，我国科技体制改革不断深化，取得一系列重大突破。尤其是坚持市场导向的大批新型科技创新力量迅速成长，经济社会发展中的科技含量不断提高，大众创新创业的意识显著增强。这是我国经济社会可持续发展的宝贵的财富。

目前我国经济发展已经进入新常态。推进结构性改革尤其是供给侧结构性改革、支撑经济转型升级和产业结构调整、打造经济发展新引擎对科技创新的需求比以往任何时候都更加迫切。这要求我们在科技创新和改革上下更大的力气，把创新发展理念更好地树立起来，把创新驱动发展战略更好地落实下去，加快经济发展动能从要素和投资驱动为主向创新驱动为主的战略转换。

说到底,科技创新主要是做好两件事:一是"出成果",着力抓好基础前沿、关键共性、社会公益和战略高科技研究,壮大创新的源头力量。二是"用成果",着力抓好科技成果的转移转化,将其转变为实实在在的经济社会活动。两者紧密联系,都很重要,不可偏废。没有"出成果",就谈不上"用成果"。没有"用成果","出成果"的意义就大打折扣。相对而言,我国科技创新在"用成果"上还较为薄弱。特别是在经济发展新常态下,解决稳增长、调结构的"两难"问题,需要我们把加快科技成果转移转化摆在更加突出的位置。

加快科技成果转移转化,要求我们既要重视转化,又要重视转移。长期以来,一些方面较为重视转化,相对忽视了转移。在社会主义市场经济条件下,我们需要更加重视发挥技术市场的作用,更多把科技成果从不具备转化能力的主体转移到具备转化能力的主体手中。

加快科技成果转移转化,要求我们统筹用好政府和市场"两只手"。要让市场之手进一步"活"起来,充分运用众创、众包、众扶、众筹等基于互联网的创新创业新理念新机制,发挥好企业家作用才能和市场在配置科技创新资源中起决定性作用。要加快政府职能转变,调动国家层面和地方两个层面的积极性,特别是把基层的能动性更好地激发出来,加强人才队伍建设,营造有利于成果转移转化的环境。

加快科技成果转移转化,我们还必须增强创新自信。外国的月亮并不比中国的圆,我国科技水平已经进入跟踪、并行、领跑兼有的新阶段。对自主创新成果我们应该有自信,要创造条件,加强转移转化,更好地促进经济社会发展,更好地惠及亿万人民群众。

第四节　在职场中不断磨炼自己

一、实习的含义与实习安排

(一)实习的含义

1. 实习的概念

实习,顾名思义,是在实践中学习。在经过一段时间的学习之后,或者说当学习告一段落的时候,我们需要了解自己的所学需要或应当如何应用在实践中。因为任何知识源于实践,归于实践,所以要付诸实践来检验所学。实习一般包括大学里的学生的勤工实习和公司里安排员工实习。

2. 实习的作用

(1)对个人的作用

实习的作用是验证自己的职业抉择,了解目标工作内容,学习工作及企业标准,找到自身职业的差距。

①验证自己的职业抉择。当大学生在了解自我的基础上确定未来的职业理想时，需要以身试水，需要在真刀真枪的实际工作中检验自己是否真正喜欢这个职业，自己是否愿意做这样的工作。举例来说，如果你想做个文案的工作，但是当你在广告公司工作之后你发现自己不是很喜欢那种文字工作，那你就要反思自己的职业抉择了，这样就可以及时地纠正和反馈自己的职业发展轨迹。

②了解目标工作内容。在确定自己适合文案工作后，那你就要明确文案的所有工作内容，文案的一天都要怎么度过，文案的核心工作是什么？文案的边缘工作是什么？文案要与那些部门打交道，文案的核心能力是什么？在了解工作内容后就要尝试着操作，争取在实践中把文案的工作都做了，也在操作中明确自己的优劣势。

③学习工作及企业标准。知道了文案工作都要做什么后，你就要了解企业及业内对每个工作内容所要求的流程和标准，这时你要以业内及企业的最高标准来要求自己，用这种高标准来要求自己时无疑就是向业内的一流人物发展。

④找到自身职业的差距。实习不单是为了落实工作，更包括要明确自己与岗位的差距以及自己与职业理想的差距，并在实习结束时制订详细可行的补短计划。当你从明确差距弥补不足的高度来看实习时，你会在实习中得到更多。

（2）对企业的作用

实习对企业的作用主要有以下方面：实习提供了观察一位潜在的长期员工工作情况的极好方法；为企业未来发展培养骨干技术力量与领导人；有利于引进廉价劳动力并争夺人才；刚毕业的学员便于管理，这样不仅能降低成本，还能提高企业的知名度，有利于企业长远发展。

3.《职业学校学生实习管理规定》的相关定义

2016年4月11日，教育部等五部门印发《职业学校学生实习管理规定》的通知。该规定所指的是职业学校学生实习，是指实施全日制学历教育的中等职业学校和高等职业学校学生（以下简称职业学校）按照专业培养目标要求和人才培养方案安排，由职业学校安排或者经职业学校批准自行到企（事）业等单位（以下简称实习单位）进行专业技能培养的实践性教育教学活动，包括认识实习、跟岗实习和顶岗实习等形式。

（1）认识实习是指学生由职业学校组织到实习单位参观、观摩和体验，形成对实习单位和相关岗位的初步认识的活动。

（2）跟岗实习是指不具有独立操作能力、不能完全适应实习岗位要求的学生，由职业学校组织到实习单位的相应岗位，在专业人员指导下部分参与实际辅助工作的活动。

（3）顶岗实习是指初步具备实践岗位独立工作能力的学生，到相应实习岗位，相对独立参与实际工作的活动。

（二）顶岗实习的基本概念

1. 顶岗实习的含义

顶岗实习是学校安排在校学生实习的一种方式。非基础教育学校学生毕业前通常会安排学生进行实习，方式有集中实习、分散实习、顶岗实习等。顶岗实习不同于其他方式的地方在于它使学生完全履行其实习岗位的所有职责，独当一面，具有很大的挑战性，对学生的能力锻炼起很大的作用。顶岗实习是《国务院关于大力发展职业教育的决定》中的"2+1"教育模式，即在校学习2年，第3年到专业相应对口的指定企业，带薪实习12个月，然后由学校统一安排就业。

2. 顶岗实习的由来

最早是在2006年5月，河北师范大学在全国率先实施"顶岗实习"工程。这种由河北省师范院校开创的新教育实习模式，旨在破解农村教育"人才荒"，实现师范院校培养人才和服务社会的统一。在河北师大"顶岗实习"试点取得成功之后，自当年下半年起在全河北省高等师范院校教师教育专业中全面实施"顶岗实习"，9万多名师范类专业在校学生将下乡支教，为农村教育"输血"。后来发展到了全国的高等院校，已经从师范类扩展到了各类高等职业教育。

3. 顶岗实习与在校实习的区别

不同于普通实习实训，顶岗实习需要完全履行其岗位的全部职责。顶岗实习一般安排在学生在校学习的最后一年，这是符合教育规律的。学生在校经过一个理论知识准备的阶段之后，顶岗实习才会有意义。为了安排集体顶岗实习而压缩必要的课程，必然会影响学生的前期知识储备。一个对岗位茫然无知的学生，不仅不能很快适应实习岗位，在一些机械操作性的岗位上，还可能因为缺乏相应理论和知识，危及人身安全。而企业在接收这样的学生实习时，也必须投入更多资源，不但会提高成本，甚至自身的生产也会被拖累。这样的实习生，企业当然不愿意接收。

4. 顶岗实习期间学校的职责

从教育过程来说，学生到企业顶岗实习，虽然教育行为没有发生在学校，但是实习过程依然是学校教学的重要组成部分，是学生将理论知识转化为实际操作技能的重要环节。对职校学生来说，它更是一个能够在真实工作环境中培养严谨的工作作风、良好的职业道德和素质的重要步骤。学校在组织学生实习时，不能认为只要学生不出事，就不用再管其他了。实习是一个重要的教育过程，对于以培养高技能人才为目标的职业教育来说，更是要将行为和思想指导渗透到学生顶岗实习的细节之中。

（三）顶岗实习的内涵与分类

"顶岗实习"这个名词大家一直在用，但理解各有不同。顶岗实习就是指学生毕业前在真实岗位上进行的工作实践。它应该具有以下几个要点：

首先，顶岗实习是在岗的实习。这是顶岗实习最为显著的特征。它不同于在学校实验室的实验，不同于到企业的认知实习，也不同于类似传统金工实习性质的设备操作实践。它有明确的岗位设定，每一位顶岗实习的学生都应该承担岗位职责，是一种真正意义上的社会劳动，而不是模拟劳动。

其次，顶岗实习在学生毕业前进行，是教育教学过程的重要环节之一。顶岗实习不同于毕业后的岗位见习，这时的学生还不是完全独立的社会个体。他具有双重身份，一方面，作为企业准员工，他要承担岗位职责；另一方面，他仍然是学校的在籍学生，要完成学习任务。

再次，顶岗实习应以提高学生就业能力和岗位适应能力为根本目的。职业教育即就业教育。顶岗实习是符合人类自然生理规律的学习途径，安排顶岗实习的根本目的在于使学生适应岗位，将岗位所需的专业技能和职业素质转化为自觉行动。从这个意义上说，顶岗实习就应该尽量安排在毕业后的工作岗位上进行，这就进行了事实上的工作见习。所以顶岗实习在一定程度上模糊了学生与见习员工的界限。

最后，顶岗实习取代了校内毕业设计，促成了学校教学和管理事实上的社会化，使学校的教育职能向校园外延伸，向真实的工作岗位延伸，向企业延伸。大面积、长时间的学生顶岗实习，不仅使学校的教育职能猛然拓展，也不可避免地将政府、企业等社会群体紧密地拉入职业院校的人才培养中来。

（四）顶岗实习的分类

首先，根据顶岗实习行为的发起者，可以分为学校组织推荐和学生自主寻找两种形式。前者是指职业院校根据自己的办学优势和社会影响为学生寻求的顶岗实习，一般均为中大型企业，能批量安置学生，是主要的方式，也是顶岗实习管理的重点。后者是学生本人通过家人、朋友等渠道自主寻找的顶岗实习，一般具有规模小、零散但就业目的明显且成功率高的特点，是容易疏于管理的地方。

其次，按照实习的经济倾斜性，顶岗实习可分为带薪实习和交费实习两种，顶岗实习的安排与组织与专业、行业有着非常明显的关系。以学校来说，服务产业相关专业的顶岗实习较为容易，尤其是具有明显淡旺季区分、人力密集型服务业，如酒店、旅游、营销类专业，在安排顶岗实习上就非常容易，可以说处于卖方市场，绝大多数都可以拿到较为丰厚的实习薪水。而另一方面，一些高新技术产业，尤其是工期要求严格、质量标准要求高或涉及技术或商业机密的的行业，如软件、动漫、财会等专业，在安排顶岗实习时就比较困难，不容易寻求到大规模的集中实习岗位。

最后，按照实习后流向，顶岗实习可以分为原岗位就业实习和异岗位就业实习。前者实质上就是提前就业，在确定实习岗位前期经过慎重的双向选择，用人企业基本以选聘员工的标准选拔实习学生。这类顶岗实习可以帮助学生直接适应毕业后的就业岗位，在技能、人际关系、业务联系等各方面都提前适应岗位，对企业、对学生都非常有利，真正实现"零距离"办学，是笔者所推崇的方式。但不是所有的学生都能以这种形式确定实习岗位,所以还必然存在着异岗位就业的顶岗实习,即毕业后要调整岗位的顶岗实习。

（五）顶岗实习的安排

1. 顶岗实习的基本要求

（1）强化责任意识：认真遵守实习协议有关规定,履行实习单位有关规章制度,勇于承担社会、家庭和集体的责任,不逃避推卸。

（2）明确实习任务：学习有关知识,接触和认识社会,培养和磨练意志。

（3）双重领导机制：工作上的事情主要向生产负责人请示汇报；思想和生活上的问题重点向带队老师交流。

（4）离开实习单位的基本程序：个人申请,班组上通过,老师同意后与公司人事部门协商,再向学校实习就业办汇报,同意后方可离开,否则视为擅自离开实习单位,将视为没有完成实习任务。

（5）遵守职业道德：严格要求自己,服从领导,团结同事,工作负责,及时汇报,加强自律,保守企业秘密。

2. 顶岗实习的几点建议

（1）工作主动性要强。刚入职的新员工或实习生,往往理论知识强,实践经验少,为了快速进入工作状态,尽快熟悉工作,就需要自己自发地主动多做工作,只要是与工作相关的,哪怕别人觉得微不足道的事情,对你来说,都非常重要。

（2）遇事要思考。不要事事请示领导,在工作中事事请示领导会让领导感觉你没有思想,甚至只是领导的代用工具,后果不堪设想。

（3）工作要有创新。对于刚入职的新人来说,领导交办某项工作时,自己往往想知道从前别人是如何处理的,自己也就照做,但是这里有两点,一是虽然是同一件事从前处理的时候,可能是因为当时的环境和特定的原因采取了一种方式,但是时过境迁,现在再处理要根据事件、环境等因素的不同采取不同的方式。二是如果同一件工作所有的因素都没有变化,按上次的方式做也可以。那建议你也要再往深处想一下,如何做能够更好,如果因为你的想法使得整项工作有所创新,那才能显出你的价值所在。

二、实习目的与要求

（一）实习的目的和意义

1. 实习的目的

（1）锻炼自己的动手能力,将学习的理论知识运用于实践当中,反过来检验书本上理论的正确性。将自己的理论知识与实践融合,进一步巩固、深化已经学过的理论知识,提高综合运用所学过的知识,并且培养自己发现问题、解决问题的能力,加强对整个工作过程的认识。

（2）更广泛地直接接触社会，了解社会需要，加深对社会的认识，增强对社会的适应性，将自己融入社会中去，培养自己的实践能力，缩短我们从一名大学生到一名工作人员之间的思想与业务距离，为以后进一步走向社会打下坚实的基础。

（3）了解公司部门的构成和职能，整个工作流程，从而确立自己在公司里最擅长的工作岗位，对自己未来的职业生涯规划将起到关键的指导作用。

（4）培养综合运用知识解决实际问题的能力，培养实事求是、严肃认真的科学工作态度。

（5）理论与实际相结合，解决工程上遇到种种问题，并从中总结经验教训，进一步提升自身能力，为以后的发展奠定基础。

（6）提高自己的管理能力和处事的应变能力。

2. 实习的意义

通过顶岗实习，拓宽了准毕业生的知识面，增加感性认识，把所学知识梳理归类，不断进行总结纠正。

增强了书本学不到的人际交往能力、语言表达和沟通能力，并了解到当前行业的现状和发展前景和随着时代发展的最新动态。通过顶岗实习，大大激发了准毕业生向实践学习和探索的积极性，为今后从事的工作打下坚实的基础。

（1）面对这个来之不易的工作机会，全体准毕业生倍加珍惜，进而转化成为努力工作的不竭动力，不断鞭策和引导自己，积极上进，勤奋有为，爱岗敬业，在工作中实现自我价值。

（2）逐步完成角色的转化，渐渐退去身上作为一个大学生的稚气，开始具备社会人的成熟与干练，要适应新的工作生活环境，专业知识上有要新的进展和突破，思想意识上要有新的认识和提升，学会思考与辩证地去看待问题。

（3）零距离的亲身感受企业文化和精神所在。实践出真知，事实雄辩地解释了许多过去不理解、不明确的问题，更加坚定了职业的选择，明确了为之不懈奋斗的理想和目标，在今后的工作和前进道路上，以信仰和理念为精神驱动，扎扎实实，兢兢业业，拼搏进取，在各自的岗位上不断做出新的成绩。

（二）实习期间的要求

1. 实习的工作要求

实习学生具有双重角色，既是学校派出的学生，又是实习单位的工作人员。鉴于此，对学生提出了三个方面的要求：

（1）以正式工作人员的身份进行实习。要求学生不因实习生身份而放松自己，要严格遵守实习单位的有关规章、制度和纪律，积极争取和努力完成老师交办的各项任务。从小事做起，向有经验的前辈虚心求教，尽快适应环境，不断寻找自身差距，拓展知识面，培养实际工作能力。

（2）以"旁观者"的身份实习。在实习过程中，学生往往被安排到指定的岗位，工作可能很琐碎。我们要求学生自觉服从实习单位的安排，与此同时，也要把眼光放长远，从全局出发，所从事的工作具体运行情况，这种观察和训练能够使学生在更广的层面熟悉，增强适应能力。

（3）以"研究者"的身份实习。要求学生在实习前通过"双向选择"（指定、自定）方式确定一些研究课题，积极探索理论与实践相结合的途径深入，实习结束时要完成实习论文并作为实习成绩的重要组成部分。

三、大学生实习前的准备

1. 实习前的准备事项

大学生应积极参加就业实习，加深对职业和行业的了解，确认自己喜欢的行业或职业。实习是就业前的准备，是就业的起跑线，我们一定要赢在起跑线上。但是在真正去实习之前应该冷静地做好各种准备工作，避免走一些弯路，少受一些挫折。

（1）实习之前要尽可能地提升自己的能力、专业知识和自身素质，比如你的道德素质、人身修养、计算机能力、英语水平等。这需要我们去努力，去坚持不懈地学习。

（2）实习相当于去工作，必须对自身权益进行维护，要对劳动合同法有一定的认识，防止榨取劳动力。尤其是对于弱势群体更应该保护自己，要防止社会不良分子利用大学生资历太浅或求职心切从事诈骗行为。

（3）实习期间要合理安排自己的时间，既要顾及学业也要顾及实习，做好平衡。充分合理安排自己的学习和实习时间，做到学业和实习双丰收。

（4）实习期间可以初步根据自己的兴趣爱好或者职业喜好进行职业生涯规划，可以咨询专业导师进行规划，提升自己，帮助自己找到理想的职业。

（5）在去实习之前可以充分了解一下现在实习的市场景象，根据专业和喜好分析大概，做出初步实习计划，根据自身找到自己的层次，做到心中有数、知己知彼。

2. 实习的求职四大原则

有人选择了教师的职业，可是性情暴烈缺乏耐心；有人选择了记者的职业，但生性沉稳、反应迟缓。于是，原先理想的职业失去了原有的色彩。

一个人选择什么样的职业，常与他（她）本人的兴趣、爱好、性格、气质及能力等有密切关系。从某种意义上来说，兴趣、性格等是一个人在选择职业时首先要考虑的问题。所以，求职者在择业过程中，应对自己各方面的情况做出客观且全面的自我分析。

（1）根据兴趣择业。在择业过程中，人的兴趣和爱好往往具有一种强大的推动作用。但是，个人的兴趣和爱好只能作为职业选择的重要依据，而不作为全部依据。因为，只有把它们建立在一定能力的基础上，并与社会需要相结合，兴趣、爱好才会获得现实的基础，也才有实现的可能。因此，求职者应该培养自己多方面的兴趣和爱好，努力发展自己的专长，从而使自己的兴趣爱好有明确的针对性，确保在求职时拥有一个更为广泛的选择余地。

（2）根据性格择业。心理学专家认为，根据性格选择职业，能使自己的行为方式与职业工作相吻合，更好地发挥自己的聪明才智和一技之长，从而得心应手地驾驭本职工作。例如，理智型性格喜欢周密思考，善于权衡利弊得失，故适合选择管理性、研究性和教育性的职业；情绪型性格通常表现为情感反应比较强烈和丰富，行为方式带有浓厚的情绪色彩，故适宜于艺术性、服务性的职业；意志型性格通常表现为行为目标明确，行为方式积极主动，坚决果断，故多适应于经营性或决策性的职业。

（3）根据气质择业。生活中，我们不难发现这样的现象：有人选择了教师的职业，可是性情暴烈缺乏耐心；有人选择了记者的职业，但生性沉稳、反应迟缓。于是，原先理想的职业失去了原有的色彩。究其原因，并不是这些人能力低下，而是因为他们的气质与所从事的职业不相适应。可见，气质不同不仅会影响一个人职业的选择，而且可能直接影响到具体工作的成败。所以，求职者应根据自己的气质类型，有针对性地选择适合自己的职业。

（4）根据能力择业。随着社会生产力的日益提高，社会分工越来越精细，各种职业都对人们提出了更高的要求。因此求职者在选择职业时，必须了解自己的优势所在，了解自己能力的大小、自己的能力在哪方面表现得更突出之后，再做出选择。这有助于择业的成功，并保证在今后的工作中做到扬长避短，取得更大的成就。

3. 自荐的方法和技巧

（1）选择恰当的自荐方式

自荐方式是多种多样的，选择恰当的自荐方式，在求职择业过程中无疑是十分重要的。就每一个求职择业的大学生而言，究竟采用何种自荐方式，首先应当从自己的实际情况出发。例如，善于语言表达且有一口流利标准普通话的求职者，采用口头自荐似乎更能打动人心；倘若能写一笔隽秀的字体和漂亮的文章，则选择书面自荐更能显示出求职者的魅力。当然，运用哪种自荐方式主要还要看用人单位的需要，对招聘播音员、节目主持人的用人单位来说，口头自荐显得更受重视。招聘文秘职员的用人单位，则可能是希望求职者先呈递书面的自荐材料。

此外，自荐材料的递送方式也应注意。在竞争激烈的情况下，邮寄或电子邮件发送的自荐材料可能不易引起用人单位的注意和重视。求职者亲至用人单位或招聘现场当面呈递自荐材料，则更易于加深用人单位对自己的印象，从而增强求职者成功的可能性。

（2）准备充足的自荐材料

自荐信、个人简历、证明材料、学校推荐意见等要齐全、完整，不能有遗漏。这几种材料，虽然单独都能成立，但各个侧重点不同。自荐信主要表明自己的态度，个人简历主要说明自己过去的经历，证明材料强调自己所取得的成绩，学校推荐意见则体现了学校对自己的认可。缺了任何一个方面，自荐材料都不够完整。由于用人单位对求职者的要求不尽相同，自荐材料也应根据不同的需要而有所变化。例如，前往外国、旅游等部门求职，可另外准备一篇外文自荐信；欲去少数民族地区择业，能用民族文字撰写自荐信则效果更佳。另外，自荐材料的份数亦应准备充足。即使是同一个用人单位，同时呈递几份自荐材料，使各有关人员人手一份，这无疑为他们在共同商议是否录用时提供了方便。

（3）采取适当的寄送方式

寄送自荐材料一般有三种方式，一是通过邮局邮寄邮寄或电子邮件发送；二是本人亲自面呈；三是委托亲朋好友或师长转递。

邮局邮寄或电子邮件发送自荐材料这种方式因其覆盖面宽，可以扩大自荐范围，不受时空限制，而被大学生广泛采用。但其缺点是在竞争激烈的情况下，不易引起用人单位的注意。

当面呈递自荐材料这种方式要求求职者必须亲临用人单位或招聘会现场。其缺点是涉及面有限，尤其对路途遥远的单位更难以实现。其好处是能"精耕细作"，易于加深用人单位对求职者的印象，易受重视，成功率较高。

究竟采用哪种方式为好，应根据实际情况而定。

4. 掌握自我介绍的技巧

灵活掌握自我介绍的一些基本技巧，显然有助于顺利打开求职的大门。自我介绍时，应注意以下几个方面：

（1）积极主动。自荐是求职者的主动行为，任何消极等待都是不可取的。自荐信、个人简历等自荐材料的呈交、寄送尽量及时进行。在了解到需求信息时，更不能迟疑，否则就可能错失良机。为使用人单位更全面地了解自己的情况，事先应做好各种自荐材料的准备，不等对方索要，主动呈交；不等对方提问，主动向对方介绍；不消极等待回音，主动询问。这样，往往给人一种"态度积极、求职心切、胸有成竹"的感觉。

（2）重点突出。在介绍自己时，应重点突出自己的能力和知识，本人基本情况和家庭情况简单介绍即可。对于自己的专长、经验、能力、兴趣等，可以详细介绍。为了取得对方的信任，有时还要举例说明。比如，大学期间发表过的论文、获得的奖励、承担的社会工作或某些工作经验、社会阅历等。要突出自己的优势和闪光点，因为与众不同的东西，可能就是你的魅力所在。平铺直叙，过分谦虚，有碍用人单位对你的全面了解和正确评价，而导致你埋没在求职的大军之中。

（3）有的放矢。即针对用人单位的具体要求，强调自己的社会经验和专业所长，这样才能使招聘者相信你就是最理想的应聘者。比如用人单位招聘文秘人员，你介绍自己如何具有公关能力，不如介绍自己文史哲知识及写作才能；用人单位招聘科研人员，你展示自己的语言才能，就不如学业成绩和科研成果来得实在；用人单位招聘管理人员，你的学生干部经验及组织管理才能可能会更受重视。强调针对性的同时，也不能抹杀相关专业知识的作用。专业特长加上广泛的知识面和兴趣爱好往往会更受用人单位青睐。

总之，自我介绍既要积极主动、重点突出，又要有的放矢、如实全面。只顾如实全面，就会成为流水账,缺乏吸引力。只图闪光点,难免会有哗众取宠之嫌。只有把以上各点综合运用,才能有助于实现自己的就业梦想。

5. 赢得好感的技巧

成功的自荐就是为了赢得用人单位的好感,赢得了好感也就达到求职目标的一半。赢得用人单位的好感不是一件容易的事情,它往往受到招聘者的思想、观点、性格特点及求职者的实力及自荐表现等诸多因素的影响。但只要自荐时把握好以下几点,赢得对方的好感也是不难做到的。

(1)谦虚谨慎。向用人单位推荐自己时,切忌过高评价自己,我字当头,自视甚高,处处炫耀自己,对用人单位评头论足,那样也会导致招聘者反感。一个善于尊重别人的人,才会受到别人的尊重。一个对别人有好感的人,才会得到别人的好感。即使自己有过人之处,也应以谦恭的态度向对方展示。即使自己有好的建议,也应以委婉的言辞提出。前来招聘的人不是单位领导就是专业骨干或人事干部,他们多年从事本职工作。一般都对有关专业比较了解,初出茅庐的求职者倘若在他们面前妄自尊大、班门弄斧,显然不会得到对方的好感。

(2)自信大方。极端的羞涩、懦弱,过于自卑的做法亦不足取,谦虚不等于虚伪。试想一个用人单位会录用一个自己都感到信心不足的求职者吗?具体来说,自荐时洪亮的声音、洒脱的字体、从容的举止,都能表现自己的自信心。

(3)文明礼貌。礼多人不怪,礼仪是道德的一种外在表现形式。它在人际关系的调节中具有不可忽视的作用,以礼待人是赢得好感的基本原则之一,而礼貌的言谈举止是其基本的表现形式。自荐过程中,首先应当注意礼貌地称呼对方,或按照社会习惯称其职务,或沿用学校的习惯称其老师。交谈结束时,应使用辞行场合的礼貌用语。

(4)认真细致。无论哪个用人单位都会喜欢一个办事认真细致的职员。自荐材料书写工整,无涂改痕迹,文法用词恰当,无错字别字,标点符号准确无误,都会给人以办事认真细致的印象。

第四章 大学生品格篇

第一节 要敬业务实

一、敬业

（一）敬业的内涵

敬业是一个人对自己所从事的工作及学习负责任的态度。职场中的敬业就是人们在某集体的工作及学习中，严格遵守职业道德的工作学习态度。

《现代汉语词典》对敬业的解释是：专心致力于学业或工作。

敬，原是儒家哲学的一个基本范畴，孔子就主张人在一生中始终要勤奋、刻苦，为事业尽心尽力。他说过"执事敬""事思敬""修己以敬"等语。北宋程颐更进一步说："所谓敬者，主之一谓敬；所谓一者，无适（心不外向）之谓一。"可见，敬是指一种思想专一、不涣散的精神状态。

（二）敬业的基本要求

1. 有巩固的专业思想，热爱本职工作，忠于职守，持之以恒。
2. 有强烈的事业心，尽职尽责，全心全意为人民服务。
3. 有勤勉的工作态度，脚踏实地，无怨无悔。
4. 有旺盛的进取意识，不断创新，精益求精。
5. 有无私的奉献精神，公而忘私，忘我工作。
6. 立足岗位，开拓创新。

（三）敬业的层次

一个人能否做好一件事，有三个要素在起作用：一是肯不肯做；二是会不会做；三是做到什么程度。敬业所要求的恰恰是一个从业者对工作的态度：必须肯做、会做、做到最好。这实际上就是从业者职业态度的优劣，职业才能的高低，职业责任感的强弱。可以将敬业分为几个层次：

第一个层次是为了谋生而敬业。从某种意义上说，这个层次的敬业是被动的，却是高度敬业的基础,这主要是由职业的竞争性决定的。从业者意识到职业对于生存的意义和当代社会职业竞争机制的残酷,不得不珍惜已有的工作岗位。尽管这个工作岗位或许并不适合自己,在现实生活中,这个层次的从业者是大多数人。

第二个层次是为了责任而敬业。这个责任感首先表现为,对自己的责任,对家庭的责任,而后是对社会的责任。前者是自我责任,后者是社会责任。我们强调社会责任,这当然应该提倡,个人责任感强的人社会责任感也更强一些。因为从心理学的角度看,个人只有对他自己负责任,才能对社会负责任。自我责任感支配下的敬业,虽然也有被动的成分,但主动的成分会更多一些。

第三个层次是为了地位而敬业。追求社会地位是从业者敬业的动力之一,虽然主观上是为了满足自我的需要,但客观上必须才干出色,能够为企业做出突出贡献。因此,企业也会采取措施来激励自己的员工,给予其一定的地位,赋予其更大的责任,则是其中最常用的手段。

第四个层次是因为兴趣而敬业。一个人如果能够从事自己喜欢的工作是一件非常快乐的事情。心理学研究表明,兴趣激励下的工作状态是最佳状态,从业者不但更富有创造性,而且不计报酬自觉主动的工作,不知疲倦。所以,一些优秀的企业总是让员工在自己喜欢的岗位上从事自己喜欢的工作,再辅以合理的报酬,使员工敬业的程度可以发挥到极致。

二、敬业精神

(一)敬业精神的内涵

敬业精神(Professional Dedication Spirit)是人们基于对一件事情、一种职业的热爱而产生的一种全身心投入的精神,是社会对人们工作态度的一种道德要求。它的核心是无私奉献意识。

古往今来,事业上有所成就者,都离不开两条:一是有强烈的事业心和责任感;二是锲而不舍的勤奋和努力。这两条的有机结合,即为敬业精神。孟子说:"天将降大任于斯人也,必先苦其心志,劳其筋骨,饿其体肤,空乏其身,行拂乱其所为,所以动心忍性,曾益其所不能。"意思是:干一番事业,必定要呕心沥血、意志坚强、甘于吃苦、勇于奉献,才能有所成就。用现代的话来讲,就是要有敬业精神。

具体地说,敬业精神就是在职业活动领域,树立主人翁责任感、事业心,追求崇高的职业理想;培养认真踏实、恪尽职守、精益求精的工作态度;力求干一行爱一行专一行,努力成为本行业的行家里手;摆脱单纯追求个人和小集团利益的狭隘眼界,具有积极向上的劳动态度和艰苦奋斗精神;保持高昂的工作热情和务实苦干精神,把对社会的奉献和付出看作荣光;自觉抵触腐朽思想的侵蚀,以正确的人生观和价值观指导和调控职业行为。具体可概括为以下三个方面。

1. 勤业

勤业就是勤奋努力做好本职工作，这里面还包含着实干精神。古人云业精于勤而荒于嬉、天道酬勤、勤能补拙，突出的都是一个"勤"字，讲的都是勤业的道理。勤业要做到以下几点：

（1）勤奋

勤奋是懒惰的反义词，是成功的基础之一，是中华民族的传统美德。文学家说勤奋是打开文学殿堂之门的一把钥匙，科学家说勤奋能使人聪明，而政治家说勤奋是实现理想的基石。世界上最宝贵的除了良好的心里素质，还有一个东西，就是勤奋。学业的精深造诣来源于勤奋。勤就是珍惜时间，勤学习、勤思考、勤研究、勤实践。

（2）坚强

坚强的心是喜乐的，不会因为流言蜚语而感到悲伤，不会因为轻佻的溢美之词而喜不自胜。坚强的心是发自内心地热爱这个生命，不管周围给了这个生命多少障碍以及带来了多少痛苦。这种喜悦，也来自对信仰的坚持，对于信仰抱有坚定不移的态度，从而知道所经历的一切困苦其实都是暂时的，因而不执著于暂时的东西。心灵的坚强可以给人以明确的方向和强劲的动力，给人以勇气、毅力和意志。一个对自身的信仰有着不可战胜的坚强信心的人，对自己内在的力量有着不可征服的信心的人，才会实现自己的梦想，从而走向成功。

（3）吃苦耐劳

吃苦耐劳是指能过困苦的生活，也经得起劳累，它是一个人的基本素质和必备美德。无论是"故天将降大任于斯人也，必先苦其心志，劳其筋骨，饿其体肤，空乏其身，行拂乱其所为，所以动心忍性，曾益其所不能"，还是"吃得苦中苦，方为人上人"，或是"书山有路勤为径，学海无涯苦作舟"，都歌颂了吃苦耐劳的精神。现阶段，吃苦耐劳也成了各行各业工作的必要条件，是敬业的基础和要求。脚下的路，是由你的意志决定的。这种意志就是吃苦耐劳的精神，是你不断成长成功成才的必要条件，也是你成长成功成才过程中不断领悟和累积起来的宝贵财富。

2. 精业

精业就是指精通我们的专业，掌握过硬的本领，它通常是一个人在工作中能力的体现。古人云："业精方可事成"。要有把握新常态、认识新常态、适应新常态、引领新常态的思想境界，坚守"抱定青山不放松"的责任感。入一行爱一行，爱一行精一行，对本职工作业务纯熟、精益求精，开动脑筋、积极进取，善于创造、勇于创新，把工作做细、把事业做精，成为独当一面的行家里手，乃至行业里的精英。在"精业"方面，白求恩同志为我们树立了光辉典范。

3. 乐业

任何职业都是辛苦的，都是艰苦的，但"凡职业都是有趣味的，只要你肯继续做下去，趣味自然会发生"。乐业，就是要求我们苦中作乐。孔子曰："知之者不如好之者，好之者不如乐之者。"人生能从自己职业中领略出趣味,生活才有价值。梁启超说过:"人生能从自己职业中领略出趣味,生活才有价值。"以乐业为美德,以乐业为职业操守,从内心里热爱并热衷于自己所从事的职业、所履职的岗位,始终对党和人民保持一颗感恩的心,用忠诚去回报祖国,用奉献去报答组织,把心思用在工作上,把精力花在事业上,把干好工作当作最快乐的事,做到虽苦尤乐、乐在其中。

(二)敬业精神的重要性

一份职业,一个工作岗位,都是一个人赖以生存和发展的基础保障。同时,一个工作岗位的存在,往往也是人类社会存在和发展的需要。所以,爱岗敬业不仅是个人生存和发展的需要,也是社会存在和发展的需要。

1. 敬业精神是一种奉献精神

对一个城市来说,没有人当市长是不行的;同样,如果没有人去扫地、清除垃圾也是不行的。想当市长的人多的是,想扫地的人肯定不多。但在一个城市里,市长只需要一人,清洁工人却需要几百人、几千人,甚至几万人。无论是心甘情愿的,还是不得已而为之的,只要是在自己既得的工作岗位上认真负责、尽心尽力、遵守职业道德,这就是一种普遍的奉献精神。在我们国家,如果大大小小的公务员、企事业单位职工、私营企业主、个体户都能够表现出这种奉献精神,人民就会更加富裕,国家就会更加强盛。

只有具有敬业精神的人,才会在自己的工作岗位上勤勤恳恳,不断地钻研学习,一丝不苟,精益求精,才有可能为社会为国家做出崇高而伟大的奉献。焦裕禄、孔繁森、郑培民等一大批党和人民的好干部都是在本职工作岗位上呕心沥血、勤政为民。当非典疫情袭来,一大批平时并不引人注目的医生、护士和科研人员,挺身而出,冒着生命危险,冲上第一线,拯救了一个个在死亡线上挣扎同胞的生命,有人还为此献出了自己宝贵的生命。

敬业精神是平凡的奉献精神,因为它是每个人都可以做到的,而且应该具备的;敬业精神又是伟大的奉献精神,因为伟大出自平凡,没有平凡的爱岗敬业,就没有伟大的奉献。

2. 敬业精神体现着时代对我们的要求

过去在计划经济体制下,我们每个人都要服从国家的分配,国家按计划把我们每个人安排到一定的工作岗位上,我们不论走上哪个工作岗位都要干一行、爱一行。

目前,在我国市场经济条件下,实行的是求职者与用人单位的双向选择,这种就业方式的好处,就是能使更多的人从事自己所感兴趣的工作,用人单位也能挑选自己所需要的合适人选。在社会主义市场经济条件下,双向选择的就业方式为更好地发挥人的积极性创造了条件。这与"干一行,爱一行"并不矛盾。

首先,提倡敬业精神,热爱本职,并不是要求人们终身只能干"一"行,爱"一"行,也不排斥人的全面发展。它要求工作者通过本职活动,在一定程度上和范围内做到全面发展,不断增长知识,增长才干,努力成为多面手。我们不能把敬业片面地理解为绝对地、终身地只能从事某个职业。而是选定一行就应爱一行。合理的人才流动,双向选择可以增强人们优胜劣汰的人才竞争意识,促使大多数人更加自觉地忠于职守,爱岗敬业。实行双向选择,开展人才的合理流动,使用人单位有用人的自主权,可以择优录用。实现劳动力、生产资源的最佳配置,劳动者又可以根据社会的需要和个人的专业、特长、兴趣和爱好选择职业,真正做到人尽其才,充分发挥积极性和创造性。这与我们所强调的敬业目的是一致的。

其次,求职者是不是具有敬业的精神,是用人单位挑选人才的一项非常重要的标准。用人单位往往录用那些具有爱岗敬业精神的人。因为只有那些"干一行,爱一行"的人,才能专心致志地搞好工作。如果只从兴趣出发,见异思迁,"干一行,厌一行",不但自己的聪明才智得不到充分发挥,甚至会给工作带来损失。

最后,现实生活中能够找到理想职业人必定是少数的,对于多数人来说,必须面对现实,去从事社会所需要而自己内心不太愿意干的工作。在这种情况下,如果没有"干一行,爱一行"的精神,那么你就很难干好工作,很难做到敬业。

3. 敬业精神也是乐业的动力来源

每个人对自己的职业都有着不同的心理体验。如果一个人只是敬畏自己的职业,对自己的职业仅看作"干活挣钱"的行业,而又很害怕失去它,他对自己的工作虽然尽职尽责,但心理上没有快乐而言,会缺少激情和创造力。而乐业者能自立自强,将自己的工作从视为职业到视为事业的飞跃,这样就不会把工作看成苦差事,甚至在条件艰苦时也能以苦为乐。在工作中就会保持良好的工作态度,不畏困难和复杂的工作,勇于进取,甘于奉献,才能有所作为,实现个人价值。

(三)敬业精神的培养

敬业精神,要求正确处理与职业所联系的"责、权、利"关系。人们如何看待自己所从事的职业和岗位,是否认同和追求岗位的社会价值,是敬业精神的核心。如果没有任何认同,就不会有尊重和忠实于职业的敬业精神,而认可程度不同,也会产生不同的敬业态度。因此,敬业精神首先应从树立职业理想入手,突出以下几个方面内容:

1. 牢固树立职业理想

职业理想是敬业精神的思想基础。每位从业者都应把自己在职业岗位上的工作看成是为社会做贡献,为人民谋福利,为企业创信誉;看成是社会、企业运转链条上的重要环节。只有这样才能树立起富有时代精神、健康向上的职业理想和目标,并以最顽强最持久的职业追求把它落实在职业岗位上。

2. 准确设定岗位目标

高标准的岗位目标是干好本职、争创一流的动力。有了岗位目标,才能做到勤业精业,在本职工作岗位上创造性地开展工作。

3. 大力强化职业责任

发挥岗位职能、保持职业目标、完成岗位任务的责任，遵守职业规则程序、承担职权范围业内社会后果的责任，实现和保持本岗位、本职业与其他岗位职业有序合作的责任，是职业责任的全部内涵。职业责任是主人翁意识的体现，作为企业的一员应视企业发展为己任，自觉履行职业责任和义务。

4. 自觉遵守职业纪律

职业道德规范，企业的各项规章制度，是职业纪律的内容。精心维护、规范执行是维护企业正常工作秩序的重要保障。

5. 不断优化职业作风

职业作风是敬业的外在表现。敬业的好坏决定着职业作风的优劣，而职业作风的优劣又直接影响着企业的信誉、形象和效益。从某种意义上讲，职业作风关系到企业的兴衰成败，关系到企业的生死存亡。优化职业作风，就要反对腐败和纠正行业不正之风，以职业道德规范职业行为。

6. 全面提高职业技能

企业内部要营造浓厚的学习氛围，促使职工不断掌握新技术、新工艺，不断增加技术业务能力的储备，不断更新知识结构，不断提高管理水平，成为本单位的业务骨干和技术尖兵，以过硬的职业技能实践敬业，为国家做贡献，为企业创效益、树信誉、争市场。

三、务实

现在很多大学毕业生总是希望成名、发财，最好在一夜之间，只看到人家在台上得到的鲜花和掌声，却没有看到人家在台下付出的辛勤和汗水，缺乏脚踏实地的务实精神。罗马城不是一天建成的，成功的人生是很多务实工作与努力的结果。

（一）务实的含义

务实就是讲究实际、实事求是。这是中国农耕文化较早形成的一种民族精神。孔子不谈"怪、力、乱、神"，就已把目光聚焦在社会生活上。王符的《潜夫论》说："大人不华，君子务实。"王守仁的《传习录》说："名与实对，务实之心重一分，则务名之心轻一分。"这些思想就是中国文化注重现实、崇尚实干精神的体现。它排斥虚妄，拒绝空想，鄙视华而不实，追求充实而有活力的人生，创造了中国古代社会灿烂的文明。务实精神作为传统美德，仍在我们当代生活中熠熠生辉。

（二）务实的意义

务实是一种传统美德，务实是成就一切事业的前提，是一种值得培养和必须培养的工作作风，现代企业发展需要务实作风。务实有以下两个方面的意义：

一方面从真实情况出发，看问题务实。有些职业有着重要的意义，而有些工作看着就没有那么伟大。守卫边疆的解放军战士,他们的工作,对我们国家的领土、我们国家的安全、人民的幸福生活有着重要的意义。而收费站的收费工作枯燥乏味,难道就没有意义了吗?客观地看来,每天的上班收费,保障高速公路的畅通,也是维持社会正常的一部分,这就是工作的意义,承认这一点就是务实。

另一方面做事情要务实,将所有细节都做好、做到位。人生的大部分时间都是默默地做事情,没有观众,也不需要观众。毕竟,辉煌只是少数人在短暂时间的闪光,即使这些辉煌和闪光也是建立在务实的基础上。演员在舞台上魅力四射,建立在他本人多年的勤学苦练和多位幕后英雄的合作之上,赛车手驾驶着赛车角逐辉煌,多么的不平凡,但一个螺丝钉足以使他折戟沉沙。很多事情,到最后拼的是细节。务实、平淡是生活的本质,如果否定了务实和平淡,也就否定了生活。

四、提升敬业务实的方法

敬业务实是全方位展示自我综合素质和能力的行为过程。某一个侧面、某一种表现,都会从不同的角度反映出这一特质。具体说来,刚毕业工作的大学生,一般可以从以下几个方面来塑造自己敬业务实的形象:

(一)迅速进入状态

当你决心应聘某个单位,有志成为其中的一员时,就应当立即进入状态,使自己的行为与其规范要求尽快地吻合。同时表现出一定的责任感,这样就能够加快对方对你认可的心理过程,使他们感受到你已经成为他们中间的一员了。

(二)从点滴做起

"一屋不扫何以扫天下?"一般认为这句话有三层含义:一是大事是由众多的小事积累而成的,忽略了小事就难成大事;二是由做小事开始,逐渐长才干、增智慧,日后才能成大事,而眼高手低者是永远做不成大事的;三是从做小事中见精神、得认可,正所谓"以小见大""见微知著",赢得人们信任了,才能赢得干大事的机会。

(三)热情投入工作

人们因你心怀热忱而更喜欢你,而你也得以逃离枯燥不变的机械式生活,无往而不利。把灵魂放入工作中去,你不仅会发现每天过的每一小时都变得更愉快,而且会发现人们都相信你。

大家都喜欢并更多地注意到那些乐观积极、主动工作的人,尤其是新员工。当你以热忱之心致力于工作时,哪怕是最乏味的工作,你也会干得兴致勃勃,从中体味出劳动、奉献的快乐。而有的人因嫌弃自己的工作,不愿干却又无可选择,不得不做时,情绪低落、怨气冲天,即使不得已尽到了职责,人们也不会对其产生好感。作为领导,虽然看人主要是侧重于工作的结果,并以其结果进行客观公正的评价,但在感情上还是倾向于工作态度热情、积极的下属。因此，假如你已经做上并不喜欢的工作，在暂时不可能变更的情况下，就要努力改变认识和态度，使自己爱上这一行，并尽全力干好这一行。干好这一行是为你以后的工作变动创立一个良好的前提，奠定一个有利于你人生转折的坚实基础。

（四）培养工作兴趣

在生活中我们都有过这样的体会，对一件事情具有浓厚的兴趣，就会集中全部注意力，全身心地投入进去。这时你的情绪高昂，身体各部分的机能都被充分地调动起来，思维敏捷、动作灵活、创造力萌发、灵感激增。所以说，兴趣是创造性思维产生必不可少的前提。

（五）富有责任感

责任感是敬业务实的伴生物，没有责任感的人是不会对工作忘我投入、甘于奉献、任劳任怨的。责任感有着双重内涵的概念：一是指对自己负责，对自己应尽的职能、义务，对自己的成长、进步及人际关系等负责，即对构成自我形象的综合要素负责。否则，就得不到大家的承认，就难以营造一个有利于自身发展的良好环境氛围。人们正是通过这一点来由此及彼，分析、权衡一个人能否在事业上有所作为的。二是指对工作、对他人、对社会负责，为人类的进步做出自己应有的贡献，成为所在工作单位不可或缺的一员。这两层含义各有侧重，相辅相成。对自己负责，才能有效规范自己的一切行为，包括对工作、对他人、对社会的行为；对工作、对他人、对社会负责，才能为社会所容纳，从而赢得自己在公司中一席稳定的生存位置。

事物的因果之间总是有着必然联系。一个人的责任心和实干精神换来的是良好的工作业绩、领导的信赖和自身的成长与进步。

（六）乐于承担额外工作

任何一项工作都不会是完全按部就班的。比如，当社会需求发生改变时，有关行业部门就要加班加点工作，去增加这方面的供给。此外，很多工作都是呈起伏状态的，忙时团团转，闲时无事干。如果面临的是前者，就应当积极加班加点，不能因自己的正常生活规律被打乱了就怨声载道、唉声叹气。实际上，日常的表现好把握，而关键时刻的行为才能见真相，人们也正是在这种时候去深入地识别一个人的。如果面临的是后者，在清闲一些的时候主动帮助工作较忙的同事做一些力所能及的工作，对于让人更快接受你，不失为明智之举。

当你对他人、对公司多做一些奉献时，受益者会因此满怀感激之情。他通常会以加倍的付出对你进行回报，也会对你投来赞许的目光，并会在适当的时候给你必要的协助。而优秀的领导更不会埋没你的功绩，时机一到，他会让你在更重要的岗位上发出更大的光和热。

第二节　做人做事要以诚信为本

一、认知诚信

1. "诚信"的基本含义

诚信是一个道德范畴。是公民的第二个"身份证",是日常行为的诚实和正式交流的信用的合称。即待人处事真诚、老实、讲信誉,言必信,行必果,一诺千金。

诚信出自于《礼记·祭统》:是故贤者之祭也,致其诚信,与其忠敬。诚信:以真诚之心,行信义之事。诚信,分开来说的话:诚,真实,诚恳;信,信任,证据。所以说,诚信,是诚实无欺,信守诺言,言行相符,表里如一。从"诚"的涵义来讲,"诚",是儒家为人之道的中心思想,立身处世,当以诚信为本。宋代理学家朱熹认为,诚者,真实无妄之谓。"诚"是一种美德。"诚即天道,天道酬诚",意思就是言行须循天道,说真话,做实事,反对虚伪。从"信"的涵义来讲,《说文解字》认为"人言为信",程颐认为:"以实之谓信。"可见,"信"不仅要求人们说话诚实可靠,切忌大话、空话、假话,而且要求做事也要诚实可靠。而"信"的基本内涵也是信守诺言、言行一致、诚实不欺。

诚,是先秦儒家提出的一个重要的伦理学和哲学概念,随后成为中国伦理思想史的重要范畴。直到孔子时期,"诚"还未形成理论概念。孟子时不但已经形成理论概念,而且位置十分重要。他说:"是故诚者,天之道也;思诚者,人之道也。至诚而不动者,未之有也;不诚,未有能动者也。"在这里,诚不但是天道本体的最高范畴,也是做人的规律和诀窍。荀子发挥了"诚"的思想,指出它为"政事之本"。他说:"天地为大矣,不诚则不能化万物;圣人为知矣,不诚则不能化万民;父子为亲矣,不诚则疏;君上为尊矣,不诚则卑。夫诚者,君子之所守也,而政事之本也。"在《礼记·中庸》里,"诚"成为礼的核心范畴和人生的最高境界:"唯天下至诚,为能尽其性;能尽其性,则能尽人之性;能尽人之性,则能尽物之性;能尽物之性,则可以赞天地之化育;可以赞天地之化育,则可以与天地参矣。"至诚如神,有了诚笃的品德和态度,就可以贯通多种仁义道德,成己成人,甚至能够尽人之性,尽物之性,赞天地只化育而与天地参,达到"天人合一"的境界。《大学》把"诚意"作为八条目之一,格物、致知、诚意、正心、修身、齐家、治国、平天下。"诚"成为圣贤们体察天意、修身养性和治国平天下的重要环节。宋代周敦颐进一步认为"诚"为"五常之本,百行之源也"。把包括诚实在内的"诚"看作仁、义、礼、智、信这"五常"的基础和各种善行的开端。程颐更为直截了当地说:"吾未见不诚而能为善也。"其见解入木三分。

马克思主义伦理学批判地继承了"诚"这个范畴,肯定诚实是社会公德中的一个重要规范。在长期的社会生活中,诚实主要的道德要求逐渐明晰为忠诚、正直、老实。忠诚的主旨是对祖国、对人民、对正义事业的忠诚。当然,这种忠诚不是盲目和狭隘的"愚忠",

而是认同于崇高的理想,为实现理想而不懈追求和努力奋斗,从而表现出乐于奉献、勇于牺牲的精神。正直,是指为人正派,处事公正坦率。老实,则特指说老实话,办老实事,做老实人。

信,也是中国伦理思想史的范畴。"信"的含义与"诚""实"相近。从字形上分析,信字从人从言,原指祭祀时对上天和先祖所说的诚实无欺之语。隋国大夫季梁说:"忠于民而信于神""祝史正辞,信也"。后来,由于私有经济和私有观念的发展,原有的纯朴的社会被逐渐破坏。国与国、人与人之间的交往不得不订立誓约,但誓约和诺言的遵守,仍然要靠天地鬼神的威慑力量维持。春秋时期,经儒家的提倡,"信"始摆脱宗教色彩,成为纯粹的道德规范。孔子认为,"信"是"仁"的体现,他要求人们"敬事而信"。他说:"信则人任焉""人而无信,不知其可也"。孔子和孟子都将"信"作为朋友相交的重要原则,强调"朋友信之""朋友有信"。而历代当权者大都将"信"作为维护秩序的重要工具。《左传·文公四年》中说:"弃信而坏其主,在国必乱,在家必亡。"《吕氏春秋·贵信》对社会生活中的信与不信的后果,做了淋漓尽致的剖析:"君臣不信,则百姓诽谤,社会不宁。处官不信,则少不畏长,贵贱相轻。赏罚不信,则民易犯法,不可使令。交友不信,则离散忧怨,不能相亲。百工不信,则器械苦伪,丹漆不贞。夫可与为始,可与为终,可与尊通,可与卑穷者,其唯信乎!"汉代董仲舒将"信"与仁、义、礼、智并列为"五常",视为最基本的社会行为规范。并对"信"作了较详尽的论述:"竭遇写情,不饰其过,所以为信也。"他认为"信"要求诚实,表里如一,言行一致。朱熹提出"仁包五常",把"信"看作"仁"的作用和表现,主要是交友之道。他说:"以实之谓信。"其说与孔子、孟子基本相同。在儒家那里,诚与信往往是做为一个概念来使用的。"信,诚也","诚"与"信"的意思十分接近。

由此看来,传统伦理将诚信作为人的一种基本品质。认为诚实是取信于人的良策,是处己立身,成就事业的基石。总之,是一种个人生活的准则。

2. 诚信的作用

从哲学的意义上来说,"诚信"既是一种世界观,又是一种社会价值观和道德观,无论对于社会亦或个人,都具有重要的意义和作用。

对于一个国家、一个社会而言,"诚信"可以说是立国之本。国家的主体是人民,国家的主权也归于人民。中国自古就有"民惟邦本,本固邦宁""得民心者得天下,失民心者失天下"的明训,这些话至今仍然是至理名言。但国家的领导者依靠什么去团结人民呢?靠的是明智的政策和精神信念,"诚信"就是取信于民、团结人民的人文精神和道德信念。

对于一个社会单位(如一个企业)、一项社会事业(如一个行业、一项职业)而言,"诚信"可以说是立业之本。"诚信"作为一项普遍适用的道德规范和行为准则,是建立行业之间、单位之间以及人与人之间互信、互利的良性互动关系的道德杠杆。很难设想,一个不讲诚信、不守信用的单位或企业,在现代法治社会会有长期立足之地。一项社会事业也只有依靠诚信立业,才能顺利发展。

对于每个社会成员而言,"诚信"是立身之本,处世之宝。人生立于世间数十年,必须不断学习,以获得知识、增进知识,知识既是个人谋生的工具,也是个人为社会服务的工具。但是,要真正做个对社会有所贡献的人,光靠"知识"工具是不够的,还必须有正确的价值观去指导。否则,知识也可能成为滋生罪恶的工具。"诚信"精神就是培养人的高尚道德情操、指引人们正确处理各种关系的重要道德准则。个人以诚立身,就会做到公正无私、不偏不倚,讲究信用,就能守法、受约、取信于人,就能妥善处理好人与人、个人与社会的关系。

可以说,"诚信"的原则和精神,是促进社会主义市场经济健康发展的道德基石。它不仅对促进社会稳定繁荣、导正社会风俗、医治社会精神疾病具有重要作用,而且对加强社会成员的个人道德涵养,提升全民族的文明素质,培养有知识、有作为、讲道德、守法纪的一代公民具有重要作用;它是立国、立业之本,也是个人安身立命的精神法宝。

3. 诚信的价值

古往今来,诚信一直都是人类生命价值的崇高追求。但是今天,诚信已经越出单纯的道德界限,而成为严重的社会问题。诚信的价值,因而更加丰富而沉重。

诚信是利益之源。从诚信的主体来看,诚信可分为组织诚信和个人诚信,而个人诚信是组织诚信的基础和细胞。所以,诚信首先是一种个人行为,一种履约能力。在古代,维系个人以及组织间的交易关系主要靠诚信,诚信不但是交易的纽带,也是谋利的源泉。古人把诚信看成是立身之本,立国之基础,是非常符合人性和社会规律的。"与人某事,先人得之;与人举事,先人成之""利人者,人亦从而利之""将欲取之,必先予之"。这些古语隐含了人们交易时的因果关系以及诚信的潜在价值。到了现代,诚信也完全符合经济人的假说。现代经济学的鼻祖亚当·斯密认为,任何人在做经济决策时出发点基本上都是自利的。特别是在交易中,经济人不仅追求自己的私利,而且考虑他人的私利,而且只有实现他人的私利,自己的私利才能实现。理性的经济人在交易中是非常守信的。正是这一点,诚信成了交易的前提,私利的源泉。所以,要实现个人利益,必须诚实守信,只有坚持诚实守信,个人交易才能不断扩大,离开了诚信,利益将成为无源之水、无本之木。

诚信是发展之基。发展是世界的主题,也是社会的目标。诚信是发展之基,主要体现在诚信的外部性上。人类之所以能够从原始社会进化到现代社会,靠的就是交换和合作。只有交换和合作,才能把每个人的价值和潜能都发挥出来,才能让资源得到最优化的配置,从而社会更少内部消耗,更快进步发展,而交换和合作的前提,就是靠双方的诚信履约。没有了诚信,每个人、每个组织就成了无序的存在,他的一切行为就具有了一种不确定性。这样,交换和合作就不可能进行,人类就有可能退还到动物的个体状态。可以说,诚信是合作的基础,是发展的源泉。

诚信是和谐之本。诚信不光具有内部的道德价值,还具有外部的社会价值。首先,外部性涉及人们的行动。外部性与诚信有密切联系。外部性因交易而产生,交易却因诚信而立。讲诚信,就会产生正外部效应,亦称外部经济。诚信的人多了,会产生一种风气,这种风气会影响那些不讲诚信的人,让他们不讲诚信就无法生存。诚信也能让社会的运行更加和谐公正。人与人之间诚信,才能保持人际关系的健康;组织之间的诚信,才能保障组织运行得顺畅;国与国之间的诚信,才能让道义战胜邪恶,让公理战胜强权。诚信是和谐秩序之本。

(1) 立人之本

子曰:"人而无信,不知其可。"孔子认为人若不讲信用,在社会上就无立足之地,什么事情也做不成。

(2) 齐家之道

唐代著名大臣魏徵说:"夫妇有恩矣,不诚则离。"只要夫妻、父子和兄弟之间以诚相待,诚实守信,就能和睦相处,达到家和万事兴的目的。若家人彼此缺乏诚信、互不信任,家庭便会逐渐四分五裂。

(3) 交友之基

只有"与朋友交,言而有信",才能达到"朋友信之",推心置腹、无私帮助的目的。否则,朋友之间充满虚伪、欺骗,就绝不会有真正的朋友,朋友是建立在诚信的基础上的。

(4) 为政之法

《左传》云:"信,国之宝也。"其指出诚信是治国的根本法宝。孔子在足食、足兵、民信三者中,宁肯去兵、去食,也要坚持保留民信。因为孔子认为"民无信不立",如果人民不信任统治者,国家朝政根本立不住脚。因此,统治者必须"取信于民"。正如王安石所言:"自古驱民在信诚,一言为重百金轻。"

(5) 经商之魂

在现代社会,商人在签订合约时,都会期望对方信守合约。诚信更是各种商业活动的最佳竞争手段,是市场经济的灵魂,是企业家的一张真正的"金质名片"。

(6) 心灵良药

古语云:"反身而诚,乐莫大焉。"只有做到真诚无伪,才可使内心无愧,坦然宁静,给人带来最大的精神快乐,是人们安慰心灵的良药。人若不讲诚信,就会造成社会秩序混乱,彼此无信任感,后患无穷。正如《吕氏春秋·贵信》篇所说:如果君臣不讲信用,则百姓诽谤朝廷,国家不得安宁;做官不讲信用,则少不怕长,贵贱相轻;赏罚无信,则人民轻易犯法,难以施令;交友不讲信用,则互相怨恨,不能相亲;百工无信,则手工产品质量粗糙,以次充好,丹漆染色也不正。可见失信对社会的危害何等大啊!

二、诚信的重要性

1. 加强大学生诚信教育的重要意义

诚实守信是中华民族的传统美德,也是一条古老而重要的社会交往基本规则。子曰:"人而无信,不知其可也。"因此,几千年前,"诚信"就成为每一位中国人自我的基本要求了。而今,对于当代大学生来讲,明礼诚信是他们立身处世之本,更是他们走向社会的"通行证"。当这张"通行证"开始被社会质疑,大学生发生信任危机的时候,我们也开始疑惑"少年雄于地球,则国雄于地球"的誓言还能不能实现。因此,在社会大转折时代,加强大学生的诚信教育已迫在眉睫,必须多策并举,开拓教育的新途径,扭转信任危机的不良趋势,重塑大学生国之骄子的荣誉光环。

中共中央颁布的《公民道德建设实施纲要》提出:爱国守法,明礼诚信,团结友善,勤俭自强,敬业奉献。其中,"诚信"是一个重要的规范。所谓"诚信"就是"诚实守信"。诚实,即真诚、真实,说老实话、办老实事,不自欺、不欺人,心口如一、言行一致,是心诚、言诚、行诚的统一。守信,就是守信用、讲信誉,就是一言一行都要遵守自己的诺言,不论对自己或他人,凡是自己承诺的事情,就一定要实现。二者是合二为一的规范。诚实是守信的基础,守信是诚实的外化。诚信教育,从受教育者的角度来讲,就是对诚信认知、认同、内化、外化的过程;从教育者的角度来讲,就是对受教育者进行有关诚信的解释、说服、引导、监督的过程。诚信教育的定义有广义和狭义之分。狭义的诚信教育是指教育者根据一定社会的要求和受教育者的需要,遵循品德形成的规律,采用一定的道德教育方法,培养受教育者诚实与守信的道德品质的活动,它属于狭义道德教育范畴。广义的诚信则指一切有关诚信教育道德和诚信原则的教育活动。大学生诚信教育的宗旨在于养成大学生的诚信品德,是高等院校根据当前社会对高校大学生诚信品质的要求,遵循大学生的认识规律,有目的、有计划、有组织地对高校大学生施加影响,加深其诚信道德认识,培养其诚信道德情感,坚定其诚信意志,养成其诚信行为习惯,促进其形成遵守信用规则意识以及守信品德的教育活动。

当代大学生是中华民族的希望和未来,是社会主义现代化建设的主力军,是中华民族精神和民族素质的体现者。这一群体的道德水平将在某种程度上反映出整个社会的道德水平,直接影响着社会主义道德建设的成败。因此,加强当代大学生的诚信教育,无论对社会还是对大学生自身都具有不可估量的重要意义。

(1)大学生的诚信教育是和谐社会与市场经济发展的必然要求

胡锦涛在省部级主要领导干部提高构建社会主义和谐社会能力专题研讨班上的讲话中指出,我们所要建设的社会主义和谐社会,应该是民主法治、公平正义、诚信友爱、充满活力、安定有序、人与自然和谐相处的社会。可见,诚信友爱是构建社会主义和谐社会题中的应有之义。市场经济本身蕴涵着对市场主体的诚信道德要求,价值规律要求人们遵循等价交换、平等互利的原则,竞争法则要求人们树立公平竞争观,经济交往的复杂性要求市场主体尊重契约和合同。社会主义市场经济是建立在稳定的信用关系基础上的契约经济,这就要求定约各方恪守诚信准则,履行义务并行使权利,这样才能保证彼此利益的实现。只要市场主体诚实守信,就能使诚信荣誉转化为品牌效应,从而使主体利益得到扩张。恪守诚信准则,还会使市场主体得到社会的尊重和认可,得到心理满足的精神利益。大学生毕业之后,通过就业会被分流到市场经济的各个部门和组织,因此从学生时代就开始加强诚信教育,可使大学生自觉树立诚信观念,以自己的诚信行为对社会和市场起对示范、导向作用,对市场经济的发展百益而无一害。

(2)加强诚信教育为大学生成才建业成功提供无形资本

首先,诚信是做人的必备品质。孔子把诚信视为做人的三大品德之首,"人之可以立,信、智、勇也"。可见诚信是一个人品德修养的必备条件,是人之为人的本质体现。人的尊严、人格都是建立在诚信基础上的。在经济社会中,只有德才兼备的人才能立足社会,不诚信、不守信的人没有信誉,也无人格可言。大学生如果缺乏诚信,不讲信誉,就违背了做人的基本道德标准,很难成就一番事业,也无法体现人生价值。

其次,诚信是大学生成才的精神财富。古希腊哲学家亚里士多德认为:"哲学追求真理,人性追求诚实。"诚信作为一个人最重要的品质之一,是无法用金钱买到的。而诚信的价值也正在于此,要学做事,就得先学会做人,做人很重要的一点就是要为人诚信,因此,养成有道德、诚实、讲信用的品格是大学生成才必备的重要方面。今天的大学生,将来无论经商还是为官,无论执教还是从医,用诚信去换取信任,是事业走向成功的不二法宝。

最后,诚信是大学生求职成功的基本前提。众所周知,大学生求职应聘竞争激烈,如果在这个过程中由于对自身能力缺乏自信、通过造假简历虚夸自己的能力,过分夸大自己的优点与能力,这样既对企业、社会不诚实、不尊重,又对自己的人格不尊重。

因此,大学生毕业求职时,应该讲究诚信,实事求是,这样才能在事业上取得成功。著名的教育家陶行知先生说:"千教万教,教人求真;千学万学,学做真人。"唯有求真务实、诚实守信的大学生才会为自己赢得竞争力和好信誉,为自己树立金字招牌,取得求职中的最终性胜利。

(3)加强大学生诚信教育是实现中华民族伟大复兴,全面建设小康社会的必要条件

胡锦涛在党的十七大报告中向全国人民发出了全面建设小康社会的伟大号召。显然,这不是一句简单的口号,只有大力加强包括大学生在内的全民族的诚信教育,大力加强全民族的诚信意识、法制意识和规则意识,保证社会主义市场经济持续、健康、快速发展,民族复兴的愿望才能变为现实。在经济全球化的今天,诚信是每一个中国公民必备的基本道德素质和必须履行的道德义务。加强公民的诚信教育,对促进社会主义市场经济的健康发展,增强我国的国际竞争力,加速我国的现代化进程,无疑具有重大的意义。大学生是社会主义事业的接班人,将在未来社会中扮演各种重要角色,是我国未来发展市场经济和参与全球竞争的主要实施者,对他们进行诚信教育更是意义重大。通过教育,让大学生牢固树立责任意识、信用意识、契约意识、规则意识,夯实信誉基础,这是保证我国市场经济健康发展,保证我国在全球化竞争中占据有利地位,实现中华民族伟大复兴的必要条件。

2. 大学生诚信意识现状

目前来看,高校大学生的诚信状况总体上是积极向上的,绝大多数学生在日常学习、生活、工作中能够坚守诚信,把诚信当作人生的要义,也涌现了一批至诚至信的榜样。这

些在诚信方面表现优秀的学生，其思维的独立性与批判性已高度发展，能够进行独立思考，通过自己的分析论证而做出自己独立的判断，通过不断增强思想力和行动力，能够在具体的利益面前，坚定自己的诚信操守与意志，表现出良好的诚信习惯，并履行着诚信青年的行为。然而，由于受市场经济负面影响，一些人面对各种利益诱惑，背弃诚信、唯利是图、见利忘义，使传统的道德教化在市场经济大潮中受到严峻的挑战，导致社会诚信出现危机，并迅速影响高校大学生这一特殊群体。此外，长期以来我国高考遴选人才的制度主要以学业成绩为依据，人文素质教育的缺失与缺乏，也是导致大学生诚信缺失的不良诱因。久而久之，诚信危机显现，主要表现有作业抄袭成为习惯、考试作弊屡禁不止、"枪手"替考"明码标价"、求职履历掺水、证件造假、拖欠学费、恶意贷款等等。

（1）大学生学习诚信价值观现状调查

①在学校各类作业完成中的失信现象普遍。对"平时作业""论文撰写""社会实践"三项内容进行的调查显示，对于平日的作业，超过33%的大学生会"自主完成"，有57%的大学生会"自己做一些，抄一些"，"基本上抄"的只有9%，"不做或全抄"的占1%；对于平日要完成的论文，"自主完成"的占了49%，有30%会"自己做一些，抄一些"，有13%选择"网上下载，拼接"，选择"找人代写"的也达到了8%；关于做实验或做社会调查方面，60%的大学生会"尊重事实结论"，30%的受访学生会"象征性地做，然后编结论"，"网上的内容东拼西凑"的有9%，"会完全抄袭"的占1%。

②考试作弊现象。考试考核是检验大学生学习水平的关键环节，学生在考试问题上的表现，更能深刻说明学生学习的诚信度。对于考试作弊，57%的人表示可以理解，但是自己不会作弊，17%的人坦承曾经偶尔作弊过，还有3%的人觉得必要时可能尝试作弊。23%的人自己不作弊，然而还是对于考试作弊持有宽容的态度，而表示必要时可能会作弊的同学，则是考试的潜在作弊者。

在大学里，作业和考试是检验学生学习效果的重要手段，也是检验在校大学生诚信与否的重要手段。如果考试和作业都无法诚信，那么学生对待学习和知识的态度可想而知。在调查中曾听到这样的声音：过去作弊被老师发现了，本人会感到非常羞愧，要承担很大的压力，而现在情况并不是那么的严重，周围人都表示理解。换一句话说，对大学生而言作弊的成本比过去少得多了，这个成本不仅是操作方法上的，周围同学的看法、舆论的宽容是一个更重要的方面，应该引起我们更多的思考。当作弊是个别行为时并不可怕，当成为一种风气，逐渐受到大家的宽容和理解时，这代表着大学生在诚信上正在走下坡路。

从数据中我们看到，作为一种道德情操，大学生普遍对诚信并没有较强的认识，也没将诚信作为一种道德品质来修养。我们可以推断出大学生的诚信并没有普及到平时的生活当中，却表现出一种以个体利益为中心的特征；诚信作为对他人、对社会的诉求，大学生表现出一种强烈的渴望心理，对于自己是否能够做到，好多大学生存在"视情况而定"的心态；对当代大学生而言，诚信作为道德层面的东西而存在，还没有形成一种比较强的契约意识,如果没有对契约的遵守,诚信就无法得到保障。说到底,诚信是如何对待他人,同时也应该是如何对待自己和他人关系上的一种态度,这种态度不仅仅是对他人的态度进行评价,更主要的是对自己进行评价,并根据自己的要求和实际的操作情况来分析。

(2)大学生经济诚信价值观现状调查

经济诚信是大学生诚信价值观的重要组成部分,是指大学生在社会生产、分配、交换、消费活动中所表现出来的诚实和守信情况。通过对大学生的调查,我们发现以下这些现象。

①助学贷款中的不诚信且比较纵容。对于部分学生虚报家庭情况获取国家助学金贷款或资助的情况:有2%的大学生认为这是聪明行为;45%的大学生认为这个现象普遍存在;40%的大学生体谅这是少数人的无奈之举,不会举报;13%的大学生坚决抵制,并表示发现一定会举报。

②信用卡或手机卡欠费诚信度调查。对于信用卡或手机卡欠费或透支到一定限额后弃之不用的情况:13%的人认为这是聪明行为,自己正在或者想这么做;57%的人认为这是普遍存在的行为;27%的人将之视为少数人的无奈行为;有5%的人会坚决反对这样的情况。

③经济失信问题调查。乘车逃票、借钱不按期归还等传统的经济失信现象在当前情况下已经逐渐销声匿迹,有61%的大学生认为不存在这样的现象,31%的大学生认为这仅仅是极少数人的无奈之举,只有8%的大学生受访者认为比较正常。

3. 大学生诚信缺失的原因分析

社会意识的多样化会随着社会的快速发展、经济全球化的进一步深入而不可避免,传统教育下的价值观受到严重地冲击,大学生的思想在网络这把双刃剑下迷失了方向,极端个人主义思想在西方势力以各种途径对我国进行持续渗透下而不断上升,导致大学生的民族精神不断淡化,思想政治教育的功能在一定程度上也受到消弱,大学生正确的思想观念难以形成,表现在以下方面。

(1)社会不良风气影响

社会不良风气凸显在政治经济文化等各个领域,市场经济的负面影响、价值观念的多元化以及科技发展与制度建设的不同步性,是造成大学生诚信价值弱化和失信行为增多的社会原因。

政治领域:青年大学生与社会的联系十分紧密,少数领导干部的所作所为严重影响了党员干部的整体形象,表现为生活奢靡、腐化堕落、贪污受贿等,这些负面现象使社会环境大打折扣,严重影响了大学生对党的信任与期望,也促使其产生诚信缺失。

经济领域:社会经济秩序的不稳定表现在债务拖欠、商业诈骗、合同违约、假冒伪劣等不法行径上,损害了消费者的权益,更是严重影响了国民经济的正常发展,损害了国际形象,也对青年大学生产生了极端恶劣的影响,使得他们片面追求个人价值,急功近利,淡漠了诚信责任意识,甚至产生了诚信缺失的行为。

文化领域:教育工作中的招生黑幕、乱收费、注水文凭等,以及宣传工作中的虚假报道,有偿新闻以及学术工作的粗制滥造、抄袭剽窃、假冒伪劣等现象没有被有效地制止,这源于政府相关部门不够谨慎,工作疏忽、渎于职守,这在很大程度上影响了我国文化建设的顺利进行,无形之中对大学生的文化教育方面也产生了严重的负面影响。

(2)家庭诚信教育偏失

在《论语·子路》中,孔子说:"其身正,不令而行;其身不正,虽令不从。"家长作为教育者的一方,首先自身行为需端正,要能以身作则,以无声的语言在学生面前树立诚信榜样,形成良好的诚信环境。然而,家长自身的不诚信行为严重影响了大学生的自身发展,父母对子女不诚信的问题也未能引起足够重视,甚至抱有支持、怂恿的态度,有些不诚信的行为恰好就是家长怂恿与协助所致,使得诚信教育的失败有了致命的死穴。

①家长未能及时对大学生失信行为进行监督。作为正在成长中的大学生,寻求爱与归属感尤为需要。大学生面对新的生活,当遭受挫折或感受不安时,最可信任和亲密的人首选为父母,父母提供的归属感是无人替代的。如果家长未能及时对大学生诚信行为起到监督作用,未免造成无法补救的境地。

②家长诚信失范对大学生诚信品质养成的负面影响。家庭教育对大学生的成长有着深远的影响,家长诚信失范、言行不一等行为在家庭教育中时有发生,这势必会对子女产生负面影响,再加上部分家长过分强调自己的权威,在品行与学习上对孩子提出过高的标准,导致这种负面影响不断扩大,部分家长以"反诚信"进行"反诚信教育"。甚至有家长反对诚信,背信弃义,以"以诈还诈"误导孩子,含沙射影地对自己的子女灌输这种错误的"自我保护"方案。由此可见,家长诚信失范成为大学生诚信缺失的主要原因之一。

(3)高校诚信教育实效性不强

诚信教育是中华民族传统美德教育的关键环节,大学生诚信意识的培养状况与高校诚信教育的发展状况息息相关。部分高校在诚信教育方面重灌输轻引导、重智育轻德育的现状犹存,诚信教育重视不够,甚至某些高校还存有隐蔽性误导,比如虚假的就业率等都误导了大学生的诚信意识,甚至多有逼迫之意,使得大学生被动地导致失信行为。

①诚信教育队伍乏力

目前,诚信教育队伍的管理不够科学、结构不够合理等因素严重影响了诚信教育的成效。

高校教师的诚信教育意识不强,重教书而轻育人,甚至一些教师自身诚信素质不高,关心学生成长成才不够,缺乏奉献精神与人格魅力等,在教学过程中只是注重完成教学任务,认为育人的任务只有辅导员或思想政治老师,忽视诚信教育的渗透。苏霍姆林斯基说过:"促进自我教育的教育才是真正的教育。"而部分大学生对诚信教育的自我认识也不太清晰。诚信教育所实现的教育目的就在于通过教育路径使大学生树立诚信意识,大学生作为教育的对象,首先应拥有系统深刻的诚信理论,具备高尚明确的诚信意识,这样才能在日常行为中养成良好的诚信行为习惯。

②诚信教育方式单一

高校诚信教育的路径中,在方式的开拓运用与创新上存在明显不足。诚信教育多是通过课堂授课或者开展一些简单的活动以提高学生的认识能力与评价能力,未能充分挖掘出发挥网络这一有效教育途径,而大多运用传统的说教,即灌输法是大多数高校进行诚信教育的基本方法。重理论轻实践,未能找到切实有效的能让大学生感兴趣并乐意参与其中的有效路径。不仅力度未能正确把握,还常常适得其反,甚至矫枉过正,"关键是要实现独立型向渗透融合型、说教感化型向目标激励型、主体型向'主体间型'转化"。甚至有些高校还缺乏一定的教育资源,不能满足大学生随时随处参与诚信教育的扩展和深入。

③大学生自身责任意识淡薄

部分大学生对自身定位不够明确,历史责任感不强,责任意识不明确,这源于没有认清其角色在社会中的位置及作用,表现为个人主义色彩浓厚,没有为自己行为负责的明确意识,强调个人利益,而淡漠基本责任,视野狭隘,在当前复杂的国际国内形势面前难以明辨是非,当做出不当行为后,所做的是尽量去推卸、隐瞒、逃避等,而不是勇于担当与正确面对。"大学生对自己和他人能够为国家着想的评价值多分布在 5~8(调查把评价值分为十个等级)之间的状况可以看出,大学生自觉为国家奉献的责任意识还有待加强。"

总之,高校诚信教育事关高校学生的命运与前途以及高校自身的生存与发展。大学生是社会生力军,其诚信状况对社会影响深远,事关国家的兴衰成败,加强对大学生的诚信教育,有利于提高全民族的思想文化素养和道德水准。

三、掌握诚信教育培养措施、体系建设

1. 大学生诚信教育培养措施

(1)继续重视家庭教育功效

大学生从小在亲人身边长大,在成长的过程中,亲人的言行举止是他们学习与模仿的对象。为此,家庭亲人,尤其是父母在为人处事方面是否做到了讲诚信,这对孩子品德教育的影响极为深远。如果家长不能做到信守诺言、承担责任,孩子就会看在眼中、记在心理,甚至潜意识地效仿,对孩子的健康成长将会产生极为不利的影响。可见,家长的诚信行为就是对孩子最好的家庭教育。大学期间,要建立家校联合机制,继续发挥学校与家庭在诚信等德育方面的联合作用。由于大学生的心理发育不够成熟,思想认知容易受环境的影响产生波动,甚至改变人生轨迹。所以,家长要重视大学生的思想道德动态,要通过微信、QQ 等方式随时教育孩子要诚实做人、践履承诺,要具有担当精神,在承担一定的社会责任中历练成长。

（2）发挥思想政治理论课教学主渠道作用

对于学校方，要发挥思想政治理论课教学的主渠道作用，对大学生进行诚信思想的"升级教育"。在教学内容上，从诚信内涵、重要性、原则与方法等方面，系统地对大学生进行理论渗透，达到"晓之以理、动之以情"的目的。在此基础上还要注重实践性，引导大学生要坚守诚信底线，从身边小事做起，小为一次约定的守时，大到敢于承认错误、承担责任后果，并做到终身信守承诺，成为积极承担责任的人。

首先，在思想政治理论课教学过程中，可以多运用视频教学，展示关于诈骗案件的影像资料，警示大学生道德与法之间并无不可逾越的鸿沟。因此，要防微杜渐、严于律己，莫以恶小而为之。

其次，思想政治工作不能局限于教室，可开展丰富多彩的"诚信"社会实践活动，让诚信教育融入"知、情、意、行"的各个方面。例如：可在新生入校时的开学典礼上进行"讲诚信、重操守"的宣誓活动；在院系可开展"小信诚则大信立"的主题班会；借助学校的网站、黑板报、宣传栏、学报、广播等平台，加大诚信思想宣传力度，引导大学生树立"不信不立，不诚不行"的思想意识。

总之，"诚信"实践活动的目的就是要在校园内营造出诚信的大氛围，让大学生接受诚信教育的激励和熏陶，让诚信行为成为大学生日常生活的一种道德习惯。

（3）积极构筑诚信的社会大环境

社会环境对人的影响是潜移默化的，绝大多数人都具有从众心理，不仅自己会被影响而改变，还会悄悄地影响别人。为此，应积极构筑出社会大环境的诚信主流意识，占领社会道德领地的制高点，提高引领能力，发挥辐射效应。

首先，应加强立法工作，完善对各种不诚信行为的惩戒措施与追责机制。执法机关应做到秉公执法、违法必究，最大限度地整治社会上的各种不诚信行为，杜绝"山东徐玉玉"之类恶性案件的再次发生。

其次，政府部门的党员干部要率先垂范，坚守执政为民、清廉自律的道德底线。同时，为实现全社会的和谐，围绕"仁、义、礼、智、信"等传统文化的思想精髓，对辖区公民开展形式多样的教育工作，营造和谐文化氛围，真正做到为官一任，造福一方。

再次，社会各阶层人士都应具有公平正义感，老实做人、公平做事、诚信经商，通过个人的诚实劳动、合法经营，支撑起个人处世立身的"明信片"。

最后，媒体应发挥引领思潮、凝聚共识的功能，大力宣传社会诚信模范的感人事迹，曝光失信之人的处世难，以及受到法律严惩的后果，使诚信理念渗透社会各个方面。以此，推动全社会公民诚信意识的提高，进而构筑出一个有利于大学生诚实做人、守信做事的良好社会环境。

（4）倡导全社会弘扬中华优秀传统文化

十八大会议精神指出，"在中国特色社会主义旗帜下，要倡导爱国、敬业、诚信、友善……坚持正确社会舆论导向，提高文化引领能力"。为此，全社会各阶层都应在十八大会议精神引领下,步调一致,齐心协力,在物质生活日益富庶的今天,加快精神文明建设的步履,大力讴歌真善美,倡导全社会大力弘扬中华民族优秀传统文化。其间,要重点加强社会道德与职业道德的宣传与落实工作。在公民个人层面,以爱国为底线、以诚实守信为重点,培养社会公民理性、正义的积极健康心态。坚守"诚实做人、做事守信"的原则,在物利诱惑面前,谨遵"君子爱财、取之有道"的祖训家风,进而通过个人的诚实劳动与合法经营,解决个人日益增长的物质文化需求,绝不逾越诚信的底线。

(5)引导大学生"诚信自律"

苏霍姆林斯基说:"最好的教育就是自我教育。"大学生在父母的呵护、学校系统教育的影响下渐渐长大成人,在读书期间有学校对他们进行教育与管理,然而毕业之后,他们就完全开始了个人的独立生活。当他们离开家庭与学校,踏入社会之后,能否践行诚实守信,在一定程度上和个人"自律"的意志品质相关,社会中的不诚信现象、传统文化中的糟粕成分等,都在悄然侵蚀着大学生心中经过多年学校系统的思想政治教育所形成的"公平正义"的藩篱,为此,家庭、学校、社会应建立学生思想政治教育联合机制,继续引导大学生由"他律"逐步过渡到"自律"。另外,大学生无论是在校读书,还是毕业后踏入社会,都应加强个人的修养,做到以诚信为本,牢记职业操守,言行举止都要符合当代大学生的身份,进而达到"从心所欲不逾矩"的理想愿景。

2. 高职院校诚信教育体系建设

诚信是中华民族的传统美德,也是我们崇尚的一种优秀品质。诚信是我们最起码的做人底线、坚守诚信是每个人最基本的道德要求。更是高职院校学生的言行准则。高职院校学生诚信缺失的现象及原因,必须引起高度重视,采取有效措施加以防范。

(1)营造全社会讲诚信的大环境

高职院校学生诚信的重塑是一个系统工程,这不仅是高校也是全社会一项刻不容缓的重要任务,需要社会、学校、家庭的共同努力。营造一个政府讲诚信、公众讲诚信、人人讲诚信的社会大环境非常必要。中央精神文明建设指导委员会于2012年5月14日在北京召开道德领域突出问题专项教育和治理活动视讯会议。会议指出要围绕加强诚信建设,集中治理群众反映强烈的突出问题,切实纠正行业不正之风,大力营造恪守诚信的社会环境。社会有关部门可以抓住这个契机。加大诚信宣传力度,抓好全社会的诚信宣传教育工作,并寻找积极有效的措施来遏制诚信缺失的行为,形成诚信风气,营造全社会讲诚信的良好氛围,为高职学生提供一个积极向上讲诚信的社会环境。

(2)创新诚信教育方式

高职院校应在发挥传统教育方法的基础上,充分发挥现代教育手段优势,多方面、全方位地对高职院校学生进行诚信教育,可开设专门的课程,强化诚信教育,力求提高高职院校学生诚信教育的影响力和覆盖面。如广泛开展精神文明创建活动,倡导"谁诚信谁光荣"等,让诚信深入人心,让诚信成为校园一道亮丽的风景线。同时,各高职院校应把诚信教育与传统美德教育结合起来,充分挖掘和利用传统美德中有关诚信内容的格言、楷模、典故、故事等,通过诵读、故事会、表演等形式,调动学生自主学习的积极性,在喜闻乐见、寓教于乐的活动中,使学生感受、体会诚信是做人的根本。不仅要在思想政治理论课教学中培养学生讲诚信,在其他各科教学中,也要善于抓住时机,把诚信教育渗透学科教学中,结合教学内容,培养学生诚实守信的品质。最重要的是,要引导学生参加各种社会实践活动,在实践中检验自身的诚信素养,杜绝社会上不良现象的影响,学会分辨真伪,不被不良的社会风气所侵蚀。

(3)营造良好的校园诚信氛围

和谐、健康、高雅、积极向上的校园文化对高职院校学生有着潜移默化的导向作用。所以各高职院校要加强校风、学风建设,大力营造"以诚实守信为荣、以弄虚作假为耻"的氛围。通过加强校园文化建设,充分发挥学校传媒的宣传功能,利用校园网站、广播、宣传栏、教室黑板报等宣传诚信美德。同时,要加强校园网管理,严格执行校规校纪,严肃治理论文抄袭、考试作弊、拖欠学费、贷款不还、网上传播虚假信息等失信行为,让失信者受罚,使一些想以身涉水者望而却步,形成"人人知诚信,人人讲诚信"的良好氛围。

(4)教师要言传和身教

教师在讲授"思想道德修养与法律基础"课程时。要使学生明白诚信是一种道德义务,更是一种法律义务,增强学生的诚信责任意识。同时,教师作为一个教育者,不管是在教学中还是在日常生活中都要以身作则,遵守诚信规范。孔子曰:"其身正,不令而行;其身不正,虽令不从。"高职院校教师的言传和身教是培养学生诚信品质的两条重要途径。从道德教育这个角度来说,身教的功效大大超过言传。"学高为师,德高为范""言必信,行必果"。要求学生做到的,自己首先做到,为人师表、身体力行、有诺必践,以教师高尚的品行、人格的魅力、诚信的作风取信于学生,提高公信力,做诚信的表率。做到诚信治教,诚信修己,诚信育人,并通过言传身教、潜移默化去影响学生。增强诚信教育的实效性。在处理学生的各种诸如入党、评优评先、评奖学金和竞选干部等问题时,要公开、公平、公正,不弄虚作假等,教师要以自己的道德要求、道德情操和道德形象去教育和影响学生,使学生"亲其师,信其道"。

(5)加强高职学生诚信素质教育

从调查结果可以看出,总的来说,高职学生中的主流是好的,能从根本上明确诚信的重要,但在个人利益受到影响的时候,学生的诚信意识容易动摇,所以加强高职学生诚信素质教育成为当务之急。高职院校作为人才成长的摇篮,作为科学研究、服务经济社会发展、文化传承创新的重要基地,理应担负起职责。搭建诚信的桥梁,切实提高学生的诚信道德水平,使他们争做新时代大学生的典范。

(6)完善大学生诚信制度建设

诚信教育不能停留在口头宣传上,必须建立一套自律与他律相结合的诚信约束机制,保证诚信者能得到应有的回报,失信者必须承担相应的后果。

①构建高校学生诚信评价体系

高校要成立专门的诚信评估机构，建立有针对性的具有教育和引导意义的大学生信用档案。该档案除了记录学生的基本情况之外，主要考察学生在日常学习和生活中的行为，内容可以包括在学校期间是否遵守纪律的表现、学生贷款申请期间的表现、还有偿还贷款的信用情况等许多其他方面的工作。学生对诚信原则的行为都记录在每学期的信用档案内，每学期期末的时候根据诚信信息写一份评估报告，并将该信用档案发到每个学生手中。这个档案能够促使学生要注意自己的行为，培养自我，调整自我，做实事、讲实话，自觉维护自己的诚信度。

②构建制度管理体系

1）完善考试管理机制

首先，高校应完善校内管理机制，这是对大学生进行诚信教育一个非常重要的监督机制。各大高校要明确学生在考试期间发生作弊行为时应受到的处罚，以及增加对作弊学生的处罚力度，这样的考核管理机制就不仅仅是形式上的，而落实到行动中来了。

其次，建立考务管理机构。学校应该成立专门的机构，如学校可通过成立考试监督小组，在考试期间监督整个考试过程，这样可以更好地端正考风、严明考纪，把考试诚信落到实处。

最后，使学生的考核机制朝多样化发展，不再是仅仅依靠课程考试成绩来评价学生，而是运用更加科学、有效的方法。为了减少学生考试作弊的"赌博心理"，降低学生考试作弊行为的发生率，可以把学生平时课堂上的表现与平时的作业成绩与其期末考试成绩相结合。此外，高校应根据课程和根本目的教学的特点，允许教师采用多种考核手段方法，以保证考试成绩的真实性。

2）规范贷款的申请和偿还制度

审核学生的贷款条件应严格依据学校对学生建立的诚信信息档案，细化贷款审查制度。高校应进一步明确学生的贷款申请和分布情况，避免发生投机行为。一方面，高校可通过多方面了解学生的实际情况，以便严格考核申请助学贷款的学生。另一方面，学校也要鼓励学生偿还贷款，对于逃避偿还责任的学生不颁发学位证书和毕业证书，直到偿还完为止。高校也应该帮助那些因某些特殊原因如失业、疾病、伤害等造成学生申请延迟支付、还款能力暂时丧失的群体。这样，可以进一步提高学生的还款积极性，同时也减少了学生拖欠贷款现象的发生，进而降低大学生贷款的违约风险，真是一举多得的好方法。

③建立文化教育体系

学校诚信教育不能独立化，更不能完全知识化，应该多样化进行，高校应重视诚信的道德教育意义。对高校学生的诚信教育，应立足于实现人生价值的基础上，让他们知道遵守诚信和自身的生存和发展的前景是紧密相连的，诚信是成就人生的道德基础，从而增强大学生的诚信道德实践的驱动。与此同时，建立学生能够主动接受教育和自我教育的平台。通过各种活动，对学生进行全方位的道德教育，提高他们的认识，以诚信为本，进一步推动全民健身的研究，提高大学生的思想道德素质。

在学校，对于学生群体要积极传播诚信文化，倡导诚实守信的价值。通过考核模式，可以在高校举办道德操守活动，围绕学生身边的诚信道德模范进行主题教育。在校园宣传栏，也可以宣传诚实守信的人的故事，让所有的教师和学生通过观察活生生的例子深深感受到诚信道德的力量，促进自我诚信教育风格的形成。

第三节　牢记吃苦耐劳的精神

谈到吃苦，也许同学们会想到旧社会食不裹腹、衣不蔽体的艰苦生活，想到贫困地区孩子渴望上学念书的眼睛，想到苏秦头悬梁锥刺股刻苦求学的故事。也许有的同学要问，现在生活条件越来越好，还用得着吃苦吃那样的苦吗？下面笔者来谈一谈这个问题。

一、为什么现在要谈吃苦

现在有些同学谈到读书，谈到吃苦，犹如谈虎色变，避之唯恐不及。一帮不学无术的女孩聚在一起，号称所谓的姐妹，以为有了姐妹就有了全世界，她们在一起聊好吃的、聊穿的、聊化妆品，想的是网上购物、刷微信、刷微博、追韩剧；而一帮无所事事的男孩聚在一起，号称所谓的哥们，以为有了哥们就有了天下，他们在一起逃课、抽烟、打扑克、玩游戏、看玄幻甚至约架……以为这就是疯狂，这就是该有的青春。他们看不起那些不会化妆、不会打扮、一天到晚只知道读书的好学生，还骂那些好学生是书呆子，骂他们傻，只知道读书，殊不知，两三年后，好学生上一本、上211、上985，甚至上清华北大，而他们却要考虑去三本、去高职高专甚至考虑要不要南下打工。

有的人可能会说，读书有什么用，现在好多没读大学的也混的非常好。其实，你们忘记了一个词语，这个词语叫作比例。那些占极小比例的没读书就成功的人，那是他们自身具备了成功的一些素质，而你们是否具备呢？每个不想念书的学生，都会不约而同的找一个不读书就能成功的案例来作为他放纵的最后心理安慰。那么很遗憾的告诉你们，这是改革开放三十多年后的中国，这里再也没有素质低下而钻了政策的空子就能一夜暴富的奇迹，这里优胜劣汰，这里适者生存。叛逆和疯狂的青春当然可以，但几年的放纵，换来的可能就是一生的卑微和底层！

有一段父子之间经典的对话，告诉了我们努力读书和不读书的大不同。

儿子刚上学不久就问当农民的父亲，人为什么要读书。父亲说，一颗小树长1年的话，只能用来做篱笆，或当柴烧，10年的树可以做檩条，20年的树用处就大了，可以做梁，可以做柱子，可以做家具；一个小孩子如果不上学，他7岁就可以放羊，长大了能放一大群羊，但他除了放羊，基本干不了别的。

如果小学毕业，在农村他可以用一些新技术种地，在城市可以到建筑工地打工，做保安，也可以当个小商小贩，小学的知识够用了；如果初中毕业，他就可以学习一些机械的操作了；如果高中毕业，他就可以学习很多机械的修理了；如果大学毕业，他就可以设计高楼大厦，铁路桥梁了；如果他硕士博士毕业，他就可能发明创造出一些我们原来没有的东西。

"知道了吗？"儿子说知道了。

爸爸又问："放羊、种地、当保安，丢人不丢人？"儿子说丢人。

爸爸说："儿子，不丢人。他们不偷不抢，干活赚钱，养活自己的孩子和父母，一点也不丢人。"

不是说不上学，或上学少就没用。就像一年的小树一样，有用，但用处不如大树多。不读书或读书少也有用，但对社会的贡献少，他们赚的钱就少。读书多，花的钱也多，用的时间也多，但是贡献大，自己赚的钱也多，地位就高。

那次谈话给儿子留下了极深的印象，从此儿子在学习上不需要威逼更不需要利诱，就会做出最好的选择。

中华民族是一个吃苦耐劳的民族，吃苦耐劳精神是中华民族的光荣传统。我国古人也一直倡导做人要吃苦耐劳，把一个人是否具有吃苦耐劳精神作为衡量做人的标准。但值得我们深思的是，今天青少年学生大多是独生子女，他们成了中国当代的"小皇帝"，大多过着"衣来伸手，饭来张口"养尊处优的生活。他们大多不懂得生活的甘苦，没有经受人生的磨难。职校生大多也是独生子女，其中大多也缺乏吃苦耐劳的精神，因而很多毕业生很难顺利就业，有的就是暂时就业了，往往也经受不住工作艰苦的考验而放弃工作或跳槽。很多用人单位发出这样的感慨："现在的毕业生最大的毛病就是怕吃苦。"

二、吃苦耐劳的含义

吃苦：承受痛苦、苦难；耐劳：禁受得住。吃苦耐劳是指能过困苦的生活，也经得起劳累。

苦不仅包括物质不足造成的困难，也包括体力上付出过多造成的不适，更重要的是战胜自我，克服心理上和精神上给自己设置的障碍。这里谈的吃苦既指物质和体力上的吃苦耐劳，也指心理和精神上的耐挫能力。从古至今，吃苦耐劳精神一直是中华民族的传统美德，也是各行各业职业人员的必备素质。

马云在《不吃苦，你要青春干嘛》这篇演讲中这样说到："当你不去拼一份奖学金，不去过没试过的生活，整天挂着QQ，刷着微博，逛着淘宝，玩着网游，干着我80岁都能做的事，你要青春干嘛？"在最能学习的时候你选择恋爱，在最能吃苦的时候你选择安逸，自恃年少，却韶华倾负，却不知道青春易逝，再无少年之时。

什么叫吃苦？当你抱怨自己已经很辛苦的时候，请看看在西部的那些穷孩子，他们饭吃不饱，衣穿不暖，冻着脚丫，啃着窝窝头的情形；请你对比一下那些透支着体力却依旧食不果腹的打工者,在有空调的、有热水喝的教室里学习能算吃苦?在有空调、能洗热水澡的寝室里休息算是吃苦?在有爸妈当"太子伴读",衣来伸手饭来张口的你能算吃苦?若想成为非常之人必须学会吃非常之苦。要知道,青春最好的营养就是刻苦。

著名作家龙应台在给儿子安德烈的一封信中这样写到:我要求你读书用功,不是因为我要你跟别人比成就,而是因为,我希望你将来拥有更多选择的权利,选择有意义、有时间的工作,而不是被迫谋生。是啊,如果你优秀,你便拥有了大把的选择机会,否则你只能被迫谋生。李嘉诚也这样说:"读书虽然不能给我们带来更多的财富,但它可以给我们带来更多机会。"有机会,才会成功,才会有未来啊!可能有的同学会问,我现在努力,还来得及吗?笔者的回答是:"我说来不及,你就不学了吗?"我们应该把重心从问"来不来得及"转到用功学习上来。有时候你想的越多,越什么事都干不成。认准目标就静下心来干,总会有结果,不要问什么时间够不够、基础行不行。这些都是次要的,最主要的你要从现在开始吃苦,开始用功。

40岁的柳传志不问来不来得及,最终他缔造了联想集团;高考三次落榜的俞敏洪不问来不来得及,最终考上北大并打造了"教育航母"——新东方;经过两次创业失败的马云不问来不来得及,最终他书写了电商传奇,改变了世界。

当你想要放弃了,一定要想想那些睡得比你晚、起得比你早、跑得比你卖力、天赋还比你高的牛人,他们早已在晨光中跑向那个你永远只能眺望的远方。所以,请不要在最能吃苦的时候选择安逸,没有谁的青春是在红地毯上走过。既然梦想成为那个别人无法企及的自我,就应该选择一条属于自己的道路,付出别人无法企及的努力!

吃苦耐劳是指能过困苦的生活,也经得起劳累,它是一个人的基本素质和必备美德,无论是"故天将降大任于是人也,必先苦其心志,劳其筋骨,饿其体肤,空乏其身,行拂乱其所为,所以动心忍性,曾益其所不能",还是"吃得苦中苦,方为人上人",还是"书山有路勤为径,学海无涯苦作舟",都歌颂了吃苦耐劳的精神,现阶段,吃苦耐劳也成了各行各业招聘员工时的必要条件,是员工爱岗敬业的基础和要求。

我们要辩证地看待"苦"和"累",俗话说"不经历风雨,怎能见彩虹",人生不可能事事圆满,生活之路不会只有快乐,经历苦累才能真正体味生活本义,善于苦中作乐才能达至成功彼岸!跌倒了,爬起来!这是一句最容易说的话,却是一辈子也做不好的事。脚下的路,还有更多的累,你到底还能走多远?你到底能走多远,不是因你的腿有多长,也不是因你的力气有多少。脚下的路,是由你的意志决定的。这种意志就是吃苦耐劳的精神,是你不断成长、成功成才的必要条件,也是你在成长、成功、成才过程中不断领悟和累积起来的宝贵财富,我们应该珍惜"吃苦耐劳"。

三、吃苦耐劳的意义

也许有的同学会问现在我国的社会主义现代化建设取得了巨大成就,人民生活水平有了大幅度提高,各方面的条件得到了很大改善,我们还用得着吃那苦吗?

1. 耐挫是人求生的一种基本的能力，是素质教育的一项重要内容

一个人活在世上，总会遇到一些坎坷，像生活困难、交通事故、家庭不幸、失业等都有可能发生在我们身边，这就要求我们每个人都要具有面对困难、痛苦、不幸的能力。

美国总统林肯一生的经历：22岁，生意失败；24岁，生意再次失败；23岁，竞选州议员失败；29岁，竞选州议长失败；34岁，竞选国会议员失败；39岁，国会议员连任失败；47岁，竞选副总统失败；49岁，竞选参议员再次失败；直到51岁，当选美国总统。

2. 苦难和挫折是人一生中最宝贵的财富

一个人受过苦，便会知道珍惜；一个在贫寒中长大的人，不会不知道勤俭的重要性；一个自小就知道努力做事的人，就不会不对自己和他人负责。苦难的经历就是人一生中最宝贵的财富。

3. 吃苦是通向成功的必经之路

人生像登山一样，易走的都是平庸之路，通向成功之路必定是困难重重、障碍众多的，那些畏惧困难的人势必半途而废，而真正的勇士才会迎着艰险，勇敢地去面对困难。吃苦耐劳是每一位渴望走向成功的人应该具备的基本素质和基本条件。一分耕耘一分收获，只有付出艰辛的努力，成功才会垂青于你。中国人最喜欢讲的一句励志的话就是"吃得苦中苦，方为人上人"，这句流传很久的至理名言精辟地概括了吃苦与成功之间的必然关系：吃苦耐劳是成功的秘诀。那些能吃苦耐劳的人，很少有不成功的。这是因为苦吃惯了，便不再把吃苦当苦，能泰然处之，遇到挫折也能积极进取；怕吃苦，不但难以养成积极进取的精神，反而会对困难挫折采取逃避的态度，这样的人当然也就很难成功了。

4. 随着社会发展，竞争的在不断加剧，越来越需要吃苦精神和耐挫能力

社会的发展，科技的进步，人的劳动强度不断降低，但同时也对人的素质提出了更高的要求，人们掌握更多的知识，要不断的学习，那种"一招鲜，吃遍天"的时代已经成为历史，终身学习的思想，已成为共识。这就迫使我们每一个人，不断完善，勇于吃苦，具有极强的耐挫能力，在激烈的竞争中去拼去搏。

5. 吃苦耐劳是从业者的必备素质，在一定程度上成为能否顺利就业的关键

据调查，大多数职业院校都非常重视培养学生的职业技能，因技术不过关被企业和用人单位辞退的现象越来越少，年轻人吃不了苦是企业和用人单位当下比较犯难的事情。企业反映，他们招人时青睐于招能吃苦耐劳的群体，如农村大学生、非独生子女等，最不愿意招收的就是不能吃苦的"瓷娃娃"，当代大学毕业生中很大比例人群缺乏吃苦耐劳精神，这些人的主要表现有：选择工种和岗位时挑肥拣瘦，不能服从企业安排；企业有紧急任务时不愿加班；不能够与同事和睦相处、遇事总爱斤斤计较等。

6. 吃苦耐劳能够培养人们热爱生活、珍惜生活的品质

没有经历饥肠辘辘的痛楚，你便不知道一粒米的珍贵；不知道那些被骄阳晒黑了皮肤的劳动者的可敬，当然更无从感受饿得天旋地转时的可悲和伸手乞讨时的可怜。没有尝过寄人篱下的滋味，经不起一点风吹雨打，正是现实中有些年轻人的共性，家人的过多

溺爱让他们缺少了吃苦的精神,过于安逸的生活常让之失去克服困难的勇气。唯有教育年轻一代学会吃苦耐劳,才能培养他们热爱生命、感恩世界、珍惜生活。现在各国都在尝试"吃苦教育",使年轻一代能够懂得吃苦,学会吃苦。

美国家长从孩子小时候就让他们认识劳动的价值。美国南部一些州立学校为培养学生独立生存的社会适应能力,特别规定学生必须不带分文,独立谋生一周方能予以毕业。条件似乎苛刻,却使学生们获益非浅。家长对这项活动全力支持,没有一位"拖后腿""走后门""搞小动作"的。美国的中学生有句口号"要花钱自己挣"。美国青少年从小的时候开始,不管其家里多富有,男孩子12岁以后就会给邻居或自己的父母在家里剪草、送报赚些零用钱,女孩子则做小保姆去赚钱。14岁的詹妮每周礼拜六要去餐馆打工,母亲告诉她,你完全可以在家里帮妈妈干活,照样可领取工资。但詹妮觉得在家赚自己母亲的钱不是本事,她一定要去外面赚钱来表示自己有自立的能力。

瑞士父母为了不让孩子成为无能之辈,从小就培养孩子自食其力的精神。譬如,对十六七岁的姑娘,从初中一毕业就送到一家有教养的人家去当一年女佣人,上午劳动,下午上学。这样做,一方面锻炼了劳动能力,另一方面还有利于学习语言,因为瑞士有讲德语的地区,也有讲法语的地区,所以这个语言地区的姑娘通常到另外一个语言地区当佣人。

德国家长从不包办代替孩子的事情。法律还规定,孩子到14岁就要在家里承担一些义务,比如要替全家人擦皮鞋等。这样做,不仅是为了培养孩子的劳动能力,也有利于培养孩子的社会义务感。

日本教育孩子有句名言,除了阳光和空气是大自然的赐予,其他一切都要通过劳动获得。许多日本学生在课余时间,都要去外边参加劳动挣钱,大学生中勤工俭学的非常普遍,就连有钱人家的子弟也不例外。他们靠在饭店端盘子、洗碗,在商店售货,在养老院照顾老人,做家庭教师等来挣自己的学费。孩子很小的时候,父母就给他们灌输一种思想"不给别人添麻烦",全家人外出旅行,不论多么小的孩子都要无一例外地背上一个小背包。别人问为什么,父母说:"他们自己的东西,应该自己来背。"

加拿大为了培养孩子在未来社会中生存的本领,人们从很早就开始训练孩子独立生活的能力。在加拿大有一个记者家中,两个上小学的孩子每天早上要去各家各户送报纸。看着孩子兴致勃勃地分发报纸,那位当记者的父亲感到很自豪:"分这么多报纸不容易,很早就起床,无论刮风下雨都要去送,可孩子们从来都没有耽误过。"

然而当下一些大学生的表现怎样呢?

1. 学习上缺乏勤奋、踏实和积极进取的精神。害怕吃苦,满足于现状,墨守成规,缺乏创新精神。

2. 生活上追求高消费、超前消费,讲究吃喝、追求名牌服饰,浪费粮食,缺乏勤俭节约精神。

四、吃苦耐劳的基本要求

1. 从业者要正确处理职业理想和理想职业的关系，要树立"吃苦在前，享受在后"的观念，不能因为工作的"苦"和"累"而退却

如今职场竞争激烈，而所谓竞争，归根结底就是素质的竞争。吃不了苦耐不得劳，成了"瓷娃娃"，实际上是自己封杀了自己的发展空间。"吃苦耐劳"也是一面镜子，照出了今天一些大学毕业生的样子。眼高手低，言行脱节，对工作漫不经心，受到一点批评就大吵大闹，稍遇挫折就怨天尤人，不懂得待人接物的基本礼仪。不能输在起跑线上——这话被多少人奉为准则，然而又有多少人明白"吃苦耐劳"也是一条起跑线。大学生树立"吃苦耐劳"的品质和精神，方能在职场里奋斗出自己的一片天地。

2. 从业者要正确处理职业与个人成才的关系，发扬"吃苦耐劳"的精神，脚踏实地，艰苦奋斗，立足岗位成功成才

吃得苦中苦，方为人上人。要想人前显贵，必须人后受。俯首甘为孺子牛！宝剑锋从磨砺出，梅花香自苦寒来！走遍千山万水，想出千方百计！吃别人所不能吃的苦，忍别人所不能忍的气，做别人所不能做的事，方能超越平凡实现辉煌。

五、吃苦耐劳的培养途径

1. 发挥职业道德课的主渠道作用

职业道德课是对学生实施职业道德教育的主渠道，吃苦耐劳精神作为职业道德教育的重要内容，无疑也要通过职业道德的教育来实现。

一方面通过职业道德课的教学，使学生认识到吃苦耐劳精神是职业道德的重要内容，吃苦耐劳精神是顺利就业和成功创业的必要条件，是立世之基、立身之本；另一方面，为了增强教育的实效性，我们还结合实际，在学校开展了以"培养吃苦耐劳精神，铸造人生辉煌"为主题的活动课系列教育。一是举办了"吃苦耐劳精神与成功人生"的主题大讨论活动，通过大讨论得出，吃苦耐劳精神是人生成功的基本条件。"凡是成功者，都是吃苦耐劳者"，如李嘉诚、李斌、邓建军等。二是对优秀毕业生进行跟踪调查，并要求写一篇调查报告。在总结优秀毕业生的成功原因时"具有吃苦耐劳精神"是优秀毕业生的共性之处。三是开展"培养吃苦耐劳精神，做一个自立、自信、自强的人"的教育活动。要求做到生活自理，自己的衣服自己洗，自己的事情自己做，学习自觉，树立明确的学习目标，学习认真刻苦。通过职业道德的课堂教学和职业职业道德的活动课教育，学生普遍提高了对吃苦耐劳重要性的认识，增强了培养吃苦耐劳精神的自觉性。

2. 在学习中培养学生的吃苦耐劳精神

学习是需要吃苦的，学生是否具有吃苦耐劳精神是搞好学习的前提。首先树立崇高的学习目标，懂得学习的重要性，重点培养社会责任感、家庭责任感和个人责任感；其次通过情感教育，激发学习兴趣，增强学习的内驱力；再次培养勤奋刻苦、持之以恒的学习

毅力；最后，从认真听讲、认真笔记、认真作业等小事抓起，培养良好的学习习惯。要想学问深，在于点滴勤，"书山有路勤为径，学海无涯苦作舟"，这些都说明了只有具有吃苦耐劳精神，才能搞好学习的道理。

3. 在日常行为习惯养成教育中培养学生的吃苦耐劳精神

俗话说："行为形成习惯，习惯形成性格，性格决定人生。"培养良好的品德和性格，需从培养良好的行为习惯做起，学生吃苦耐劳精神的培养也是如此。在学校中专班进行了实验尝试，即从培养学生"扫好地"这一最起码的生活和劳动习惯为突破口，努力增强学生的劳动观念，培养学生的吃苦耐劳精神。每班对学生的值日情况也进行了量化考核，并把其值日情况作为班主任为学生写操行评语、打操行分和择优推荐就业的重要依据。

4. 在实习过程中培养学生的吃苦耐劳精神

实习过程是职业学校培养学生技能和职业素质的重要环节，也是培养学生吃苦耐劳精神的最佳时机。对在实训过程中如何培养学生的吃苦耐劳精神进行了研究和布置：一是制定了严格的实习管理制度。对学生的实习明确了要求，每位学生按企业职工的要求去做。学生上午8:00进实训大楼，11:30出大楼，中间不准出楼，除了方便上厕所之外，必须坚持在自己的实习岗位上，认真实习。二是实行严格的考核制度。学生实习成绩，由实习效果、纪律、态度和表现组成。实习效果依据学生实习技能的考核成绩；实习纪律和态度，要求不迟到、不早退、不旷课，凡无故迟到或早退5次以上者，实习成绩不合格，凡无故旷课2次及以上者实习成绩不合格；实习表现，要求学生在实习中能勤学苦练，精益求精；要求学生保持实习场地的卫生清洁，值日生每天三次打扫实习车间，保持实习车间全天侯的清洁；还要求学生遵章守纪。实训指导和有关班主任对学生实习实行严格考核，并把学生的实习成果作为择优推荐的重要依据。如果有严重违反实习纪律的学生实习成绩就不合格，学校不予推荐就业。

5. 利用榜样的力量培养学生的吃苦耐劳精神

榜样的力量是巨大的，对学生的思想行为具有启发作用、激励作用、调节作用和矫正作用。在广泛收集了名人、劳动模范、优秀毕业生的先进事迹的基础上，在全校开展丰富多彩的"学习榜样、培养吃苦耐劳精神、开辟人生之路"的主题教育活动。活动形式丰富多样，有主题班会，有征文演讲，有黑板报评比等活动，有主题报告会等，寓教育于活动之中，形成学校良好学习氛围。通过开展向榜样学习活动，增强了教育的可信度，也增强了学生学榜样做榜样的信心，从而激发了学生培养吃苦耐劳精神的自觉性。

6. 在家庭教育中培养学生的吃苦耐劳精神

对学生吃苦耐劳精神的教育与培养是一个复杂的系统工程，它需要学校、家庭、社会三方面的同心协力，其中家庭教育特别是父母的态度起到至关重要的作用。了解学生在家庭教育中的实际情况，可进行实地调查，了解学生在家庭中的情况，也可制作家庭调查表，对学生在家里的一些情况进行问卷调查。针对调查到的情况，一方面向每位家长发送一份"致家长的一封信"，把家长注重对孩子吃苦耐劳精神培养的重要性和必要性进行阐述，把学校对学生的希望和要求告诉家长，让家长认识到培养孩子吃苦耐劳精神的重要意义；另一方面，学校还要有针对性地开展"培养吃苦耐劳精神从家务做起"的教育系列活动，教育学生生活自理，能主动帮助父母挑起生活的重担，学会感恩父母。

第四节 注重团队协作

一、团队的内涵

（一）团队的含义

团队是由员工和管理者组成的一个共同体，该共同体合理利用每一个成员的知识和技能协同工作，解决问题，实现共同的目标。

（二）构成团队的基本要素

团队有几个重要的构成要素，分别为目标、人员、定位、权限、计划。

1. 目标

团队应该具有一个既定的目标。没有目标，团队就没有存在的价值。尽管每个团队的目标各不同，但任何团队都有一个自己的目标，这个目标把相互依存、相互联系的人们维系在一起，使他们以一种更加有效的合作方式来达成个人和组织的目标。

2. 人员

人是构成团队最核心的力量，三个或三个以上的人就可以构成团队。人员的选择是团队非常重要的一个部分。在一个团队中可能需要有人出谋策划，有人制订计划，有人具体实施，有人协调不同的人共同完成工作，还有人去监督团队工作的进展，评价团队最终的贡献，不同的人通过分工来实现团队的目标。

3. 定位

团队的定位包含以下两层意思：

（1）团队的定位，团队在企业中处于什么地位，由谁选择和决定团队的成员，团队最终应对谁负责，团队采取什么方式激励成员等。

（2）个体的定位，作为成员在团队中扮演何种角色，是负责制订计划还是具体实施或进行评估。

"天生我才必有用"，人类社会活动过程中，任何人都会有自己的价值和贡献。国际相关组织从团队成员性格和能力的角度对团队角色进行了深入而卓有成效的研究，并将团队角色总结为八种类型：实干者、协调者、推进者、创新者、信息者、监督者、凝集者、完美者。

①实干者

实干者非常现实,传统甚至有点保守,他们崇尚努力,计划性强。喜欢用系统的方法解决问题;实干者有很好的自控力和纪律性。对团队忠诚度高,为团队整体利益着想而较少考虑个人利益,非常有责任感、高效率、守纪律,但比较保守。实干者由于其可靠、高效率及处理具体工作的能力强,因此在团队中作用很大,不会根据个人兴趣而是根据团队需要来完成工作。

②协调者

协调者能够引导一群不同技能和个性的人向着共同的目标努力。他们代表成熟、自信和信任,办事客观,不带个人偏见;除权威之外,更有一种个性的感召力。在团队中能很快发现各成员的优势,并能在实现目标的过程中妥善运用。他们擅长领导一个具有各种技能和个性特征的群体,善于协调各种错综复杂的关系,喜欢平心静气地解决问题,比较冷静、自信并且有较强的控制力。

③推进者

推进者说干就干,办事效率高,自发性强,目的明确,有高度的工作热情和成就感,遇到困难时,总能找到解决办法;推进者大都性格外向且干劲十足,喜欢挑战别人,好争端,但是一心想取胜,缺乏人际间的相互理解,是一个具有竞争意识的角色。他们是行动的发起者,敢于面对困难,并义无反顾地加速前进;敢于独自做决定而不介意别人的反对。推进者是确保团队快速行动的最有效成员,具有挑战性、好交际并富有激情。

④创新者

创新者拥有高度的创造力,思路开阔,观念新,富有想象力,是"点子型的人才"。他们爱出主意,其想法往往比较偏激和缺乏实际感。创新者不受条条框框约束,不拘小节,难守规则。他们经常提出新想法和开拓新思路,通常在项目刚刚启动或陷入困境时,会有不一样的思路。他们非常具有创造力,有天分但好高骛远,不太关注工作细节和计划,与别人合作本可以得到更好的结果时,却喜欢过分强调自己的观点。

⑤信息者

信息者经常表现出高度热情,是一个反应敏捷、性格外向的人。他们的强项是与人交往,在交往的过程中获取信息。信息者对外界环境十分敏感,一般最早感受到变化。他们外向、热情、好奇、善于交际,有与人交往和发现新事物的能力,善于迎接挑战。

⑥监督者

监督者严肃、谨慎、理智、冷血质,不会过分热情,也不易情绪化。他们与群体保持一定的距离,在团队中不太受欢迎。监督者有很强的批判能力,善于综合思考谨慎决策。监督者善于分析和评价,冷静、不易激动,善于权衡利弊来选择方案。

⑦凝聚者

凝聚者是团队中最积极的成员,他们善于与人打交道,善解人意,关心他人,处事灵活,很容易把自己同化到团队中。凝聚者对任何人都没有威胁,是团队中比较受欢迎的人。他们的典型特征是合作性强,性情温和,敏感。凝聚者善于调和各种人际关系,在冲突环境中其社交和理解能力会成为资本;凝聚者信奉"和为贵",有他们在的时候,人们能协作得更好,团队士气更高。

⑧完美者

完美者具有持之以恒的毅力,做事注重细节,力求完美;他们不大可能去做那些没有把握的事情;喜欢事必躬亲,不愿授权;他们无法忍受那些做事随随便便的人。对于那些重要且要求高度准确性的任务,完美者起着不可估量的作用,在管理方面崇尚高标准严要求,注意准确性,关注细节,坚持不懈。

在团队中,每一种角色都必不可少:实干者善于行动,团队中如果缺少实干者,则会繁乱;协调者善于寻找到合适的人,团队中如果缺少协调者,则领导力不强;推进者善于让想法立即变成行动,团队中如果缺少推进者,工作效率将会不高;创新者善于出主意,团队中如果缺少创新者,则思维会受到局限;信息者善于发掘最新"情报",团队中如果缺少信息者则会比较封闭;监督者善于发现问题,团队中如果缺少监督者,则工作绩效不稳定,甚至可能大起大落;凝聚者善于化解矛盾,团队中如果缺少凝聚者,则人际关系将会变得紧张;完美者强调细节,团队中如果缺少完美者,则工作会比较粗糙。

4. 权限

团队中领导者权力的大小与团队的发展阶段有关。一般来说团队越成熟,领导者所拥有的权力越小。在团队发展的初始阶段,领导权相对比较集中。

5. 计划

目标的最终实现有赖于一系列切实可行的行动方案,可以把计划理解为实现目标的具体程序。按计划实施可以保证团队工作的进度,只有按步骤完成每一项计划,团队才会一步步贴近目标,从而最终实现目标。

（三）团队和群体的区别

群体是指两个以上相互作用又相互依赖的个体,为了实现某些特定目标而结合在一起。群体成员共享信息,做出决策,帮助每个成员更好地担负起自己的责任。团队和群体经常容易被混为一谈,但它们之间有根本性的区别,汇总为以下六点：

1. 在领导方面

作为群体应该有明确的领导人;团队可能就不一样,尤其团队发展到成熟阶段,成员能共享决策权。

2. 目标方面

群体的目标必须跟组织保持一致,但团队中除了这点之外,还可以产生自己的目标。

3. 协作方面

协作性是群体和团队最根本的差异,群体的协作性可能是中等程度的,有时成员还有些消极,有些对立;但团队中是一种齐心协力的气氛。

4. 责任方面

群体的领导者要负很大责任,而团队中除了领导者要负责之外,每一个团队的成员也要负责,甚至要一起相互作用、共同负责。

5. 技能方面

群体成员的技能可能是不同的,也可能是相同的;而团队成员的技能是相互补充的,把不同知识、技能和经验的人综合在一起,形成角色互补,从而达到整个团队的有效组合。

6. 结果方面

群体的绩效是每一个个体的绩效相加之和,团队的结果或绩效是由大家共同合作完成的产品。

二、团队精神

(一)何谓团队精神

团队精神,体现的是一种集体意识,与团队成员的互助合作、奉献精神有关。团队精神要求每一个成员必须具备三大要素,即大局意识、服务意识和协调意识,三者不可或缺。当团队成员某一方面的意识不够强大时,看似团结的群体就很有可能面临崩溃瓦解。但有一点要明确的是,团队精神并不是要求每一个成员都要做到无私奉献,要保持团队的活力,必须求同存异,这样才能最大限度地发挥团队的潜在能量。团队精神有三大要素:大局意识、服务意识和协调意识。在对它们进行科学解读的基础上,才能理解什么是何谓团队精神。

1. 大局意识

在一个团队里面,无论是学校、企业还是社会或者国家,成员都是因为有了共同的价值目标追求或者共同的爱好才走到了一起,他们愿意为了整个团队奉献自己的才智与青春,甚至漫长的一生。可以说,他们的坚守是因为懂得大局意识。每一个团队都有着自己的价值观、生存理念和原则。但是,无一例外的,他们都强调大局意识,强调在团队发展的机遇与挑战面前,选择大局意识,将自我利益暂且放在一边。其实道理十分简单,我们可以通过同一件事情发现在不同的两个人身上的反应进行对比分析。某企业项目策划部,要策划一个大型活动,这次活动的成功与否直接影响着企业的生存。企业安排了两个十分优秀的得力干将,需要两个人高度配合并秘密完成工作。可是,竞争对手通过高薪的方式,欲将他们中的一人挖走。面对高薪诱惑,其中一个人答应了,把企业瞬间置入了关闭的困境。后来,在全企业人员的共同努力下,企业渡过了难关,心有大局的那个人被委以重用。

2. 服务意识

要想壮大团队,所有成员必须具有较强的服务意识。服务意识不分职位、不分等级,上到领导、下至普通员工，都必须要树立"全心全意为伙伴服务"的理念，只有以身作则并严于律己，才能形成良性循环，确保团队成员的和睦共处，才能增强他们的归属与认同感。大家可以试想一下，如果一个企业里面，领导人总是高高在上，从来不愿意为员工服务。员工的情感归属在何方？事态的发展有两种情况，一是领导下岗，二是这个团队出现频繁跳槽现象，最后瓦解。有些企业为了凝聚人心，加强团队合作，在特定的节日，企业老总、部门经理等会为员工洗脚、捶背，或者发放奖品。员工在享受这些"特殊"待遇时，他们内心是愉悦而幸福的，对企业的归属感就更强了。

3. 协调意识

协调意识的树立与强化是以团队成员的大局和服务意识为基础的。团队成员具备协调意识，可以促使成员之间关系和谐，避免观点冲突和负面情绪的蓄积。可以说，协调意识在团队建设过程中就像润滑剂能磨合所有的矛盾与分歧，确保团队目标的顺利实现。协调意识体现了管理者的管理技巧与个人魅力，也体现了成员们的素质与能力。没有协调意识，就没有办法成为一名好领导和好员工。在任何一个企业、部门，都需要领导和员工具有较强的协调意识。例如，在商量一个项目的时候，大家都会各抒己见，力争让项目完成得更好。在商量讨论过程中，冲突和矛盾在所难免，此刻，如果大家都具有协调意识，那项目的研究与进展将十分顺利；反之，项目的实施将会遇到阻力，从而影响工作效率与工作激情。

（二）团队精神的作用

1. 团队精神是旗帜，指引前进方向

团队精神是一面旗帜。这面旗帜代表着团队成员的共同价值取向与奋斗目标，指引着他们努力朝目标前进。缺少旗帜的引领作用，团队会逐渐偏离原本的轨道，从而让整个团队成员消极怠倦。对团队个人来说，没有做到团队目标与自身目的统一，会在一定程度上磨掉原本的士气与热情，团队成员会有一种很强的挫败感。

2. 团队精神是钢铁，坚不可摧

团队精神是钢铁，主要是指团队的凝聚力，任何组织群体都需要一种凝聚力，凝聚力一旦形成，便会越来越强大，所有成员都会紧紧拧成一股绳，如钢如铁，坚不可摧。团队精神有效规避了正式组织传统管理方法因缺少人文关怀而产生的负面影响，团队精神则通过非正式组织的作用，强化对成员群体意识的培养，通过对成员们的习惯、信仰、动机、兴趣等心理，进行思想的沟通。引导人们产生共同的归属感和认同感，逐渐强化团队精神，把团队的长远发展转变为每一个人的使命。

3. 团队精神是兴奋剂，让逐梦人生激情四射

团队精神是兴奋剂。在团队中，鼓舞一个人不断向前的，是物质激励与精神激励，尤其是适当的精神激励，能让每一个逐梦人激情四射。在团队建设中，要将团队精神作为一种精神激励，使之成为一种常态，并严格执行。在常态化的激励中，激发团队成员的热

情，能让团队成员都自觉地向团队中最优秀的员工看齐。现在很多企事业单位在招聘人员的时候，都注重对应聘人员团队精神或者是团队合作能力的考核。考核的方式有很多种，如将所有应聘人员分为几个小组，每个小组都完成同样的一个任务。在任务执行过程中，默默地观察每一个成员的行为表现或者言语神态，然后作为考核结果的重要衡量指标。在团队中，能积极与他人展开合作，并把合作后的成果作为自己最骄傲的事情，这种较强的集体荣誉感证实了该人员具有团队精神，并且相信在以后的工作任务合作中，团队精神会成为一剂兴奋剂，成就他的梦想，成就他的人生价值。

4. 团队精神是紧箍咒，松紧皆宜

团队精神是紧箍咒，主要是指团队精神控制力。在团队里，虽然队员们都有着共同的理想与追求，但是队员与群体的行为都需要协调与控制。无规矩不成方圆，只有在法律制度约束下的团队精神才能形成正能量，才能形成一种力量，松紧相宜地去影响、约束、控制团队的行为。但是，我们应该避免采用强制性的方式方法，这样才能让这种控制力更为持久且更有意义。

一个团队的形成，除了因队成员的共同价值取向与目标追求外，更重要的一点是非正式组织的影响和作用。在非正式组织中，尊重和提倡个人的兴趣爱好。在团队精神的形成中，尊重个人的兴趣和成就是重要基础。团队精神的形成允许也需要在求同存异中获得发展。正因为这种自由与求同存异，在团队里面，根据发展需要与团队成员特征，设置了不同的岗位，也选拔了合适的人才。整齐划一的团队爱好，会让团队失去活力，多样化、多元化的特长爱好，才能确保团队在互补中营造浓厚的学习氛围，鼓励和促进成员的成长。只有在多元兴趣爱好下组建的团队及其精神，才能体现和发挥团队的优势，通过在团结合作中的优势互补，实现"1+1>2"的功效。

任何一个团队都有着明确的目标，尽管有着强大的凝聚力与向心力，但是仍然不可能一帆风顺。面对艰难困阻，团队精神可以帮助我们走出困境，获得最后的成功。具有团队精神的人或者较强集体荣誉感的人，总是以一种饱满的热情和高度强烈的责任感，投入团队建设中，以一种高昂的姿态影响着、带领着整个团队积极进取、努力拼搏。

三、团队冲突的处理

（一）团队冲突的类型

团队冲突指的是两个或两个以上的团队在目标、利益、认识等方面互不相容或互相排斥，从而产生心理或行为上的矛盾，导致抵触、争执或攻击事件。

从冲突的性质来看，团队之间的冲突可以分为两类：建设性冲突与破坏性冲突。建设性冲突的特点主要有：冲突双方对实现共同的目标都十分关心；彼此乐意了解对方的观点、意见；大家以争论问题为中心；互相交换情况不断增加。破坏性冲突的特点主要有：双方对赢得自己观点的胜利十分关心；不愿听取对方的观点、意见；由问题的争论转为人身攻击；互相交换情况不断减少，以致完全停止。一般来说，组织内部的团队之间需要适当的建设性冲突，破坏性冲突则应该被减低到最小程度。

（二）团队冲突产生的原因

导致团队之间冲突的原因很多，只有对症下药，才能改善和优化团队之间的关系，提高组织的整体竞争力。团队冲突产生的原因主要有以下几种。

1. 资源竞争

组织在分配资源时，总是按照各个团队的工作性质、岗位职责、在组织中的地位以及组织目标等因素分配资金、人力、设备、时间等，不会绝对公平。各类团队在成员数量、权力大致相同的情况下，会为了组织内有限的预算、空间、人力资源、辅助服务等资源而展开竞争，产生冲突。例如，企业里生产部门与销售部门的冲突；大学里院与院、系与系之间为争取经费、设备、奖励名额等发生冲突。另外，团队之间可能会共用一些组织资源，但是在具体使用过程中会出现谁先谁后、谁多谁少的矛盾。

2. 目标冲突

每一个团队都有自己的目标，而这些目标都是为了实现组织的目标，因此，每个团队都需要其他团队的协作。比如，市场营销部门要实现营销目标，就必须得到生产部门、财务部门、人事部门、研发部门的配合与支持。但现实情况是，各个团队的目标经常发生冲突。例如，营销部门的目标是吸引客户，培养客户忠诚，这就需要生产部门生产出质优价廉的商品。而生产部门的目标是降低成本，减少开支，以尽可能少的资源生产出尽可能多的商品，而这就不能保证商品质量。因此，营销部门与生产部门就可能发生目标冲突。

3. 相互依赖性

相互依赖性包括团队之间在前后相继、上下相连的环节上。一方的工作不当会造成另一方工作的不便、延滞，或者一方的工作质量影响另一方的工作质量和绩效。组织内的团队之间都是相互依赖的，不存在完全独立的团队。相互依赖的团队之间在目标、优先性、人力资源方面越是多样化，越容易产生冲突。例如，生产部门希望采购部门尽可能地增加存货，以便在生产时能及时获得原材料。而采购部门则希望尽可能地减少存货，以降低仓储费用。生产部门与采购部门的这种相互依赖性反而可能导致冲突。

4. 责任模糊

组织内有时会由于职责不明而造成职责出现缺位，出现谁也不负责的管理"真空"，造成团队之间的互相推诿甚至敌视，发生"有好处抢，没好处躲"的情况。

5. 地位斗争

组织内团队之间对地位的不公平感也是产生冲突的原因。当一个团队努力提高自己在组织中的地位，而另一个团队视其为对自己地位的威胁时，冲突就会产生。在权力与地位不同的团队之间也会发生冲突，如管理层与工人、教师与学生都可能因为立场的不同而发生冲突。

6. 沟通不畅

团队之间的目标、观念、时间和资源利用等方面的差异是客观存在的，如果沟通不够，或沟通不成功，就会加剧团队之间的隔阂和误解，加深团队之间的对立和矛盾。美国在1998年发射火星气候探测器失败，正是由于负责项目的两组科学家分别使用了公制单位和英制单位。

（三）团队冲突的处理方法

要有效管理团队之间的冲突，需要遵循以下三条原则：第一，要分清楚冲突的性质。建设性冲突要适当鼓励，破坏性冲突则应该减低到最小程度。第二，要针对不同类型的冲突采取不同的措施。个人与个人之间、个人与团队之间、个人与组织之间、团队与团队之间、团队与组织之间都有可能产生冲突，要分别采用不同的管理对策。第三，充满冲突的团队等于一座火山，没有任何冲突的团队等于一潭死水，因此既要预防团队之间的冲突，也要激发团队之间的冲突。常见的管理团队冲突的方法有以下几种：

1. 交涉与谈判

交涉与谈判是解决问题的较好方法，这是因为：通过交涉，双方都能了解、体谅对方的问题，交涉也是宣泄各自情感的良好渠道。具体来讲，就是要将冲突双方召集到一起，让他们把分歧讲出来，辨明是非，找出分歧的原因，提出办法，最终选择一个双方都能接受的解决方案。

2. 第三者仲裁

当团队之间通过交涉与谈判仍无法解决问题时，可以邀请局外的第三者或者较高阶层的主管调停处理，也可以建立联络小组促进冲突双方的交流。

3. 吸收合并

当冲突双方规模、实力、地位相差悬殊时，实力较强的团队可以接受实力较弱团队的要求并使其失去继续存在为理由，进而与实力较强的团队完全融合为一体。

4. 强制

强制即借助或利用组织的力量，或是利用领导地位的权力，或是利用来自联合阵线的力量，强制解决冲突。这种解决冲突的方法往往只需要花费很少的时间就可以解决长期积累的矛盾。例如，朱镕基总理刚刚上任时，东三省"三角债"问题最严重、最持久。朱镕基总理提出注入资金、压货挂钩、结构调整、扼住源头、连环清欠等一整套铁拳式的解决措施，只用了26天时间，清理拖欠款125亿元，东北问题得到基本解决。

5. 回避

当团队之间的冲突对组织目标的实现影响不大而又难以解决时，组织管理者不妨采取回避的方法。通过冲突造成的不良后果，冲突双方能够意识到冲突只会造成"两败俱伤"，因此自觉由冲突转向合作。现实生活中，警察就经常采取这种方法处理"扯皮"事件。

6. 激发冲突

激发冲突的具体方法有：在设计绩效考评和激励制度时，强调团队的利益和团队之间的利益比较；运用沟通的方式，通过模棱两可或具有威胁性的信息来提高冲突水平；引进一些在背景、价值观、态度和管理风格方面均与当前团队成员不同的外人；调整组织结构，提高团队之间的相互依赖性；故意引入与组织中大多数人的观点不一致的"批评家"。

7. 预防冲突

具体方法有：加强组织内的信息公开和共享；加强团队之间正式和非正式的沟通；正确选拔团队成员；增强组织资源，建立合理的评价体系，防止本位主义，强调整体观念；进行工作轮换，加强换位思考；明确团队的责任和权利；加强教育，建立崇尚合作的组织文化；设立共同的竞争对象；拟订一个能满足各团队目标的超级目标；避免形成团队之间、成员之间争胜负的情况。

四、培养团队意识的方法

要培养团队意识，必须从小做起。家庭成长环境、学校的正式教育、企业的职业文化与培训环境、社会环境的熏陶等，都对团队意识的培养和提高有着重要作用。

（一）团队意识培养的四大环境

1. 家庭教育

家庭成长环境，对孩子会产生潜移默化的作用，尤其是父母的言行举止与态度。家庭教育是启蒙教育，始于小孩出生的那一刻。在家庭教育中，我们注重的是人伦教育，即所说的人伦关系教育。通过人伦关系的建立，明确各自在关系中扮演的角色和地位，然后实施与之相适应的言行。有句话说，有其父必有其子，这强调了家庭教育的重要性。有这样一个疑问：小孩在家庭里面如果没有团队精神，长大以后他会有团队精神吗？有一次在上海下飞机，然后乘机场巴士去候机楼领行李，这时只见一个小孩儿坐在椅子上面，一群大人围着他，中间是一个老人，妈妈坐在旁边叫小孩让位置给老人坐，那小孩儿居然说不，所有大人都笑起来。中国人遇到这种情况会笑，最奇怪的是妈妈也笑了，其实这个孩子没规矩，这是谁的错？有些家长会将这个问题责任推到老师身上，甚至到了大学，因为缺乏团队精神，学生独来独往，与班级、老师完全脱离，对于这种情况，家长指责学校教育不当。可是，作为家长，作为孩子的启蒙教师，难道没有责任吗？

2. 学校教育

学校教育一般从幼儿园开始，学校教育是为了帮助学生会做人、学会做事、学会做学问。学校教育是正式教育。它重在教育孩子纪律问题，当纪律问题解决后，也解决了做人、做事、做学问之根本。我们从进入学校的第一天开始，老师就教育大家，要相互团结，要相互帮助；教大家唱"团结就是力量"举行接力赛、拔河比赛、篮球比赛、足球比赛等，处处都在注重对学生团队精神的培养与提高。

3. 企业培训

团队意识在企业中尤为重要。因为这与企业的经济效益、与员工自身的价值密切相连。企业的团队意识培养与家庭教育、学校教育有很大的差别，并不是通过说教或者课堂教学这种方式来完成的，而是通过员工的岗位职责与要求，对员工进行专项的培训。企业团队意识培养重在规章问题，在这个岗位上，员工应该做什么，应该怎么做，应该与其他岗位保持怎样的一个合作关系等，都是有章程规定的。企业精细的岗位分工高度强调团队合作，对职业人尤其是刚进入职场的大学生有着更为严格的要求。

4. 社会熏陶

团队意识的培养除了家庭、学校及企业因素，社会的熏陶也十分重要。团队意识在社会层面最终会变成一个秩序问题。因为团队意识上升到社会层面是维护社会稳定与和平，而社会的稳定与和平，是靠秩序的力量。社会如何强化团队意识呢？当然是借助于社会舆论宣传。社会舆论宣传包括微信、微博、QQ、新闻媒体、报纸、杂志、数字传媒等多种载体的宣传。

（二）团队意识培养的四大途径

1. 确定清晰的团队目标，培养共同的价值观

我们在之前说过，团队的形成是基于每一个成员都有共同的目标与共同的价值观。对于在校大学生而言，要培养团队意识，就要积极参加学校举办的相关专题讲座、学术沙龙和团队活动。在第一课堂接受专业知识理论与技能学习的同时，积极参与在第二课堂、第三课堂开展的新颖独特的活动，强化共同目标意识，培养共同的价值观；对于初入职场的学生而言，职场环境有它的特殊要求，作为企业的准员工，首先要做的就是学习企业的制度规范，在有限和常规情况下，学习员工应该干什么，实际应该做什么？在"应然性"和"实然性"之间找到平衡点，让成员在清晰的团队目标的指导下培育共同的价值观。

2. 营造良好的团队"软"环境，打造优秀团队文化

团队活动的基础设施是对团队成员的一种尊重和服务，硬件设施不能缺少，在团队硬件设施完备的情况下，应该采取措施营造良好的团队"软"环境，打造属于团队、体现团队内涵的优秀团队文化。学校在校园文化内涵建设中，需要借助网络多媒体，不断致力于强化办学理念、弘扬校园精神、营造校园氛围、提升师生的文化品格和修养。在职业院校，可以将"工业""高等职业教育"两大要素的文化内涵转化为"文化符号"，将"工业文化"融入校园文化建设中，实现学校师生，学校与企业、学校与政府、学校与地方经济紧密结合的大文化。良好的企业文化，可以依托于企业发展理念，通过团队培训、项目合作、游戏等方式，客观强化团队意识，营造团队氛围，发挥员工的主观能动性，实现团队意识的内化过程。

3. 健全团队管理制度

团队意识的培养需要健全团队管理制度，促使团队成员行为的制度化与规范化。对团队的管理，可以根据团队的特点采取有针对性的方式。管理制度可以有效地约束团队成员的行为，合理、客观地规避因制度不完善所带来的一系列问题，也可以对团队成员独特的思想给予保护。团队的运行与发展必须有管理制度的支撑。

4. 构建无障碍的交流反馈机制

无障碍的交流反馈机制，可以让团队成员的思想、言语交流更加顺畅。有一个雇员要辞职，雇主说："你不能走啊。你非常出色，之前我的做法都是为了锻炼你，我就要提拔你了，并且我还要奖励你！"可是雇员却认为这是一句鬼话，他废寝忘食地工作，反而没马屁精的收入高，让他如何平静！一个想重用人才，一个想为企业发挥自己的才能，仅仅因为沟通不畅，让双方都很受伤害。我曾经听到一个高级雇员说："如果老板早一点告诉我真相，我就不会离开公司了。"有效的沟通能及时消除和化解领导与成员之间、各部门之间、成员之间的分歧与矛盾。因此无障碍的交流反馈机制更应该建立并实施，团队成员在良好的沟通环境以及完善的反馈机制中，可以增强对彼此的理解与信任，可以增强团队凝聚力，减少因误解而发生的"内讧"或者"内耗"。每个成员都有参与管理的欲望和要求，正确引导和鼓励这种愿望，就会使团队成员积极为团队发展出谋划策，贡献自己的力量与智慧，团结出战斗力。团队成员不能局限于个人利益和局部利益，要将个人、部门的追求融入团队的总体目标中去，从而达到团队的最佳整体效益。团队中成员之间一定要做到风雨同行、同舟共济，没有团队协作的精神，仅凭一个人的力量无论如何也达不到理想的工作效果，只有通过集体的力量，充分发挥团队力量才能使工作做得更出色。

参考文献

[1] 潘旭阳,袁龙,初冬青. 大学生职业生涯发展与素质训练 [M]. 天津:南开大学出版社,2014.

[2] 文华伟,周刚. 大学生职业素质训练系列教程 求职与发展 [M]. 天津:南开大学出版社,2017.

[3] 张惠丽,汪达. 职业生涯规划与大学生素质发展 [M]. 北京:电子工业出版社,2011.

[4] 张惠丽,汪达. 职业生涯规划与大学生素质发展 [M]. 北京:科学出版社,2009.

[5] 李业旗. 大学生职业发展与素质拓展训练教程 [M]. 北京:科学出版社,2012.

[6] 许朝山,曾李红. 学生素质教育系列丛书 学业指导生涯引航 大学生职业与就业发展指导 [M]. 南京:南京大学出版社,2013.

[7] 曹敏. 大学生职业发展与就业指导 [M]. 长沙:湖南科学技术出版社,2017.

[8] 陈彩彦,兰冬蓉. 大学生职业生涯规划 [M]. 北京:航空工业出版社,2018.

[9] 张琳,李中斌,王杨. 大学生职业生涯规划与就业指导 [M]. 上海:上海交通大学出版社,2018.

[10] 柳森,杨冬吉,于永海. 大学生职业发展与就业创业指导 [M]. 北京:北京理工大学出版社,2018.

[11] 吕博. 大学生职业发展与就业能力培养 [M]. 天津:天津科学技术出版社,2018.

[12] 王炼,苏斌. 大学生职业生涯规划 [M]. 成都:四川大学出版社,2018.

[13] 杨红英. 大学生职业生涯规划 [M]. 昆明:云南大学出版社,2015.

[14] 周勇,付岩,王若金. 前程无忧 大学生职业发展与就业创业指导 [M]. 北京:北京理工大学出版社,2018.

[15] 任晓剑,杨东,李兵. 大学生职业规划与就业指导 [M]. 北京:国家行政学院出版社,2019.

[16] 何具海. 大学生职业生涯规划与就业指导 [M]. 长春:吉林人民出版社,2019.

[17] 龚芸,辜桃. 大学生职业取向与职业规划 [M]. 北京:中国社会出版社,2017.

[18] 刘华,尹志刚. 大学生职业发展与就业创业教程 [M]. 上海:上海交通大学出版社,2017.

[19] 孔洁. 阳光点亮心灵 大学生职业素质养成读本 [M]. 合肥:中国科学技术大学出版社,2017.